DIE TECHNIK DER INDIVIDUAL-PSYCHOLOGIE

ZWEITER TEIL

DIE SEELE DES SCHWER-ERZIEHBAREN SCHULKINDES

VON

DR. ALFRED ADLER
IN WIEN

Springer-Verlag Berlin Heidelberg GmbH 1930

Ursprünglich erschienen bei J. F. Bergmann in München 1930.
Softcover reprint of the hardcover 1st edition 1930
ISBN 978-3-662-42653-1 ISBN 978-3-662-42930-3 (eBook)
DOI 10.1007/978-3-662-42930-3

DIE TECHNIK DER INDIVIDUALPSYCHOLOGIE

ZWEITER TEIL

DIE SEELE DES SCHWER-ERZIEHBAREN SCHULKINDES

Vorwort.

„Das Kind ist der Vater des Mannes."

In der Individualpsychologie wird dieser Ausspruch lebendig. Die ersten vier bis fünf Jahre genügen wohl dem Kinde, sein eigentlich willkürliches Training gegenüber seinen Eindrücken zu vervollständigen. Diese Eindrücke fließen ihm aus seiner körperlichen Wertigkeit, auch aus den von außen stammenden Erregungen zu. Nach dieser Zeit beginnt die Assimilierung und Verwertung der Erlebnisse nicht mehr nach reiner Willkür, geschweige denn nach irgendwelchen sagenhaften Gesetzen der Kausalität, sondern zugunsten des fertiggestellten Lebensstils und nach dessen Gesetzen. Das Individuum ist demnach durch seinen Lebensstil determiniert. Diesen Gesetzen gehorchen nunmehr durch das ganze Leben hindurch das Interesse, das Fühlen, die Affekte, das Denken und das Handeln. Die schöpferische Tätigkeit des Lebensstils beginnt ihr Werk. Um diese zu erleichtern, werden Regeln, Prinzipien, Charakterzüge und Weltanschauung gefertigt. Ein ganz bestimmtes Schema der Apperzeption setzt sich durch, Schlußfolgerungen und Aktionen werden in voller Übereinstimmung mit der idealen Endform, die erstrebt wird, eingeleitet. Was sich im Bewußtsein als störungslos und gleichlaufend erweist, wird dort festgehalten. Anderes wird vergessen, entkräftet oder wirkt als unbewußte Schablone, mehr als sonst der Kritik sowie dem Verständnis entzogen. Seine Endwirkung, ob es bewußte Kraftlinien verstärkt, sie verhindert oder durch Gegenwirkung lähmt, zu hemmenden Konflikten führt, ist immer durch den Lebensstil vorherbestimmt.

Die Schablonen des Lebenstils, z. B. die Leitlinien der Charakterzüge, bauen sich immer nach längerem Training auf, für das sich im Bewußten wie im Unbewußten meist unverstandene Erinnerungsspuren auffinden lassen. Aber nicht die Erinnerungen und Erlebnisse geben die treibenden Faktoren ab, sondern der Lebensstil, der sie gestaltet, gerichtet und in seinem Sinne verwendet hat. Ein zureichendes Verständnis ergibt den vollen Einklang der Kraftwirkung des Bewußten und Unbewußten. Und das Verständnis für beide reicht nur so weit, als die Aktion, der Aktionskreis des Lebensstils nicht gestört wird.

Man darf wohl mit einer aus großer Erfahrung gewonnenen Wahrscheinlichkeit rechnen, wenn man erst einige Teile des Seelenlebens in der Hand hat, mit einer Wahrscheinlichkeit, die wohl Schlüsse ziehen läßt. Letztere aber müssen immer strenge überprüft werden, ob sie auch dem ganzen Gefüge eines individuellen Seelenlebens entsprechen. Man kann auch meist gar nicht anders vorgehen. Dies ist ein Verfahren, das den Forderungen der medizinischen Diagnostik vollkommen entspricht, in der wir auch gezwungen sind, aus einem Teilsymptom Schlüsse zu ziehen, den Kreis der vermuteten Krankheiten soweit einzuschränken, bis uns ein zweites, ein drittes Symptom zu einer ganz speziellen Diagnose verhilft.

In diesem Buche versuchte ich mit der Fortsetzung einer Beschreibung der „Technik der Individualpsychologie" von einem andern Standpunkt als bisher den Lebensstil schwererziehbarer Kinder zu entwickeln.

Eine solche Aufgabe erfordert wohl die genaueste Kenntnis der Technik der Individualpsychologie und ihrer erprobten Hilfsmittel. Zeigt sie wohl auch genau in der Kunst der Interpretation. Was dabei nicht entbehrt werden kann, ganz wie in der medizinischen Diagnostik, das ist die Fähigkeit des Erratens. Dieses kann sich nur rechtfertigen durch den Beweis, wie alle Teilerscheinungen mit dem Ganzen in klarem Zusammenhang stehen und die gleichen Bewegungen erkennen lassen. Von diesen gleichen Strebungen in allen Einzelheiten sind wohl die wichtigsten:

1. der Grad der Kooperation (des Gemeinschaftsgefühls und sozialen Interesses),
2. die charakteristische Art, wie das Individuum nach Überlegenheit (Sicherheit, Macht, Vollkommenheit, Entwertung des andern) strebt.

Diese sich gleichbleibenden Ausdrucksformen können in den Mitteln, aber nicht in dem Finale (Finalismus der Individualpsychologie) verschieden sein. Der Grad des Mutes, des aufgewendeten common sense, die individuelle Parole der Weltanschauung, die Nützlichkeit oder Schädlichkeit für die Allgemeinheit widerspiegelt den Grad der Kontaktfähigkeit. Die Distanz zur zeitgemäßen Erfüllung der drei Hauptprobleme des Lebens oder ihrer Vorbereitung (Gemeinschaft, Beruf, Liebe) deckt den allfälligen Inferiority-Komplex und seine mißlungene Kompensation, den Superiority-Komplex auf.

Wer die Tatsache des einheitlichen Lebensstils nicht anerkennt oder nicht verstanden hat, wird selbst mit dem ehernen Netzwerk der Individualpsychologie nicht zum Verständnis der fehlerhaften Gestaltung der Symptome durchdringen. Wer ihn aber erfaßt, wird wissen, daß er den Lebensstil und nicht die Symptomatik zu ändern imstande ist.

Über die allgemeine und spezielle Diagnostik der Individualpsychologie, über die Technik und die Stellung des Beraters soll in einem dritten Band gesprochen werden.

Wien, im Juli 1930.

Dr. med. Alfred Adler
Dozent am Pädagogischen Institut der Stadt Wien.
Ehrendoktor des Wittenberg College, Ohio,
Visiting teacher der Columbia University, New York

INHALTSVERZEICHNIS

Einleitung.

Mensch und Mitmensch.

Es wäre außerordentlich verlockend, dieses Thema mit schönen Girlanden von Worten und einem Schwall von Phrasen zu umkleiden. Ich könnte auch davon sprechen, wie seit Beginn der Menschheitsgeschichte die Bestrebung, eine Einheit der Menschheit herzustellen, bestanden hat, sei es innerhalb eines Stammes, eines Volkes, eines Staates, einer Religionsgenossenschaft, ich könnte zeigen, wie diese Bewegung immer getragen war von irgendeiner den Menschen bekannten oder weniger bekannten Idee der Einheit der Menschheit in politischer oder religiöser Hinsicht. Ich will nicht davon sprechen. Ich möchte zeigen, daß die Bestrebungen, die dahin zielen, eine Einheit der Menschen zu schaffen, nicht nur vom moralischen Standpunkt bewertet werden sollen, nicht nur vom politischen, nicht nur vom religiösen, sondern vom Standpunkt der wissenschaftlichen Wahrheit. Da kann nur die Wissenschaft den Weg bahnen.

Ich möchte hervorheben, daß das menschliche Seelenleben kein Sein ist, sondern ein Werden. Alle diejenigen, die sich damit beschäftigen, innerhalb dieses Seelenlebens Teile, Komplexe herauszuheben, sind nicht weit gekommen, da sie meinen, es handelt sich um eine Art Maschine. Wie jeder lebende Organismus einer idealen Endform zustrebt, so finden wir das Seelenleben sich einen Weg bahnen, um zur Überlegenheit zu kommen über alle Schwierigkeiten, die ihm auf dieser Erde innerhalb der Gemeinschaft, innerhalb der Beziehungen der Geschlechter als Fragen entgegentreten. Die Lösung dieser Fragen kann nicht wie die Lösung einer mathematischen Aufgabe geschehen. Ich weiß, daß sie richtig gelöst, daß sie auch unrichtig gelöst werden können. Ich möchte eine Randbemerkung machen, die dahin zielt, daß wir eine absolut richtige Lösung nicht erwarten können. Es kann nur ein Streben danach sein, für jedermann und alle ein Ziel zu erreichen, in dem die Einheit des Menschengeschlechtes gewahrt erscheint. Was wir „gut“ nennen, ist gut im Hinblick auf den Nutzen der Allgemeinheit, was wir „schön“ nennen, ist nur von diesem Standpunkt aus schön. So fest verwurzelt ist die Idee der Gemeinschaft in Sprache und Gedanken. So werden wir in allen Ausdrucksformen des Einzelnen und der Masse immer wieder finden, wie sie sich zu der

Frage der Gemeinschaft stellen. Aus diesem Rahmen kann niemand heraus. Wie immer er sich dort bewegt, ist es seine Antwort. Wenn gute Lösungen nur im Hinblick auf die Gemeinschaft zustande kommen, so ist es begreiflich, daß innerhalb des menschlichen Bezugskreises sich Widerstände ergeben, wenn einer unrichtig antwortet. Dies betrifft immer denjenigen, der nicht verwachsen ist mit der Gemeinschaft, der sich nicht als Teil des Ganzen fühlt, der nicht zu Hause ist innerhalb der Menschheit. Er darf nicht etwa bloß mit den Vorteilen rechnen, die ihm durch die Kultur geboten sind, sondern auch mit den Nachteilen und sie als zu ihm gehörig betrachten und aufnehmen. Daraus geht hervor, daß das, was wir Interesse für die Allgemeinheit nennen, nur eine Seite des Verwachsenseins ist, das was wir Mut nennen, jener Rhythmus ist, den einer in sich hat, sich als das Instrument des Ganzen zu fühlen. Es darf Sie nicht irre machen, wenn wir den Durchschnitt der gegenwärtigen Entwicklung in Betracht ziehen und sehen, wieviel da noch fehlt. Das gibt uns neue Aufgaben für unser Werden, wir dürfen unser Dasein nicht als Sein empfinden, wir dürfen uns nicht als etwas Ruhendes verhalten, auch keine kriegerische Stellung gegen das Streben nach Entwicklung annehmen, es wird notwendig sein, daß wir Schwierigkeiten als Aufgaben ansehen, deren Lösung von uns erfordert wird, die uns zu aktivem Optimismus bewegen. Nur diejenigen konnten in der Menschheitsgeschichte mitreden, die von aktivem Optimismus beseelt gewesen sind, sie waren Träger der Entwicklung und werden es sein, alle anderen sind eigentlich nicht richtig am Platze, sie halten den Gang der Entwicklung auf. Sie können das Glücksgefühl nicht in sich haben im Vergleich mit den anderen, die sich dessen bewußt sind, am Rade der Zeit mitzuarbeiten. Auch das Gefühl des Wertes stammt aus der Verwachsenheit mit dem Ganzen und dem Teilhaben an dem Wirken der Zeit. Diese Schlußfolgerungen ergeben sich aus der Betrachtung der Individualpsychologie, die sie seit vielen Jahren anstellt. Mensch sein, ist nicht nur eine Redensart, es heißt Teil des Ganzen sein, sich als Teil des Ganzen fühlen. Daß auch heute noch so viele diesen Weg verfehlen, liegt an ihrem persönlichen Irrtum. Wer einmal den Zusammenhang überblickt hat, wird nicht davon abstehen, dort zu stehen, wo die Bewegung nach vorwärts drängt zum Wohl der Allgemeinheit.

Wenn wir uns daran erinnern, mit welcher Stiefmütterlichkeit der Mensch in die Natur gesetzt ist, dann wird schon etwas klar: dieses Lebewesen, auf sich allein gestellt, wäre durchaus nicht lebensfähig gewesen. Soweit wir die Geschichte der Menschheit verfolgen können, ist niemals die Spur eines einzeln Lebenden zu finden. Immer hat es das Gesetz der Allgemeinheit gegeben. Das ist gerade im Hinblick auf die menschliche Schwäche der Natur gegenüber begreiflich. Der Mensch verfügt nicht über die Waffen, die andere Lebewesen zur Verfügung haben, er hat keine Reißzähne, keine Hörner, nicht ihre Schnelligkeit, er kann nicht klettern, nicht fliegen, er hat nicht die Schärfe des Auges, des Gehörs, des Geruchs, durch die andere Lebewesen in die Möglichkeit versetzt werden, anzugreifen und sich zu verteidigen, sich einen Platz auf dieser armen Erdkruste zu sichern. Er verfügt über schwache Organe, für deren Gesundheit — sowohl für die Lebenserhaltung des Einzelnen als auch der Gesamtheit — immer der Zusammenschluß notwendig war, aus dem ihm neue Kräfte erwachsen sind. Wenn Sie an den Umfang der menschlichen Kultur denken, so werden Sie verstehen, wie diejenigen, die sie geschaffen haben und sie zu benutzen gezwungen waren, nicht stark genug der Natur gegenüber waren, sie mußten sich Ergänzungen, Kompensationen, holen für das, was ihnen fehlt. Der Mensch muß die Natur bezwingen lernen, um sich ihrer zu bedienen. Da war wohl der Zusammenschluß die größte und wichtigste Erfindung des Menschengeschlechtes. Es sei hier durchaus nicht nur auf den Menschen selbst hingewiesen, auch im Tierreich finden wir, daß schwächere Lebewesen sich zusammenscharen, um Schutz zu finden oder gemeinsam Jagd zu machen. Der Gorilla, dessen Stärke wir bewundern, der Tiger, der gefürchtete Schrecken aller Tiere, braucht die Gemeinschaft nicht. Der Mensch, wenn Sie sich ihn vorstellen entblößt von den Hilfen der Kultur, beraubt aller Mittel, die ihm sein Verstand geschaffen hat, er wäre am ersten Tag verloren, wenn er ohne Mithilfe im Urwald wäre. Unsere Betrachtung führt noch weiter. Die wertvollsten Errungenschaften in der Entwicklung kamen ihm zustatten wegen seiner Schwäche. Wenn wir an das Leben des Menschen, an den Bestand des Menschengeschlechtes denken, können wir sein Überleben nur verstehen, indem wir gleichzeitig an die große Hilfe denken, die er durch die Gemeinschaft gewonnen hat. Freilich sind ihm in seiner seelischen Beschaffenheit, in seinem körperlichen Bestande alle Mittel gegeben, die diesen Zusammenschluß ermöglichen. Schon wenn Sie die Funktionen der Sinnesorgane betrachten, so wird es klar, daß sie zur Verbindung dienen. Wie einer den anderen ansieht, darin liegt die Vorbereitung zur Verbindung und der Ausdruck der Verbindung mit dem anderen. Wie einer hört, so verbindet er sich mit dem anderen, wie einer spricht, schließt er das Band zwischen sich und einer zweiten Person. Verstehen wir nun, warum so viele Menschen nicht richtig schauen, sprechen oder hören? Wenn organische Mängel ausgeschlossen werden, dann sind es Menschen, denen die Verbindung mit den anderen nicht gelungen ist. Es kommt nicht auf die Organe an, nicht auf das Triebleben, weil vom Beginn alles seelischen Lebens ein Rahmen besteht, der dazu drängt, alles dorthin zu lenken, wo der Mensch die Stellungnahme zum anderen finden kann. Es ist wieder die Schwächlichkeit des kindlichen Organismus, die diese Verbindung erzwingt. Die Beziehung des Säuglings zur Mutter ist die erste soziale Gestaltung. In diesem sozialen Zusammenhang, wo das Ich des Säuglings ein Du erlebt, entwickeln sich alle Möglichkeiten und Fähigkeiten. Freilich verstehen wir da, daß der Mutter die besondere Aufgabe erwächst, die Entwicklung dorthin zu leiten, wo man erwarten kann, daß dieses Kind später die richtige Antwort gibt. Der Rahmen ist gestellt, das Kind wird schauen, hören und sprechen in Beziehung zur Mutter. Das ist die erste Funktion der Mutter. Die Mütter stehen an der Quelle des Gemeinschaftsgefühles, sie sollen sie als heilig hochhalten. Was sich da entwickelt, entwickelt sich stündlich und wird schließlich zu einem automatischen, seelischen Mechanismus, bildet die Lebensform des Kindes. Wenn wir daran denken, wie die Entwicklung der so wichtigen Fähigkeit der Sprache vor sich geht, können wir verstehen, wo die Gemeinschaft mit ihrer Kraft einsetzt. „Ich muß so sprechen, wie ich voraussetze, daß jeder andere sprechen müßte, damit jeder es versteht." Wir finden so häufig, wenn die Funktion der Mutter mißglückt ist, daß sie auch in der zweiten Funktion, d. i. die Ausbreitung des Gemeinschaftsgefühles gegenüber anderen, kein Glück gehabt hat, einen Mangel in der Vorbereitung, wie ein Kind sich zu anderen Personen stellt. Wir werden finden, was uns als das Wichtigste beschäftigen wird, ein mangelhaftes Interesse für die anderen überhaupt. Da die Verbindung nicht gelungen ist, wo ist die Möglichkeit gegeben, Vorbereitungen zu treffen zur Entwicklung des Gemeinschaftsgefühles? Dieses mangelhafte Interesse hat schon Form und Gestalt angenommen, ein Ziel liegt vor, ohne Interesse für die anderen durchs Leben zu gehen, immer nur zu nehmen und nicht zu geben. Hier beginnt bereits das Wertgefühl zu wirken. Nur der, der sich auf dem richtigen Platz fühlt, wird es haben. Derjenige kennt es nicht, der sich nicht zu einem Teil des Ganzen gemacht hat. Denken wir an die größte Fähigkeit des Menschen, den Verstand, so ist hier zu sagen:

es gibt keinen privaten Verstand, keinen Verstand des Einzelnen, „Verstand hat Allgemeingültigkeit“. Er hat sich nur entwickelt im Verstehen des anderen, das heißt, sich ihm zu nähern, sich einzufühlen, mit den Augen des anderen zu sehen, mit den Ohren des anderen zu hören, mit dem Herzen des anderen zu fühlen. Verstehen heißt, einen Menschen, ein Erlebnis so auffassen, wie wir erwarten, daß jeder es auffassen müßte. Auch hier haben wir als Begleiter die Kontrolle der Allgemeinheit. Ich will nicht von Moral, von Ethik sprechen, es sind die Spielregeln, erwachsen aus dem Gemeinschaftsgefühl. Wir können nur Moral und Ethik nennen, was der Gemeinschaft von Nutzen ist. Dasselbe gilt für die Ästhetik. Was wir schön nennen, muß Ewigkeitswert haben für die Allgemeinheit. Daß wir Irrtümern unterworfen sind, darf uns nicht wundern. Wir sind immer bereit gewesen, unsere Irrtümer zu erkennen und zu korrigieren. Es kann ein Wandel im Schönheitsideal sehr ausgesprochen sein, sicher kann sich als schön nur das erhalten, was mit dem Blick in die Ewigkeit verknüpft ist und in Zusammenhang mit den Bedingungen des Gesundseins steht. Ich möchte hinweisen auf die ungeheure Macht des Gemeinschaftsgefühles für den Einzelnen und wie es auch Zusammenschlüsse erzeugt, größeren und kleineren Umfanges, nationale Strömungen, politische und religiöse Strömungen. Auch hier werden wir mit demselben Maßstab darangehen, um festzustellen, welche Formen für die Allgemeinheit von Nutzen sind. Wir können nur jene als wertvoll anerkennen, die sich auf der allgemein nützlichen Seite bewegen. Auch darüber kann man diskutieren, niemand kann zuweilen präzise Antwort geben. Das menschliche Leben ist ein Werden, was wir heute erleben, ist nur ein Durchschnittspunkt in der ewigen Bewegung, die zum Ziel der vollendeten Form strebt. Was geschieht mit jenen, die nicht im Rahmen der Gemeinschaft streben? Bei denen das Gemeinschaftsgefühl nicht spricht? — Ich möchte hier einschalten: was einer von sich sagt oder denkt, ist absolut unwichtig, darauf dürfen wir nichts geben. Nur auf die Handlungen. So kann es geschehen, daß einer sich für einen Egoisten hält, und wir werden feststellen, daß er ein Mitmensch ist. Viele können sich als Mitmenschen fühlen. Bei näherer Durchsicht werden wir leider konstatieren müssen, daß dem nicht so ist. Das müssen nicht Lügen sein, Irrtümer im Seelenleben spielen eine viel größere Rolle als bewußte Lügen. Wie kommen diese Irrtümer in das Seelenleben hinein? Wie kommt es, daß sich unser ungeduldiges Streben zur Gemeinschaft so langsam entwickelt? Darauf gibt es verschiedene Antworten. Ein großer Teil der Menschen ist durchdrungen von der Idee: es geht über menschliche Kräfte hinaus. Das sind die Pessimisten, die nichts beitragen zur Entwicklung, die uns als Aufgabe des Lebens erscheint, Schwierigkeiten überwinden zu helfen. Ich pflege bei meinen Schülern sehr oft zu einer Phantasie zu greifen und stelle mir vor, daß unsere Ur-Ur-Urahnen einst auf dem Baume sitzend, vielleicht noch behaftet mit einem Ringelschwanz, darüber nachdachten, was zu tun wäre, da dieses Leben allzu dürftig sei. Der eine meint: wozu sich plagen, das geht über alle Kräfte, am besten, man bleibt da oben. Was wäre geschehen, wenn gerade der Sieger geblieben wäre? Wir säßen noch heute auf dem Baum und hätten einen Ringelschwanz. Wirklich? Wo sind sie geblieben, die oben am Baum? Ausgerottet! Dieser Ausrottungsprozeß geht kontinuierlich vor sich, er ist furchtbar grausam, die Logik der Tatsachen ist grausam. Es ist keine Frage, daß Myriaden von Menschen geopfert worden sind, weil sie nicht vom Baum gestiegen sind. Völker wurden ausgerottet, Familien zerstört, weil sie schlechte Antworten gegeben haben. Dieser Prozeß spielt sich in versteckter Form ab, so daß man ihm selten auf die Spur kommt, im dritten oder vierten Geschlecht kann er zu Ende kommen, und niemand weiß warum. Wenn man näher nachsieht, ergibt sich: es ist unmöglich, eine unrichtige Antwort zu geben auf die Forderungen der Logik des menschlichen Zusammenlebens, ohne daß die Fehler sich rächen. Seien es Krankheiten, schwere Degenerationsprozesse, seelische Verkümmerungen irgendwelcher Art. Es wird klar, daß es Folgen von Fehlern sind, — etwa wo Emerson tadelt, daß wir die Folgen vermeiden wollen, aber nicht die Fehler —. Ich habe darauf hingewiesen, wo der Prozeß beginnt. Jeder nimmt Stellung zum Leben. Das ist oberflächliches Geschwätz, wenn einer glaubt, die Weltanschauung gehe nur die Philosophie an, nicht jedermann. Wo immer sie hinschauen, finden Sie Weltanschauung klar zutage treten. Für jeden, der das gesehen hat, ist es selbstverständlich, daß ihm nicht zu helfen ist, wenn er keine bessere Weltanschauung hat. Die Frage ist: Welche Weltanschauung wollen wir nutzen, um die irrtümliche zu beseitigen? In dem Gewirr werden Sie Stimmen hören: nationale, religiöse Weltanschauung, europäische, asiatische. Wir sind gegen keine voreingenommen, wir verlangen nur, daß sie sich so zu gestalten hat, daß sie in die Weltanschauung des Gemeinschaftsgefühles einmündet, das ist die individualpsychologische Weltanschauung. Wir sind bestrebt, das zum Prüfstein zu machen, weil wir es am Einzelnen und an den Massen erfahren haben, wo sie Fehler gemacht haben. Wir können nicht übereinstimmen mit jenen, die Erleichterungen verlangen, die glauben, wenn die Erschwerungen fortfallen, ist alles gerettet. Sicher nicht das Gemeinschaftsgefühl, das aus der schöpferischen Kraft des Einzelnen stammt. Die Mutter ist der notwendige Vermittler zum Leben, sie hat das Gemeinschaftsgefühl zu entbinden und zu leiten und überzuleiten auf andere. Aber es gibt gefährliche Ecken, an denen die Entwicklung scheitern kann, z. B. wenn die Mutter kein rechter Mitmensch ist, so daß sie das Gemeinschaftsgefühl gar nicht entwickeln kann. Oder aber sie ist nur ein Mitmensch für das Kind, nicht für andere, sie bindet es so stark an sich, daß sie die weitere Entwicklung des Kindes unterbindet. Das sind die Grundfehler, aber es gibt noch andere gefährliche Phasen in der Entwicklung von Kindern. I. Daß Kinder, die schwächlich zur Welt kommen, diese Welt als Jammertal erleben und durchaus nicht jene Freude der Entwicklung an den Tag legen, die wir bei Kindern so schätzen. Da können wir schon verstehen, warum solche Kinder, die überbürdet sind, die ihren eigenen Körper als Last erleben und das Leben als drückend empfinden, viel mehr an der eigenen Person interessiert sind als an anderen. Es entsteht eine Panikstimmung: rette sich, wer kann. Wir finden egoistische Züge, die die Entwicklung des Gemeinschaftsgefühles hemmen. Diese Gruppe von Kindern mit schwächeren Organen ist eine große, kein Wunder, der ganze menschliche Organismus, verglichen mit den Organen von anderen Lebewesen, ist schwächlich. Dann gibt es eine zweite Gruppe, bei der wir ebenfalls finden, daß sie bei Beginn des Lebens überbürdet sind: die verzärtelten Kinder, die nur für eine Person interessiert sind und sich von ihr unterstützen lassen wollen. Sobald der Lebensstil fertiggestellt ist, im 4. oder 5. Lebensjahr, kommt es zu keiner radikalen Änderung mehr. Was immer sie erfahren an dieser Lebensform, sie assimilieren es mit ihrer Lebensform: Sie sehen mit ihren Augen in die Welt, sie haben ihre eigene Lebensanschauung, von anderen unterstützt zu sein, sie wollen sofortigen Erfolg haben und versagen, wenn sie sich bemühen sollen. Ich brauche nicht darauf hinzuweisen, daß solche Kinder in einer neuen Situation versagen und Schwierigkeiten haben. Die verzärtelten Kinder nehmen einen riesigen Raum ein im Leben, ich glaube nicht zu weit zu gehen, wenn ich sage, daß es 50—60% aller Kinder sind, die man unselbständig gemacht hat. Die Unselbständigkeit zeigt sich durch das ganze Leben, alles ist ihnen zu schwer. Sie trauen sich nichts zu. Es gibt ein interessantes Beispiel aus der amerikanischen Geschichte. Im spanisch-amerikanischen Kriege waren die Amerikaner mit dem Feldherrn Garcia verbündet. Es war notwendig, eine Botschaft an ihn zu senden, aber Garcia war nicht zu finden. Die Botschaft war wichtig und dem Feldherrn blieb nichts anderes übrig, als auszurufen, er habe eine Botschaft an G., wer sie überbringen wolle. Nach langem Schweigen tritt einer vor, nimmt den Brief und geht. Amerikanische Schüler bekamen als Schulaufgabe, wer der größte Held der Neuzeit sei. Ein Schüler schrieb: Garcia, und erklärte: die meisten hätten gesagt: Wie kann man ihn finden? Oder: Kann es ein anderer nicht besser? Der eine sprach nichts und ging. Er war unabhängig, die anderen fühlten sich schwach. Das ist das Grundübel in unserer Seele, das allzu große Schwächegefühl, das mangelnde Zutrauen in die eigene Kraft. Zur dritten Gruppe gehören jene, die beim Start auch überlastet sind, die sich unmöglich für andere interessieren können: die gehaßten Kinder. Sie haben niemals erfahren, daß es Mitmenschen gibt. Es gibt eine Unmasse von ihnen im Leben, illegitime, nicht gewünschte, Waisenkinder, für die unsere Kultur nicht die nötigen Bedingungen geschaffen hat, häßliche Kinder, die es bald erfahren, daß man ihnen nicht gut gesinnt ist. Wir verstehen, warum man unter Verbrechern, Trunkenbolden so häufig häßliche Menschen findet. — Es gibt auch schöne, das sind die verzärtelten. Sie stellen einen größeren Prozentsatz zu den problematischen Personen, die durch ihre Gangart verraten, daß sie kein Interesse für andere haben. Das sind die schwer erziehbaren Kinder, deren Weltanschauung ist: mein Wille geschehe. Bei ihnen kommt es zu Diebstählen, sie laufen weg, sie arbeiten nicht. Sie alle sind bedauernswert, weil jeder es fühlt, daß es keine Mitmenschen sind. Wie soll es werden, wenn sie vor größere Aufgaben gestellt werden? Es wird sich zeigen, daß sie nicht mitspielen können. Nervöse und Verrückte streben aus dem Rahmen der Gemeinschaft heraus, weil die Aufgaben ihnen als unlösbar erscheinen. Auch hier tritt die Weltanschauung zutage: für mich wäre ein anderer Planet nötig, wo man keine Aufgaben hat, wo alles da ist, was man will. Auch die Kriminellen, von denen wir sehen, daß sie kein Interesse für andere haben, sind Menschen, die von der Idee geleitet sind, auf leichte Weise zur Überlegenheit zu kommen, ohne an den anderen interessiert zu sein. Wir finden bei allen diesen Gruppen einen Mangel an Mut, sich zu den Aufgaben des Lebens zu bekennen. Sie sind Flüchtlinge, sie wollen es leichter, anders haben, gehen nicht daran, sich die Bedingungen zu schaffen, die nötig sind zur Lösung ihrer Lebensaufgaben. Dann die Selbstmörder, die uns zeigen, wie wenig Interesse sie für die Mitarbeit haben, wie wenig Mut, sich den Lebensaufgaben zu stellen. Man soll nicht glauben, daß mit den nackten Ziffern das ganze Übel erfaßt ist. Lassen Sie die Weizenpreise steigen, Sie werden mehr Selbstmörder haben, schaffen Sie ungünstige Wohnungsbedingungen, Sie werden eine Unmasse von Menschen finden auf der Seite, die in das Gebiet des Unnützlichen hineinreicht. Die Bereitschaft, von der nützlichen Seite zu entweichen, ist riesengroß. Eine ideale Entwicklung des Gemeinschaftsgefühles gibt es nicht, als Ziel muß es uns vorschweben, nicht aus moralischen, sozialen, charitativen Gründen, sondern aus wissenschaftlichen Gründen. Wir sehen, Fehler können nicht gemacht werden, ohne daß sie sich rächen. So geht es auch Völkern, wenn sie nicht genug Mut besitzen, wenn sie nicht soviel Interesse an den anderen haben, um sich gegen Kriege aufzulehnen. Die Weltgeschichte ist eine Kette von solchen unglücklichen Ereignissen. Ich will nicht mehr von Trinkern sprechen, nur eine andere Frage zum Schlusse noch berühren, die zeigen wird, wie wichtig ist, das Gemeinschaftsgefühl zu entwickeln.

Es gibt in unserem Leben keine Frage, die nicht die Entwicklung des Gemeinschaftsgefühles erfordern würde. Ich sprach von den Funktionen der Sinnesorgane. Da beginnt es in der Beziehung des Kindes zur Familie, in der Beziehung zu den Geschwistern. Wenn das Kind in die Schule kommt, wird es examiniert auf die Größe seines Gemeinschaftsgefühles. Später, wenn es an die Probleme der Kameradschaft herankommt, steht die Frage vor ihm: Wie weit bist du vorbereitet im Interesse für andere? Wir verstehen, warum sich der Mangel an Gemeinschaftsgefühl rächen muß, weil, wenn er nur einigermaßen erheblich ist, der Betreffende nicht bezahlen kann, was er zahlen soll. Wir sehen aber auch, daß er nicht schuldig ist. Wir müssen auf Abhilfe denken anderer Art wie bisher. Dann die Probleme der Beschäftigung. Da lautet die Frage: Wie kann ich mich in der Arbeitsleistung nützlich machen? Eine Beschäftigung, die nicht nützlich wäre für die anderen, gibt es nicht. Die Probleme der Liebe und Ehe erfordern erhöhtes Interesse für andere. Hier wieder sieht man, wie die Ausrottung vorwärts geht, wenn einer nicht verknüpft ist mit der Gemeinschaft. Das wird sich geltend machen in der Wahl seines Partners, ob einer ihn beherrschen will oder ob er sich eins mit ihm fühlt. Gibt es noch andere Fragen? Nur solche, die Gemeinschaftsgefühl erfordern. Mit Fragen, die das Völkerleben betreffen, verhält es sich genau so. Ein Volk wird nur vorwärts kommen können, wenn es Interesse für die Gemeinschaft hat. Wenn es egoistische Interessen in den Vordergrund schiebt, wird das andere Volk remonstrieren. Es wäre gut, wenn man ein Schlagwort hätte. Die heutige Menschheit liebt Schlagworte. Ich meine, als Ergebnis der individualpsychologischen Betrachtung zeigt sich: Unsere Aufgabe soll es sein, uns selbst und unsere Kinder zu Instrumenten des sozialen Fortschritts zu entwickeln.

I. Kapitel.

Übertreibung der eigenen Wichtigkeit.

In Fortsetzung der Bemühungen, die Geheimnisse eines Individualpsychologen zu entschleiern, möchte ich daran gehen, Ihnen in einigen Vorlesungen zu zeigen, wie ich ungefähr vorgehe, wenn ich die Geschichte eines schwererziehbaren Kindes, eines Nervösen, eines Kriminellen vor mir habe, um die Grundlagen zu finden und die wirklichen Ursachen der Verfehlungen feststellen zu können, aus denen wir ersehen können, daß alles, was geschehen ist, nicht geschehen mußte, aber geschehen konnte, daß wir so weit kommen können, mitzufühlen, mitzudenken, mitzuhandeln, daß wir uns einfühlen können in die Rolle, die das Kind gespielt hat, und uns sagen können: unter den gleichen Verhältnissen, mit dem gleichen irrtümlichen Ziel einer persönlichen Überlegenheit würden wir fast genau so gehandelt haben. Dadurch verschwindet viel vom Straffälligen, was kein Schaden ist, es gewinnt unser Verständnis, unsere Erkenntnis mehr Raum, und das Wichtigste ist, daß wir den Zusammenhang aller Erscheinungen mit dem innersten Wesen feststellen können, mit dem Lebensstil eines solchen Kindes oder Erwachsenen.

Um Ihnen den richtigen Begriff zu geben, wie wir zu Werke gehen, liebe ich es, die Beschreibung eines Falles vorzunehmen und hier zu diskutieren, den ich nicht kenne oder der meinem Gedächtnis entschwunden ist. Ich habe keine Ahnung von den Geschehnissen, die hier beschrieben sind, ich will versuchen, den Weg zu gehen, den ich auch sonst in meiner praktischen Tätigkeit gehe. Es kann geschehen, daß ich einen Fehlgriff mache, der sich später als solcher erweist. Das würde mir den Mut nicht nehmen. Ich bin mir bewußt in derselben Rolle zu sein wie der Maler oder der Bildhauer, der im Beginne irgendwie vorgehen muß nach seiner Erfahrung, seiner Fähigkeit, um nachher zu kontrollieren, die Züge zu verschärfen, zu mildern, zu ändern, um das richtige Bild herauszubekommen. An diesem Punkte können Sie sehen, daß wir ganz anders vorgehen wie andere Psychologen, die mit fast mathematischen Größen rechnen wollen, und wenn die Rechnung nicht aufgeht, Ursachen in der Erblichkeit zu finden trachten, ein dunkles Gebiet, in das man alles hineinstecken kann. Oder die körperlichen Vorgänge, auch ein dunkles Gebiet, und ähnliche, kaum kontrollierbare Prozesse anschuldigen, die man nicht fassen kann, wo dann zu ihrer nicht geringen Genugtuung die Psychologie ihr Ende findet. Wir entschlagen uns dessen. Wir würden Fehler eingestehen, anstatt derartige Auskunftsmittel anzuwenden. Dafür kennen wir besser den Zusammenhang von einzelnen Zügen mit dem Ganzen, wir sind besser ausgerüstet. Wir schließen aus einzelnen Kleinigkeiten. Es ist uns möglich geworden, wie etwa in der Naturgeschichte aus einem Beinchen auf das Ganze Schlüsse zu ziehen oder etwa aus einem kleinen Winkel eines Fensters auf die Architektonik eines Gebäudes zu folgern. Wir sind jedoch viel vorsichtiger als andere, die das Lebensbild gemäß ihres Vorurteils beschreiben und verstehen wollen, — immer kritisch wartend, erwartend und korrigierend.

Wenn ich nun darangehe, eine mir vollständig unbekannte Lebensgeschichte zu entwickeln, so bin ich mir bewußt, daß ich vielleicht 14 Tage später gewisse Züge schärfer herausgreifen würde. Ich bin mir aber dessen bewußt, daß ich, wie alle Geschulten in unserem Kreise, zu demselben Schlusse kommen würde. Das ist bedeutsam, daß wir diese Sicherheit haben, obgleich wir mit anderen Worten sprechen, andere Bilder wählen, vielleicht sogar den Akzent auf anderes verschieben. Aber die Betrachtung der Einheit ist immer das schärfste Hilfsmittel. Wir wissen, daß jedes Kind mit einem Minderwertigkeitsgefühl beginnt und es zu kompensieren trachtet, daß es dem Ziel der Überlegenheit, der Totalität zustrebt, daß es an die Entfaltung seiner Kräfte schreitet, damit es sich allen Schwierigkeiten gewachsen fühlt. Wir unterscheiden, ob es auf der nützlichen oder auf der unnützlichen Seite strebt. Die nützliche Seite ist die allgemein nützliche, entsprechend dem höchsten Niveau common sense, auf der sich Entwicklung und Fortschritt als für die Allgemeinheit wertvoll erweisen. Wir trachten festzustellen, was im Wege gewesen ist, was die Abweichung verursacht hat, wir trachten das Problem zu erfassen, das zu große Schwierigkeiten geboten hat. Wir werden in der Haltung des Erwachsenen diese Schwierigkeiten nachzittern fühlen, wir werden sagen können: hier hat der Lebensweg eine Störung erfahren, hier hat sich eine Stimmung entwickelt, als ob der Betreffende den Schwierigkeiten nicht gewachsen wäre. Unser Augenmerk richtet sich auf jene Probleme, denen der Betreffende ausgewichen ist. Daß wir ihm nicht zu viel M u t zugestehen können, ist klar. Die zweite Frage ist: Wie ist es denn gekommen, daß das Individuum sich auf einmal den Lebensproblemen gegenüber nicht gewachsen gefühlt hat? Wie ist es denn gekommen, daß es sich im bestimmten Moment nicht vorbereitet erweist? Unsere Erfahrung hat gezeigt, daß es sich immer um diejenigen Kinder handelt, die ein zu geringes Maß von Gemeinschaftsgefühl entwickelt haben, so daß sie sich nicht heimisch gefühlt haben, daß sie nicht durch das Gemeinschaftsgefühl gebunden waren, so daß es ihnen leichter geworden ist, zu zögern, halt zu machen, zu entweichen, sich mit der unnützlichen Lösung des gegenwärtigen Problems zu begnügen, die in sich schon den Schaden der anderen enthält.

Ich will versuchen, in der Interpretation eines solchen Falles unsere Kunst zu üben und zu zeigen. Was den vorliegenden Fall anbelangt, so weiß ich, daß er 10—12 Jahre zurückliegen mag. Ich habe dieses Kind gesehen, man hat mir die folgende Beschreibung eingeliefert. Die Mitteilung, die ich in Händen habe, besagt: „Ich erlaube mir, nachstehenden Fall vorzubringen, mit der Frage, ob hier durch Erziehung abgeholfen werden kann: Es handelt sich um ein 11 jähriges Kind (Mädchen), gut entwickelt, zu Hause wie auch in der Schule sehr brav, derzeit Schülerin der I. Realgymnasiumklasse."

Bei einer solchen Bemerkung fällt einem das Problem ein: Was kann die Erziehung tun, wenn es sich um Fehlschläge handelt? In welcher Weise hat sich die Erziehung Fehlschlägen gegenüber zu verhalten? Es ist selbstverständlich, daß man redet, Beispiele gibt, von Strafen absieht, wie wir es immer tun, denn es hat keinen Zweck zu strafen, der Lebensstil ist nach dem 4. oder 5. Lebensjahre festgefügt und wird nur geändert durch Selbsterkenntnis der Fehler und Irrtümer. Was kann durch das Sprechen geändert werden? Nur Irrtümer. Wenn es sich in folgendem Falle um eine irrtümliche Gestaltung des Lebensstiles handelt und wir in der Lage sind, diesen Irrtum zu verstehen, dann sind wir vielleicht auch in der Lage, kraft unserer Fähigkeit das betreffende Kind zur Überzeugung zu bringen, daß es an diesem Punkt einen Fehler begeht, der zum Schaden ausschlagen muß. Es ist nicht möglich, einen Fehler zu begehen, ohne daß es sich später — wir wollen nicht sagen rächen — aber herausstellen muß. Es muß nicht erkannt werden, daß sich da in dieser schlimmen Gestaltung eines Lebensprozesses ein Irrtum rächt, aber erlebt wird es. Wir wollen die Erkennenden sein, wir wollen den Zusammenhang feststellen und ihn dem Betreffenden übergeben und versuchen, ihn so weit zu überzeugen, daß er ohne diese Überzeugung keinen Schritt weiter machen kann. Es wird oft der Einwand laut: Was machen Sie aber, wenn einer schon den Irrtum einsieht und nicht korrigiert? Wenn er wirklich seinen Irrtum einsieht, den Zusammenhang versteht und trotz des Schadens weiter verharrt, dann hat er nicht alles erfaßt. Ich habe solche Fälle noch nicht gesehen. Einen Irrtum *wirklich* erkennen und ihn nicht ändern, das ist gegen die menschliche Natur. Das ist gegen das Prinzip der Lebenserhaltung. Was wir zu hören bekommen, bezieht sich auf eine Scheinerkenntnis von Irrtümern, das ist keine grundlegende, keine, die den Zusammenhang sich auswirken läßt.

Wenn es sich hier um Irrtümer handelt, dann können wir durch Erziehung abhelfen. Es ist ein 11 jähriges Mädchen, gut entwickelt, das zu Hause und in der Schule brav ist, sie ist Schülerin einer Mittelschule. Die Zeit stimmt ungefähr mit dem Platz, an dem sie sich befindet, überein. Wir können folgern, soweit es sich um die Lösung der zweiten Lebensfrage, des Arbeitsproblems, handelt, finden wir das Mädchen am richtigen Platz. Wir werden bezüglich der Beschäftigungsfrage keinen ernsten Einwand erheben können, wir werden behaupten können, daß dieses Kind nicht zu den Schwachsinnigen gehört, von denen allzuviel die Rede ist, als ob es von schwachsinnigen Kindern wimmeln würde.

„Wenn dieses Kind Schule hat, ist es morgens von derartiger Nervosität, daß sämtliche Hausgenossen darunter zu leiden haben."

Das sehen wir häufig. Das Schulproblem wird als zu bedeutsam empfunden. Wir können den Zusammenhang sehen, aus dem hervorgeht, daß sie einerseits eine gute Schülerin ist, andererseits in Anschauung des Problems in außerordentlicher Spannung ist. Wir könnten uns denken, daß dieses Mädchen von Spannung ergriffen wird, ohne daß die Hausgenossen darunter leiden. Wir werden den Schluß daraus ziehen, daß hier das Leid der Hausgenossen zu wenig beachtet wird. Die Spannung ist nicht nur aus der Anschauung des Mädchens zu erklären, sondern auch aus der Absicht, den anderen die Bedeutung des schreckhaften Problems deutlich vor Augen zu führen. Sie sehen die Lust daran, zu zeigen, welche schwierige Aufgaben sie bewältigen kann. Trotz der ungeheueren Schwierigkeiten, die ihr gegenüberstehen, ist sie doch ganz voran. Sie überwindet die Schwierigkeiten doch. Wir wollen weiter sehen, ob wir für diesen Typus mit besonderer Expansionskraft weitere Bestätigungen finden.

„Schon beim Erwachen heult die Kleine, man habe sie zu spät aufgeweckt."

Auch beim Aufstehen sind die anderen mitbeteiligt.

„Sie könne nicht fertig werden. Anstatt sich anzukleiden, sitzt sie und weint."

Das überrascht uns eigentlich. Wir hätten von diesem Mädchen erwartet, daß es mit Müh und Not zur rechten Zeit die Schule erreicht. Vielleicht ist das gar nicht richtig dargestellt. Wir hörten, daß es eine brave Schülerin ist. Es ist anzunehmen, daß diese Bemerkung hingeworfen ist, um die Bedeutung des Falles krasser darzustellen. Ich möchte an dieser Stelle ein Fragezeichen machen, nicht etwa aus Autoreneitelkeit. Aber ich will diesen Zweifel weitertragen, ich will danach forschen, ob dieses Mädchen wirklich häufig zu spät kommt. Wenn dies der Fall ist, wird sich das später deutlich herausstellen. In unserer Kultur ist das nicht leicht möglich, daß ein Kind ins Gymnasium geht, häufig zu spät kommt und doch eine brave Schülerin ist.

„Speziell die Frisur gibt ihr zu großen Klagen Anlaß, und keine Frisur, auch die ihr sonst liebste, ist ihr recht."

Das kann man kaum anders verstehen, als daß sie die Spannung mit Hilfe der Frisur außerordentlich verstärken will. Sie will ihre Umgebung recht kräftig erschüttern und findet ein gutes Hilfsmittel in Aufrollung des Problems der Frisur. Es regt sich die Frage, wieso dieses Mädchen mit solcher List auf etwas kommt, das hilfreich ist in ihrer Absicht, die Umgebung zu erschüttern. Wenn einer da sagen wollte „Haarfetischist", so ist das eine Psychologie, die auf Stelzen geht, Regeln aufstellt und nach Regeln vorgeht, nach einem sexuellen Schema einfach Fremdworte einführt, die nicht mehr besagen, als wir schon wissen, aber heimlich einen sexuellen Unterton einschleichen lassen. Unsere Psychologie ist lebenswarm, sie will keine Regeln haben, sie ist eine schöpferische Leistung, die Nachschöpfung eines lebendigen Wesens. Wir werden uns jeder weiteren Auffassung entschlagen, nur anerkennen, daß dieses Mädchen mit großer Schlauheit einen bedeutsamen Punkt ausfindig gemacht hat, der Schwierigkeiten schafft.

„Die Stunden verstreichen, das Kind läuft schließlich ohne Frühstück unter Weinen und Klagen weg."

Auch dieser Fall ist nicht selten, wir erleben ihn häufig. Wenn ich früher einen kleinen Zweifel bezüglich des Zuspätkommens geäußert habe, gemeint habe, daß es vielleicht eine Übertreibung sei, um die Pein der Umgebung herauszustreichen, so findet sich hier die Bestätigung: „die Stunden verstreichen". Man kann es sich kaum vorstellen, daß diese Zeit mehrere Stunden mißt. Man muß um 8 Uhr in der Schule sein, man kann nicht annehmen, daß dieses Kind um 5 Uhr beginnt, wahrscheinlich um 7 Uhr.

„Wir haben versucht, dem letzteren Übel (der Frisur) dadurch abzuhelfen, daß wir ihr das Haar schneiden ließen."

Wenn wir recht haben, kann es nichts nützen. Es ist ihr nicht um die Frisur zu tun, sondern die Umgebung in Spannung zu versetzen. Die Frisur ist nur eines der vielen Mittel. So wollen wir sehen, was sie machen wird, wenn sie keine Frisur hat. Würden wir zweifeln, ob dieses Mädchen intelligent ist, würde sich das jetzt erweisen. Das ist die individualpsychologische Prüfung in bezug auf Intelligenz und Schwachsinn, wie ich sie empfohlen habe. Ist sie intelligent, so muß sich in der erschwerten Situation zeigen, ob sie diesen Stil hat, den wir bei intelligenten Kindern voraussetzen, d. h. daß sie ein anderes Mittel findet, um zu dem gleichen Ziel zu gelangen.

„Es nützt aber nicht viel, da auf einmal eine Maschenfrage aufgetaucht ist. Und es wiederholen sich dieselben Klagen bei Anbringung der Masche."

Sie ist also intelligent, — wir sind beruhigt.

„Der Umstand, daß das Kind ohne Frühstück in die Schule läuft, muß sich doch auch in der Schule fühlbar machen, da ich nicht annehmen kann, daß ein Kind bis zum Gabelfrühstück, also bis 11 Uhr, nüchtern in der Schule sitzen kann mit der für den Unterricht notwendigen Aufmerksamkeit."

Zuletzt wird der Zweifel ausgesprochen, ob ein Kind ohne Frühstück es bis 11 Uhr aushält. Hätte es das Ziel satt zu sein, dann wäre es richtig, anzunehmen, daß sie nicht bis 11 Uhr warten kann. Dieses Kind hat ein anderes Ziel, es will seine Umgebung mit Schulangelegenheiten belästigen. Ich weiß nicht, ob man weitere Schlüsse ziehen soll. Wir können sagen: dieses Kind ist von Ehrgeiz beseelt, dieses Kind wünscht im Mittelpunkt der Aufmerksamkeit zu sein, in der Schule und zu Hause, sie wandelt dabei auf allgemein nützlichen Wegen. Wir hören, daß sie auch im Hause sehr brav ist, sie hat nur einen Fehler, sie möchte, daß man sich mit ihr unausgesetzt beschäftigt. Sie sucht Anerkennung auf dem unrichtigen Platz. Am Morgen, wenn sie zur Schule gehen will, ist ihr Hauptgedanke: Wie sag ich's meinen Eltern, welche ungeheuere Schwierigkeit vor mir liegt? Sie können diesen Typus mit dem Worte „Prahlerei" bezeichnen.

Wenn wir darangehen wollen, den Mut dieses Kindes festzustellen, so werden wir sagen müssen: sie sucht die Lösung ihres Problems als eine Heldentat hinzustellen. Das zeigt nicht allzuviel Mut, weil dabei auf der anderen Seite, ohne daß irgendwer was dazu tut, ohne daß einer es zu verstehen braucht, gleichzeitig eine Sicherung für sie herauswächst. Wenn sie einmal keine gute Schülerin ist, sind die Eltern schuld. Das ist ein Prozeß im menschlichen Leben, der viel intensiver erkannt werden muß. Es ist wertlos, diesen Prozeß mit dem Namen „unbewußt" zu bezeichnen. Es liegt der Ablauf dieses Prozesses, den wir versuchen, gedanklich zu erfassen, im Zusammenhang des Lebens. Wir erleben ihn alle mit, wir bezeichnen ihn nur nicht mit Worten. Wir können ihn erst durchschauen, wenn wir den Zusammenhang feststellen. So können wir sagen: dieses Mädchen hat nicht viel Mut. Wir können auch etwas über die Ausbildung des Gemeinschaftsgefühles sagen. Es wird niemand darüber zweifeln, daß diesem Mädchen die Pein, die sie der Familie auferlegt, nicht sehr zu Herzen geht. Wir können feststellen, daß es ihr einzig und allein darum zu tun ist, die Märtyrerkrone zu haben. Alle Schwierigkeiten, die sie findet, auch daß sie bis 11 Uhr nichts ißt, sollen das Bild viel schmerzlicher gestalten. Sie ist außerordentlich stark auf Ruhm bedacht, aber nicht allzusehr auf andere. Vielleicht könnten wir noch weitere Schlüsse ziehen. Ich bin besorgt, daß wir sie nicht bestätigen könnten, weil wir kein weiteres Material haben. Wir könnten fragen: Aus welcher Situation ist der Stil dieses Mädchens entstanden? Welches waren die ersten Inschriften, welche Umstände haben dazu beigetragen, diesen Lebensstil zu formen? Sie ist ein ehrgeiziges Mädchen, das an der Spitze stehen will. Wenn ich müßte, würde ich den Schluß ziehen: sie ist ein einziges Kind. Wenn wir in Betracht ziehen, welche Bedeutung die Mutter dem Essen beilegt, möchte ich das verallgemeinern und behaupten, daß in dieser Familie das Essen eine größere Rolle spielt als beim Durchschnitt. So weit können wir gehen, oder z. B. die Frage anschneiden, daß wir uns dieses Kind als zart vorstellen, als blaß. Wenn dieses Kind ein dicker Blasengel wäre, wäre die Mutter nicht so besorgt. Aber alle diese Schlüsse tragen nicht sehr viel dazu bei, uns mit der Gestalt dieses Kindes näher vertraut zu machen, weil wir sie nur der Übung wegen machen, ohne sie bestätigen zu können.

Ein paar Worte bezüglich der Behandlung eines solchen Kindes. Dieses Kind ist im Genusse seiner Herrschaft über die Familie. Sie weiß nichts davon. Sie erlebt nur die Pein, die Spannung der anderen. Das soll uns nicht beirren. Glauben Sie, daß ein Multimillionär immer daran denkt, wieviel Geld er hat? Sie werden nur finden, wie oft der Mann sich ärgert, wenn nicht alles nach seinem Wunsch geht. Dieses Mädchen ist in keiner anderen Verfassung. Sie ist im Besitze der Herrschaft, deshalb braucht sie nicht ununterbrochen mit der Zunge zu schnalzen. Es genügt, daß sie im Besitze der Herrschaft *ist*. So können wir verstehen, warum dieses Mädchen diesen Weg geht, ohne auf das Ziel zu achten, sondern nur auf die Schwierigkeiten schaut. Wenn dieses Mädchen das alles wüßte, wenn man ihr klar machen könnte, daß sie dieses gewöhnliche Problem des Schulganges so maßlos überschätzt, um zu *prahlen*, so wäre das ein großer Fortschritt. Es könnte sein, daß sie sich dabei noch nicht ändert. Vielleicht müßte man weitergehen, ihr zeigen, wer prahlt. Man könnte ihr die Überzeugung beibringen, daß nur der prahlt, der glaubt, nicht selbst genug zu sein. Nur der wird andere zu erschüttern trachten, der glaubt, daß er durch seine Leistungen nicht genügend Beweise für seine Bedeutung liefern kann. Wenn man sich dem Mädchen gegenüber auf den Standpunkt stellt: „Wenn ich recht habe, dann machst du ja alles ganz richtig. Vielleicht solltest du noch mehr tun. Aber das alles zeigt nur, daß du ein sehr gescheites Mädchen bist, welches den richtigen Weg findet, die Umgebung zu erschüttern." Wenn es mir gelingen würde, das Mädchen zu überzeugen, dann müßte ich es ihr aus anderen Geschehnissen und Erinnerungen klar machen. Wenn ich so weit kommen könnte, ihr zu zeigen, daß aus ihrer Stellung eines einzigen Kindes alle Neigungen entstanden sind, die als zwangsläufige Fehler erwachsen, wenn ich sagen würde: „Das sind bekannte Dinge, die passieren oft bei einzigen Kindern", so würde sie wissen, was sie früher nicht gewußt hat. Dieses neue Wissen allein würde den Komplex ihrer Gedankenabläufe beeinflussen. Die Handlungen würden ihrem Gemeinschaftsgefühl *offen* widersprechen. Sie würde sich kontrollieren, und es würde wahrscheinlich folgendes in Erscheinung treten: in den ersten Tagen würde sie sich, nachdem sie die Familie in Exstase versetzt hat, sagen: „Dr. *Adler* würde sagen, ich tue das nur, um mich berühmt zu machen." Das würde vielleicht eine Zeitlang fortgehen. Sollte das nicht der Fall sein, könnte ich nachhelfen. Dann würde eine Zeit eintreten, wo sie schon mitten im Getöse sich erinnern würde, wie das für mich ausschaut, und schon jetzt würde vieles davon wegfallen. Dann kommt eine Zeit, wo sie sich dessen beim Erwachen schon vielleicht inne werden würde. „Jetzt will ich die Umgebung in Aufregung versetzen." Das wäre der simple Ablauf einer solchen Behandlung. Andere Wege wären auch möglich.

Ich selbst liebe es, ganz andere Wege zu gehen. Wenn ich herauszufühlen glaube, daß man so sprechen könnte, sage ich: „Die Schule ist das Wichtigste im Leben eines Menschen, du solltest noch mehr Wesens daraus machen.“ Durch Übertreibung würde ich ihr die Neigung zu diesen Maßnahmen verderben. „Du mußt unausgesetzt einen Radau machen, um deine Leistungen und die Wichtigkeit deiner Person hervorzuheben. Denn es wäre für dich scheinbar zu schwer, dich allein nur auf nützliche Weise in den Mittelpunkt zu versetzen.“ — Es gibt hundert Methoden, die dazu geeignet sind, wie Kaus sagt, „das gute Gewissen zu verderben“. „Schreibe mit großen Buchstaben auf einen Zettel und hänge ihn über dein Bett: An jedem Morgen muß ich meine Familie in größte Spannung versetzen.“ Sie würde bewußt, aber mit schlechtem Gewissen das machen, was sie früher unverstanden, aber mit gutem Gewissen, gemacht hat. Ich habe noch nie gesehen, daß einer meiner Patienten den letzteren Rat befolgt hätte.

II. Kapitel.

Ein Repetent.

Es kommt uns bei der Besprechung dieser Lebensgeschichten schwer erziehbarer Kinder nicht darauf an, gerade dieses Kind zu charakterisieren. Wir wollen diese kurzen, nichtssagenden Schilderungen als typisch ansehen, und daran unsere Erfahrung stützen, um herauszufinden, wie weit sie von der Norm ungefähr abweichen. Oder aber uns selbst prüfen im Herausfinden der seelischen Schlupfwinkel und feststellen, welchen Standpunkt der Erzieher von individualpsychologischer Seite einzunehmen hätte. Sie werden sich überzeugen können, daß man bei Lektüre dieser Lebensgeschichten nicht wird sagen können, daß es sich gerade um dieses Kind handelt. Gewisse Punkte treten scharf hervor. Wir wollen uns um sie bekümmern und Nachschau halten, in welchen Lebensformen derartige Schwierigkeiten hervortreten.

„Wir hören von einem 9 Jahre alten Kinde. Es wiederholt die zweite Klasse.“

Wenn man derartige Mitteilungen vernimmt, werden die Gedanken darauf gerichtet, ob dieses Kind nicht vielleicht schwachsinnig ist. Wir wissen ja nicht mehr über dieses Kind, als daß es die zweite Klasse wiederholt. Wir wissen nicht, ob es die erste Klasse wiederholt hat, nicht, wie es sich sonst in der Schule benommen hat, ob es nicht durch besondere Milde aufgestiegen ist. Wenn dies nicht der Fall ist, wenn dieses Kind gerechterweise aus der ersten in die zweite Klasse gekommen ist, dann können wir mit Sicherheit sagen, daß es nicht schwachsinnig ist. Zum Punkt Schwachsinn: Gerade in unserem Kreise ist die Neigung, ein Kind für schwachsinnig zu erklären, gering, so gering, daß manchmal Fehler in der Richtung geschehen, das schwachsinnige Kind als normal, aber schwer erziehbar anzuerkennen. Das ist ein geringerer Fehler, als ein normales Kind für schwachsinnig zu erklären. Um kurz über das Problem hinüberzukommen, will ich eine landläufige Feststellung bekanntgeben. Wenn ein Kind eine um 2 Jahre geringere Intelligenz aufweist, als seinem Alter entspricht, kann man den Verdacht auf Schwachsinn für begründet halten; das ist die Intelligenzprüfung. Wir müssen hinzunehmen, daß man gewissenhafterweise auch die körperliche Untersuchung vornehmen muß, um herauszubekommen, ob dieses Kind in der Gehirnentwicklung nicht zurückgeblieben ist oder ob Veränderungen und Störungen in seiner endokrinen Entwicklung vorliegen oder ob die Drüsen mit innerer Sekretion nicht normal funktionieren und dadurch die geistige Entwicklung gestört ist. Diese Untersuchung muß dem geschulten Arzt überlassen bleiben. Er wird feststellen müssen, ob die Gehirnentwicklung geschädigt, ob es ein Hydrocephalus, Mikrocephalus, ob das Kind mongoloid etc. ist. Ich kann mich mit der Schilderung dieser Zustände nicht befassen, erst aus dem Zusammenarbeiten dieser beiden Faktoren wird von uns mit annähernder Sicherheit der Schluß gezogen werden können, daß dieses Kind wahrscheinlich schwachsinnig ist. Man kommt mit diesen zwei Methoden bei leichteren Fällen von Debilität noch nicht durch, deswegen habe ich mich gewöhnt, noch eine dritte Prüfung anzusetzen, die, wenn sie richtig und von geübten Individualpsychologen durchgeführt wird, ausschlaggebend ist. Es ist nachzuweisen, ob dieses Kind einen Lebenstil hat; denn wenn dieses Kind ein Ziel hat, welches mit dem Ziel eines annähernd normalen Kindes nicht übereinstimmt, aber wenn es entsprechend diesem Ziel intelligent vorgeht, wenn auch in einer von der Norm sehr verschiedenen Art, dann ist das Kind intelligent. Dieses Kind hat einen abnormalen Lebensstil, handelt aber mit entsprechender Intelligenz. Das sind die Kinder, die „schwer erziehbar" heißen. Wir wollen bei diesem Kinde vielleicht versuchen, ob wir es in eine der Kategorien einreihen können. Von einer medizinischen Untersuchung kann kaum die Rede sein, von einer Intelligenzprüfung noch weniger, weil sie mit einiger Scheu bei uns betrachtet wird, niemand traut sich recht heran, wir werden darauf verwiesen sein festzustellen, ob es einen Lebensstil hat.

„Wir hören, daß dieses Kind besondere Schwierigkeiten im Rechnen hat."

Unsere Erfahrung sagt uns: diese Kinder sind meistens verzärtelte Kinder, die nicht selbständig funktionieren wollen, weil unter allen Gegenständen das Rechnen die größte Selbständigkeit erfordert. Im Rechnen besteht außer dem Einmaleins keinerlei Sicherheit, es beruht alles auf selbständiger, freier Kombination. Wir wissen, daß eigentlich am weitesten verzärtelte Kinder davon entfernt sind, wenn sie nicht in irgend einer Weise das selbständige Kombinieren erlernt haben. Es gibt noch einen anderen Typus von Kindern, die durch irgendwelche Ereignisse von länger dauernder Natur gerade fürs Rechnen besonders entmutigt worden sind, die einen schlechten Start gehabt haben, vielleicht anfangs nicht mitgekommen sind und nicht ermutigt worden sind. Sie haben nicht die genügende Basis und eine gehörige Portion von Hoffnungslosigkeit. „Ich bin für das Rechnen nicht talentiert." Wenn sie ein Mitglied der Familie in der Nähe haben, welches auch auf dem Standpunkt steht, dann haben sie einen Bekenner der Hereditätslehre vor sich. Es gibt auch andere Ursachen. Eine möchte ich hervorheben. Ein besonders drückendes Vorurteil besteht gegen die Mädchen. Das Mädchen hat sehr häufig Gelegenheit zu hören, daß das weibliche Geschlecht fürs Rechnen nicht talentiert ist. Wir wissen ja, was wir bezüglich des Talentiertseins zu sagen haben. Solange das Kind nicht schwachsinnig ist, stehen wir auf dem Standpunkt, daß es alle Aufgaben bewältigen kann, wenn es genug Mut besitzt. Wir kommen noch nicht zu einem bestimmten Ziel, wenn wir von schwachsinnigen Kindern hören, daß sie im Rechnen nichts leisten. Manche Spezialgebiete in der Mathematik werden von Schwachsinnigen besser erfaßt als von Normalen.

„Der Direktor der Schule glaubt, daß das Mädchen geistig den Anforderungen des Lehrplanes nicht gewachsen ist und empfiehlt sie in eine Hilfsschulklasse zu geben."

Wir können da nicht diskutieren.

„Die Meinung der Eltern geht dahin, daß das Kind geistig normal ist."

Die Meinung der Eltern ist ziemlich bedeutsam. In der Regel sind die Eltern die ersten, die irgendwelche geistige Zurückgebliebenheit bemerken, auch dort, wo sie unrecht haben. Ich erinnere mich an keinen Fall, wo Eltern bei einem schwachsinnigen Kinde erklärt hätten, daß es normal sei. Wir können also vorläufig mit den Eltern übereinstimmen.

„Sie meinen, daß der Grund für die Schwierigkeiten im mangelnden Selbstvertrauen liege."

Hier möchte ich die Eltern unterstützen. Bisher haben wir nur gehört, daß das Kind im Rechnen schlecht ist. Wenn das Kind in allen anderen Gegenständen halbwegs genügt, dann hat es die Intelligenzprüfung bestanden. Daß es im Rechnen zurück ist, das kann unmöglich alles bedeuten und kann uns nicht bewegen, Schwachsinn anzunehmen.

„Den Eltern schien es nicht ausgeschlossen, daß das Kind seine Unfähigkeit ausnutzt, um die Aufmerksamkeit der Angehörigen auf sich zu lenken. Die Familie beschäftigt sich sehr viel mit ihr."

An dieser Stelle werden wir erinnert, daß wir von vornherein der Vermutung Ausdruck gegeben haben, daß es sich um ein verzärteltes Kind handelt. Es hat die Eigenart, daß es seine angenehme Situation festhalten will, sich so zu bemühen, daß es sein Ziel erreicht, die Eltern zu beschäftigen. Wenn wir dieser Darstellung trauen dürfen, — manches spricht für die Richtigkeit der Darstellung —, dann werden wir sagen, daß es sich einerseits zu wenig zutraut, andererseits immer nach Stützen sucht. Infolgedessen erfüllt es die Bedingungen, die wir gefordert haben, wenn wir angenommen haben, daß es ein verzärteltes Kind ist. Plötzlich sehen wir, daß es einen Lebensstil hat, es hat ein Ziel, es möchte von den Eltern unterstützt sein. Wir werden mit ziemlicher Sicherheit feststellen können, daß es nicht schwachsinnig ist. Dem Direktor der Schule werden wir unrecht geben müssen, das Kind gehört nicht in die Hilfsschule.

„Die ältere sowie die jüngere Schwester, die sehr begabt sind, suchen ihm zu helfen."

Damit fällt ein neues Licht auf dieses Kind, das in der Mitte steht zwischen zwei begabten Schwestern, die selbständig arbeiten. Wir können uns auch ungefähr vorstellen, was da vorgegangen sein mag. Dieses Mädchen war eine Zeitlang die Jüngste, dann nicht mehr. Hinter ihr taucht ein Kind auf, das den Eindruck vermittelt, als ob es ihr über den Kopf wachsen würde. Es ist ihr, als der Zweiten, auch nicht gelungen, die Erste in den Schatten zu stellen. Hier kommt uns unsere Erfahrung über die Zweitgeborenen zu Hilfe. Sie haben das Ideal, den anderen überlegen zu sein. Wir können annehmen, daß sie so lange danach strebt und so lange eine ungefähr normale

Entwicklung einzuschlagen trachtet, bis ihr diese Hoffnung, die Ältere zu erreichen, entschwindet. Es ist ihr nicht geglückt. Sie ist einzureihen in jenen Typus von Kindern, die die Hoffnung verloren haben, im direkten Anlauf dem ersten Kinde gleich zu werden oder ihm über den Kopf zu wachsen. Es wird unter der erschwerten Bedingung aufwachsen, in dem Gefühle, nicht gleichwertig zu sein. Es hat ein größeres Minderwertigkeitsgefühl. Wenn da nun von rückwärts das dritte Kind als neuer Feind aufwächst, dann gibt sich dieses Kind bald verloren, beginnt hoffnungslos zu werden, insbesondere in jenen Punkten, in denen ihm nicht ein rascher Erfolg beschieden ist. Das scheint im Rechnen der Fall gewesen zu sein. Deshalb ist die Schilderung des Verhaltens im Rechnen entsprechend dem, was wir erwarten. Sie ist hoffnungslos. Das ist eine Haltung gegenüber dem Rechnen, die unzweckmäßig ist. Wo aber ist das Geltungsstreben dieses Mädchens? Das Geltungsstreben geht nicht verloren, in irgendeiner Weise hat es die Züge der Zweitgeborenen an sich. Im Rechnen geht es nicht, wahrscheinlich in anderen Gegenständen auch nicht, es muß die Klasse wiederholen. Versetzen Sie sich in die Lage eines solchen Kindes. Bezüglich Fortschritt kann dieses Kind nicht konkurrieren, es gibt ihn also auf. Aber es muß einen anderen Weg finden, um der Schwester doch über den Kopf zu wachsen. Die Frage ist: Wo sehen wir dieses Streben? Es kann ihm nur gelingen in irgendeiner Weise, die sich nicht mehr auf der nützlichen Seite befindet und die dahin geht, die Eltern unausgesetzt zu beschäftigen. Die Eltern haben mit ihm zu tun, es ist das Sorgenkind, es ist der Mittelpunkt der Aufmerksamkeit. Wir bekommen die Antwort auf unsere Frage: Ist es intelligent? Wer daran zweifelt, der möge sich in die Lage dieses Kindes versetzen, dem der Weg auf der nützlichen Seite abgeschnitten ist. Was bleibt ihm übrig, da ein Mensch nur leben kann, wenn er Hoffnung hat, als Mensch, als Person zu gelten? Ich würde genau so handeln. Daraus ziehe ich den kühnen Schluß, daß dieses Mädchen intelligent handelt, um ein fehlerhaftes Ziel zu erreichen. Es ist nur eine fiktive Überlegenheit, Mittelpunkt der Familie zu sein, es ist ein Ziel auf der unnützlichen Seite. Eine wirkliche Überlegenheit gibt es nur im Sinne des Gemeinschaftsgefühles, im Sinne des common sense. Was es macht, ist nicht common sense, das hat der Direktor richtig erkannt. Daraus hat er den falschen Schluß gezogen, daß dieses Mädchen schwachsinnig sei.

„Ihr Wesen innerhalb der Familie ist etwas herrschsüchtig und unsozial. Bei gemeinsamen Spielen fügt sie sich selten ein.“

Das paßt uns in den Kram. Das Streben dieses Mädchens ist nicht verschwunden, sie ist herrschsüchtig, sie trachtet alle unter das Szepter zu bringen. Wenn es sich um Gemeinsamkeit handelt, ist sie nicht zu haben, nur wo sie die erste Rolle spielt.

Ein kurzes Wort bezüglich der Behandlung. Ich bin überzeugt, man wird versuchen, dieses Kind so weit zu bringen, daß es die Eltern nicht so sehr beschäftigt, und daß es vorwärtsgeht mit dem Rechnen. Aber wenn dieses Kind bereits die Hoffnung aufgegeben hat, in ernsten Dingen mit den Schwestern gleichen Schritt zu halten oder sich dort mit ihnen zu messen, so bleibt nichts übrig, als daß man das Mädchen ermutigt. Das ist eigentlich die wichtigste Formel, die wir zur Verfügung haben. Wir können nicht erwarten, daß ihr Wesen, ihre Herrschsucht, daß die Inanspruchnahme der Eltern sich mildert, solange sie keine offene Straße hat, auf der sie in nützlicher Art vorwärtskommen kann. Wir müssen dem Kind eine Straße eröffnen. Ich glaube, daß es Eltern gibt, die, ohne diesen Gesichtspunkt zu begreifen, einigen Erfolg mit dem Kind haben können. Wir würden nicht zweifeln, daß dieses Kind vollkommen zu bessern ist. Ich sagte, es könnte gelingen, auch wenn einer eine durchaus falsche Auffassung von diesem Kinde hat und möglicherweise auf sexuelle Beziehungen zurückkommt. Er kann, wenn er seine Theorien ausbreitet, dennoch das Kind ermutigen, vielleicht nur dadurch, daß er ihm zeigt: deine Lebensfragen sind interessant genug, um jemand zu beschäftigen. Wenn nur dieser Strahl der Ermutigung in die Seele des Kindes fällt, dann kann er schwätzen, wie er will. Das Kind wird vorwärts gehen, ohne zu wissen, wie es gekommen ist, während der Arzt, der dieses Kind behandeln wird, auf die Richtigkeit seiner Methode schwören wird. Wir stehen auf dem Standpunkt, daß wir das Kind ermutigen müssen. Das ist keine einfache Sache. Was haben wir dabei alles zu tun? Wir müssen das Kind so weit bringen, daß es selbständig kombiniert, daß es überzeugt ist, seine Rechnung lösen zu können, Zutrauen zu sich gewinnt, die Lücken ausfüllt, die ihm zugewachsen sind. Es genügt nicht, in Worten Mut zu machen, es ist notwendig, das Kind in den Stand zu bringen, in dem die Kameraden sich befinden. Wenn dieses Kind zu arbeiten beginnt, und es ist in 8 Tagen eine Schularbeit, dann ist kein Zweifel, daß sie schlecht ausfällt. Die Lücken lassen sich nicht so schnell ausfüllen, es gehört ein Verständnis dazu, zu finden, wie lange ein Kind dazu braucht. Bis dahin muß man Schonzeit gewähren, man kann das Kind noch nicht so prüfen, als ob es schon so weit wie die anderen wäre, sonst ist alle Mühe des Erziehers zunichte gemacht. Es kann dann verzweifelt schwer sein, diesem Kinde noch einmal Mut einzuflößen. Wenn man darangeht, einem Menschen Mut einzuflößen, so muß man für eine seelische Situation sorgen, die vertrauensvoll ist. Man muß ihn in eine Stimmung bringen, in der er zuhört, d. h. man muß ihn vorher gewinnen. Man muß sich wie ein Freund zu ihm verhalten, man darf ihm nicht eine Überlegenheit gegenüberhalten und ihn so bedrücken, man darf ihn nicht rauh anfassen. Solche Kinder sind angeschrien worden, so daß sie schließlich recht haben, wenn sie die Arbeit einstellen. Es ist notwendig, sie in eine freundschaftliche Beziehung zu bringen zum Erzieher, so daß sich der Kreis der Menschen erweitert, zu denen es Vertrauen hat. Dieses Kind hat nur zu den Eltern Vertrauen. In der Schule spielt es eine schlechte Rolle. Sein Streben ist eigentlich nur auf die Eltern gerichtet. Wenn es einer fremden Person gelingt, den Kreis der Menschen zu erweitern, dann ist auch sein Gemeinschaftsgefühl damit gewachsen, sein Gefühl des Zutrauens ist größer geworden. Damit ist das größte Übel aus der Welt geschafft, das darin besteht, daß dieses Kind glaubt: ich habe keinen Platz mehr außerhalb des Kreises meiner Eltern. Dieser Prozeß der Gewinnung muß allen anderen Maßnahmen vorausgehen. Wir werden zurückgeführt zu den Urquellen der Erziehung, wo es eigentlich die Funktion der Mutter gewesen ist, das Kind zu gewinnen, um dem Kinde Interesse für andere, Interesse für die Lebensaufgaben zu geben, um ihm eine Heimstätte zu gründen innerhalb dieser Gesellschaft. Dadurch wird dieses Kind mutig, selbständig, es fühlt sich als einen gleichwertigen Faktor. Wenn wir nun zurückblicken, um den Fehler zu sehen, aus dem sich die scheinbare Unfähigkeit entwickelt hat, so sehen wir es klar: die beiden Kinder, zwischen denen dieses Kind steht, werden als begabt geschildert. Das ist nicht eine einmalige Konstatierung, das spielt sich alle Tage, alle Stunden ab. Dieser Patient steht unausgesetzt unter dem Eindruck, diesen Geschwistern nicht gleichwertig zu sein. Hier liegt der Grundirrtum dieses Kindes klar zutage. Ich kann nicht entscheiden, warum die anderen zwei sich als begabt herausstellen, aber ich kann sagen, daß das erste Kind die Tragödie, eine Schwester zu haben, glücklich überstanden hat, weil es in der Zeit, bevor das Kind geboren wurde, eine feste Position hatte. Ich kann auch sagen, daß das zweite Kind die Geburt des dritten Kindes nicht gut überstanden hat. Wenn Sie dazu noch den Charakter des jüngsten Kindes nehmen, das strebend ist, so können Sie verstehen, daß dieses Kind, das schon im Niedergang war, durch die Geburt des dritten Kindes wieder geschädigt worden ist. Wir fragen: Wo war die Mutter? Es scheint, daß die mütterliche Sonne diesen zwei anderen Kindern heller geschienen hat. Der Versuch des dritten Kindes, die anderen in Kontribution zu ziehen, wird von der Mutter unangenehm empfunden. Es ist also der Mutter nicht gelungen, diesem Kinde das Interesse beizubringen für andere Menschen, für die Geschwister, für die Aufgaben des Lebens. Es blieb in der Abhängigkeit, in der es als Säugling gewesen ist, es legt ja noch heute die Züge eines unbeholfenen, kleinen Kindes an den Tag.

„II. Fall. Ein 9 jähriges Mädchen, das die dritte Klasse wiederholt."

Wir werden auch aus dieser einzelnen Mitteilung ersehen, daß, wenn dieses Kind gerechter Weise bis in die dritte Klasse gekommen ist, es auch nicht schwachsinnig ist. Es müssen irgendwelche Dinge vorgefallen sein, bei denen dieses Kind nicht mehr in der Schule mitgehen konnte. Es muß die Schule nicht mehr als einen angenehmen Aufenthaltsort empfunden haben.

„Besondere Klage: Hang zum Lügen und Stehlen."

Was das Lügen anbelangt und seine psychologische Struktur, ist eins zu sagen: daß offenbar eine starke Hand in der Nähe sein muß, die von dem Kinde gefürchtet wird. Naturgemäß würden alle Kinder die Wahrheit sagen, wenn sie sich stark genug fühlen würden. Wir kommen zu dem Schlusse, daß das Kind sich schlecht fühlt. Ich bitte zu bedenken, wenn Sie von der Lügenhaftigkeit eines Kindes hören, daß es die Ausdrucksform eines Schwächegefühls ist, eine Kompensation, um nicht im Gefühl der Minderwertigkeit zu erscheinen, als der schwächere Teil, als derjenige, der den anderen zu fürchten hat und den anderen als stärker einschätzt. Es gibt zwei Hauptformen der Lüge: 1. Die Lüge aus Furcht. Furcht ist eine Seite des Minderwertigkeitsgefühles. Wenn einer sich stark genug fühlt, hat er keine Furcht. 2. Jene Lüge, bei der einer versucht, größer zu erscheinen, als er sich in Wirklichkeit glaubt. Es ist auch eine Kompensation für ein Gefühl der Schwäche und Minderwertigkeit. Aus großer Schwäche entwickelt sich der Hang zur Phantasie. Wenn einer hier etwa den Unterschied machen möchte bezüglich Zwecklüge und anderer Lüge, so ist er auf dem Holzweg, es gibt keine andere Lüge als die Zwecklüge. Wir suchen nun nach der starken Hand. Wenn wir hören, daß dieses Kind, von dem wir ein schweres Minderwertigkeitsgefühl voraussetzen und das den Hang hat, sich auf Umwegen der Überlegenheit anderer zu entziehen, auch stiehlt, dann werden wir in unserer

Auffassung bestärkt. Die psychologische Struktur des Stehlens ist die, daß einer sich verarmt fühlt und nun den Versuch macht, dieses Defizit zu decken, indem er sich bereichert. Er tut es nicht etwa in einer der nützlichen Seite des Lebens entsprechenden Art, sondern durch einen Kunstgriff, der dem Lügen außerordentlich ähnelt. Auch das Stehlen ist ein Versuch, dem Stärkeren auszuweichen, ihm auf listige Art gewachsen zu sein. Daß wir beim Stehlen niemals Mut finden können, habe ich auseinandergesetzt. Wir sehen das Charakterologische deutlich, das Kind offenbart hier seine Feigheit. Wir sind nicht in der Lage festzustellen, ob nicht ein anderes Kind in derselben Situation auch lügen würde. Aber wir wissen ganz sicher, wenn dieses Kind im Besitze von Kraft wäre, dann könnten wir nicht verstehen, daß es stiehlt oder lügt. Würde es dann auch noch stehlen und lügen, dann würden wir es für schwachsinnig halten. Wir werden verstehen, daß dieses Kind ein großes Schwächegefühl haben muß und daß es daraus herausstrebt mit den Mitteln des Schwachen. Aber das Kind handelt intelligent, es geht so weit, daß wir unter Umständen eine Lüge verzeihen können, weil wir sie für diesen Zweck entsprechend finden, die Notlüge. Wir können einem Menschen verzeihen, wenn er stiehlt, leider erst, wenn er nahe am Verhungern ist. Dann werden wir es sogar gerechtfertigt finden. Wir werden nur alles aus dem Zusammenhang betrachten können. Lügen und Stehlen werden am Anfang unserer Betrachtung stehen, und wir werden konstatieren, daß dieses Kind sich schlecht fühlt.

„Ihre Eltern leben seit Kriegsende getrennt."

Wir hören das häufig bei schwer erziehbaren Kindern. Eine unglückliche Ehe ist durchaus nicht etwas, was das Kind fördert, und es scheint statistischen und persönlichen Erfahrungen zu entsprechen, daß Kinder in getrennter Ehe schlecht vorwärts kommen. Man findet auffallend viele schwere Fälle von Fehlschlägen.

„Es wurde ihr freigestellt bei der Mutter zu bleiben, doch sie wollte nicht."

Wir werden dabei erinnert an das, was wir früher gesagt haben. Es ist der Mutter nicht gelungen, das Kind zu gewinnen, sie hat in der ersten Funktion versagt. Wir warten darauf, ob sich dieses Kind dem Vater zugewendet hat. Die liebevolle Beziehung des Kindes zum Vater ist unter allen Umständen eine zweite Phase. Vorher ist der Bruch mit der Mutter erfolgt. Das kann nur geschehen, wenn dieses Kind die Empfindung hat, daß die Mutter kein rechter Mitmensch gewesen ist. Häufig empfindet das Kind so mit Unrecht. Viele Kinder wenden sich von der Mutter ab, wenn ein zweites Kind kommt, weil sie es als Verrat ansehen, und sie werden gegen die Mutter kritisch. Häufig ist das der Beginn der fehlerhaften Entwicklung im Aufbau des Lebensstils. Wir warten nun, ob der Vater die Funktion der Mutter übernommen hat. In getrennter Ehe ist das nicht leicht möglich, besonders wenn wir hören, daß der Vater nicht viel Zeit gehabt hat. Was bleibt da übrig für die zweite Funktion der Ausbreitung des Gemeinschaftsgefühls? Wir hören, das Kind stiehlt und lügt. Das ist ein Zeichen, daß das Kind sein Gemeinschaftsgefühl nicht bis zu einem hohen Grade entwickelt hat, daß es aufgewachsen ist wie im Feindesland. Wenn wir hören, daß das Kind durchgefallen ist, so wird das auch nicht dazu beigetragen haben, daß das Kind den Lehrer als angenehm empfunden hat. Sie sehen, wenn dieses Kind auf andere Menschen wie auf Feinde blickt, so ist es wie in einer Falle, der es aus eigener Kraft niemals entrinnen kann. Sein Mißtrauen, seine Feindseligkeit gegenüber anderen wird es dazu bringen, daß es keine Freunde hat, daß es eine neue Situation nicht hoffnungsvoll sieht, daß es sich in der Schule nicht zurecht findet. Alle diese Weiterungen führen dahin, daß das Kind Mißerfolge erleidet und eine Bestärkung dafür zu haben glaubt, daß das Leben wirklich voller Feindseligkeit ist. Sie können sich vorstellen, daß es außerordentlich schwierig sein wird, eine Brücke zu diesem Kinde zu finden. Mancher wird vielleicht abgeschreckt. — Wir haben nun ungefähr das Netz ausgespannt, für welches wir neue Eintragungen erwarten, Bestätigungen oder Widersprüche.

„Die Mutter behandelte es von jeher wenig liebevoll."

Wir hören, was wir erwarten konnten.

„Sie behandelt das Kind fast mit Widerwillen. Am Vater hängt das Kind sehr, obwohl er es seiner Verfehlungen wegen oft straft und züchtigt."

Das scheint in gewissem Sinne ein Widerspruch. Wir wollen nicht vergessen, wenn wir auf der richtigen Fährte sind: dieses Kind hat nur einen Menschen auf der Welt, dem es halbwegs vertraut. Deshalb machen die Schläge keinen so abschreckenden Eindruck. Wenn es der Vater aufgeben würde, hätte es niemanden. Es scheint, daß der Vater neben der Züchtigung auch gütige Seiten hat, daß er dem Kinde lichtvoller erscheint als die Mutter.

„Es verspricht dann, sich zu bessern, wird aber immer rückfällig."

Nehmen wir an, dieses Kind würde nach der Züchtigung nicht versprechen, sich zu bessern oder es würde sagen, es wolle sich nicht bessern, was wäre die Folge? Sie könnte dieses Spiel nicht spielen, der Vater würde die Hoffnung verlieren. Alle Kinder, alle Erwachsenen fühlen das automatisch, daß man mit einem hoffnungslosen Menschen nichts mehr anfangen kann, daß er für sich und andere die größte Gefahr vorstellt, weil er sich jeden Gemeinschaftsgefühles entschlägt. Praktisch genommen heißt das: Wenn ich den Vater hoffnungslos mache, wirft er mich hinaus. Aber sie wird rückfällig. Wir sind weniger verwundert als der Vater, weil wir wissen: dieses Kind fühlt sich beraubt, es hat das Ziel, sich zu bereichern. Es fühlt sich minderwertig, es traut sich nicht, die Wahrheit zu sagen. Wir möchten nicht die starken Fäden übersehen, die sich von der Schule zum Hause spinnen. Wir möchten darauf hinweisen, zu bedenken, wie eine schlechte Note zu Hause wirken kann. Wenn wir schlechte Noten geben, so ist die Sache damit nicht abgetan. Sie wirkt weiter. Das Kind wird vielleicht zu Hause gestraft oder es wird getröstet, beschenkt, man gibt die Schuld dem Lehrer, Folgen, die individualpsychologisch nicht zu billigen sind. Deshalb sind wir für die Abschaffung der Noten, weil man nicht weiß, was man damit anrichtet. Wenn der Lehrer die Verhältnisse zu Hause berücksichtigt und daraus sein Kalkül zieht, dann ist es leichter, dann ist das Notensystem gesprengt. Wenn man das Kind mit schlechten Noten belastet, dann hat es zu Hause keine angenehme Zeit.

„Der Vater konnte das Kind aus Berufsgründen nicht bei sich behalten und gab es zu den Großeltern, die es aber nicht lange behielten."

Wir sind gewohnt, daß Großeltern den Kindern gegenüber nachsichtig und milde sind. Dieses Kind ist unter einem unglücklichen Stern geboren, auch die Großeltern versagen. Wir sehen noch mehr: der Ruf, der diesem Kinde nachläuft und vorauseilt, ist sicher außerordentlich schlecht und weit verbreitet. Das macht eine neue Schwierigkeit aus. Dieses Kind, das jedermann als feindlich betrachtet, erlebt das in Wirklichkeit. Da sehen Sie die Falle, in der dieses Kind drinsteckt. Sie werden verstehen, wie schwer es ist, herauszukommen. Sie wissen, wie es für den Erwachsenen schwierig ist, was wollen wir von Kindern erwarten?

„Dann kam sie zu Pflegeeltern nach Tulln, wo auch die Eltern leben."

Auch dadurch können wir die Situation nicht als gebessert erachten. Zur Mutter will sie nicht, der Vater hat keine Zeit, sie sitzt bei den Pflegeeltern und sieht den Entzug des einzigen Menschen, zu dem sie Vertrauen hat, als eine Beraubung an. Dieses Kind sieht sich verkürzt. Dazu kommt noch eins: man verbietet ihm, mit der Mutter zusammenzukommen. Das ist einer der schwersten Fehler, wenn man dem Kind den Verkehr mit einem der Teile unmöglich machen will oder erschwert. Es kann ja Gründe geben, die ein solches Verbot rechtfertigen, Unehrenhaftigkeit, unmoralischer Lebenswandel, aber der Teil, der Einfluß hat, sollte dahin wirken, die zweite Person unangetastet zu lassen, nicht herabzusetzen. Das hat keinen Wert, weil das Kind dadurch in den Glauben gedrängt wird, von schlechter Abkunft zu sein, vielleicht die gleichen Fehler zu besitzen, die der geschmähte Teil an sich trägt.

„Trotzdem ging sie hin, entwendete dort etwas Geld, kaufte Naschwerk dafür und verschenkte es."

Dieses Verschenken von gestohlenem Geld oder Naschwerk ist eine auffällige Erscheinung bei Diebstählen von Kindern oder Personen in der Pubertät. Das zeigt dahin, daß jemand prahlen will, sich größer machen will. Auch die andere Seite dieses Verhaltens wird uns klar. Sie deutet darauf hin, daß sie sich beliebt machen will. Wenn wir hören, daß dieses Kind, das sich selbst beraubt fühlt, andere beschenkt, dann ist dies ein Zug, den wir dahin deuten müssen, als ob das Kind Zärtlichkeit suchen würde, die ihm von der Mutter verweigert wurde, die der Vater ihr von Zeit zu Zeit entgegenbringt, aber es ist eine Zärtlichkeit, die schwer bedroht ist. Sie ist eine schlechte Schülerin. Was kann man machen, um geschätzt zu sein? Es bleibt nichts übrig, als andere Kinder zu bestechen. Das versucht sie nun. Sie wirbt um Zärtlichkeit und Liebe. Vielleicht ist das der stärkste Antrieb dieses Kindes: sich beliebt zu machen, indem sie stiehlt und andere beschenkt — dann fühlt sie sich reicher. Das ist auch das Mittel des Schwachen. Das ist ein Kind, das nicht genügend Zutrauen zu sich hat, um erwarten zu können, von jemandem geliebt zu werden. Man findet das unter Erwachsenen auch.

„Ebenso verfuhr sie mit dem Erlös von Eiern, die sie bei ihren Pflegeeltern heimlich nahm, um sie der Lehrerin zu bringen, die Eier zu kaufen wünschte."

Sie spielt sich als diejenige auf, die die Lehrerin mit Nahrungsmitteln versorgt. Wir wissen nicht, ob sie nicht die Lehrerin auch beschenken wollte, vielleicht hat sie wirklich Geld dafür genommen, immerhin ist es eine Dienstleistung. Sie wäre wohl kaum in den Besitz des Wunsches der Lehrerin gekommen, wenn die Lehrerin sich nicht so geäußert hätte.

„Ihre Verfehlungen wurden in der Schule bekannt, seither ist sie gemieden. Ihre Pflegeeltern wollen sie nicht länger behalten, da kleine Entwendungen, besonders von Eßsachen, andauernd vorkommen."

Wir wissen nicht, was mit den Eßsachen geschehen ist. Es könnte sein, daß dieses Kind, das sich beraubt fühlt, irgendwelche Regungen des Hungers stark empfindet, weil sich hinein das Gefühl der Verlassenheit mischt. Wenn einer an der vollen Schüssel sitzt, wird er mit demselben Magen viel weniger Hunger spüren als einer, der nichts vor sich hat.

„Ihre Lage in Tulln ist unhaltbar, der Vater möchte das Kind weggeben."

Sie sehen die Wirkung der Falle.

„Der Vater ist mittellos."

Wir werden den Schluß ziehen, daß das Kind auch in bezug auf Ernährung nicht glänzend gestellt ist.

Und noch eine Anmerkung, die außerordentlich eindrucksvoll ist:

„Durch die Lieblosigkeit der Mutter und die Aburteilung durch ihre ganze Umgebung befindet sich das Kind in Opposition gegen diese. Ihre Verfehlungen können zum Teil der Ausdruck ihrer inneren Auflehnung sein. Jedenfalls ist durch die gegebenen Verhältnisse die gesellschaftliche Einfügung für dieses Kind erschwert."

Da haben Sie ein Musterbeispiel für den dritten Typus von Kindern mit erschwertem Minderwertigkeitsgefühl, für die gehaßten, die unehelichen, die ungewünschten Kinder, die Waisenkinder und die Krüppel. Bei all diesen Kindern können wir sehr oft wahrnehmen, daß sie mit Recht oder Unrecht sich als gehaßt empfinden. Wir müssen den Irrtum bereinigen, wir müssen dem Kind verständlich machen, daß, selbst wenn es recht hat, es keinen Grund hat, anzunehmen, daß es keine Mitmenschen gibt. Bei diesem Kind ist es teilweise gemildert, weil der Vater sich seiner annimmt. Doch kann er nicht viel tun. Seiner Weisheit letzter Schluß ist, das Kind wegzugeben. Das muß das Kind gefühlt haben. Das Kind muß immer durchdrungen gewesen sein von dem Gefühl: der Vater wird nicht viel für mich aufwenden. Deswegen steckt dieses Kind in der Falle, in der es jedem anderen gegenüber wie ein Feind auftritt. Sein Gemeinschaftsgefühl kann nicht entwickelt werden. So finden wir gewisse Erscheinungen in den Vordergrund treten: Lüge und Diebstahl als den Ausgangspunkt des Verbrechens. Wir haben noch etwas gesehen, was den Fall günstiger erscheinen läßt. Dieses Kind buhlt um Zärtlichkeit, so daß möglicherweise der Weg nicht allzu schwer sein wird, es zu gewinnen. Es ist die erste Funktion der Mutter zu erfüllen und weiterhin Interesse zu erwecken. Es muß von dem Irrtum befreit werden, als ob der Mensch von Natur aus böse wäre. Das muß nachgeholt werden. Nachdem wir die Linien der Behandlung klar gemacht haben, muß noch hinzugefügt werden, daß das Kind aus seiner allzu schweren Situation befreit werden muß.

„Das Kind macht persönlich einen sehr liebebedürftigen und schutzsuchenden Eindruck."

Damit ist die letzte Bestätigung gegeben, die wir uns aus der ersten Mitteilung über das Kind konstruiert haben. Das Kind sucht, es hat nur noch nicht gefunden. Sein Mut ist noch nicht zusammengebrochen.

Zum Schluß möchte ich Ihnen einen Gedanken vorlegen, der mich beim Lesen dieser Zeilen überkommen hat. Nehmen wir an: dieses Kind aus armen Verhältnissen, frierend, hungernd, hoffnungslos, im Punkte der Beschäftigung nicht zuversichtlich, wächst auf, suchend nach Liebe und Zärtlichkeit, was wird daraus werden? Kein Mensch, der es beschützt, nirgendwo ein sicherer Ort: es verfällt der Prostitution. Nehmen wir an, daß das Kind den Glauben verliert, jemanden finden zu können. Wenn es älter wird, wird ein Mann sich finden, der ihm schön tut und ihm so entgegentritt, als ob er ihm Zärtlichkeit geben würde, wie es nicht selten geschieht und mit dem Gang zur Prostitution endet. Nehmen wir an, das Kind verliert den letzten Rest von Glauben, daß jemand kommen und es mitnehmen könnte. Es glaubt nicht mehr daran, Zärtlichkeit zu finden, in der Schule kann es nichts, ein Heim hat es nicht, es muß sich herumtreiben, es kann leicht in den Rahmen einer Bande hineingeraten und mit Verbrechensübungen beginnen. Oder es kann auf eigene Faust beginnen, sich einen leichter scheinenden Erwerb zu suchen. Für eine Form von Verbrechen ist es trainiert, das kann fortgesetzt werden. Es kann zum Schluß, abgeschlossen von jeder anderen Möglichkeit, ein Gewohnheitsdieb werden. Dann werden die Richter und die Gerichtspsychiater zu dem Schlusse kommen, wie schwer es für Verbrecher ist, sich zu bessern, man muß mit größeren Strafen vorgehen. Es glaubt nicht, irgendwelche Möglichkeit zu haben, es stiehlt in dem Bewußtsein, wenn es erwischt wird, eingesperrt zu werden. Es ist hypnotisiert von dem Gedanken, nicht erwischt zu werden. Wenn es doch passiert, kommt es ins Kriminal, kommt mit anderen zusammen, die ihm neue Wege weisen. Wenn es herauskommt, ist seine Lage womöglich noch schlechter. Wie soll da die Besserung vor sich gehen? Glaubt einer, daß Ermutigung auf diese

Weise geleistet werden kann? Das ist ausgeschlossen. Hilfe könnte ihm nur werden, wenn eine Instanz bestünde, in der das geschähe, was wir für notwendig halten: Ermutigung und Belehrung über die Irrtümer. Wenn das möglich ist, kann man dem Kinde helfen. Es könnte sein, daß dieses Mädchen in die Hände eines Erziehers kommt, der es vielleicht nicht recht versteht, aber so nebenbei die Hauptsache leistet: dem Mädchen Mut einzuflößen.

III. Kapitel.

Ein Vater verhindert die Entwicklung des Gemeinschaftsgefühles.

Der Bericht, den ich hier zur Hand habe, zeichnet sich durch besondere Kürze, durch Lakonismus aus. Wenn ich darangehe, ihn zu interpretieren, so tue ich es, weil ich gewöhnlich keine ausführlicheren Berichte zur Hand habe. Wir müssen lernen, aus kurzen Berichten Feststellungen zu machen. Es wäre wünschenswert, wenn die Kunst, einen Bericht abzufassen, mehr geübt würde. Falls dies der Fall sein sollte, hätte ich einen interessanten Vorschlag zu machen: Daß man einmal eine ausführliche Geschichte eines schwer erziehbaren Kindes oder eines Kriminellen oder eines Nervösen oder eines Trinkers usw. an hervorragende Mitarbeiter der verschiedenen psychologischen Schulen versenden sollte, mit der Aufforderung, sie zu interpretieren und die Mittel anzugeben, wie das Übel zu beheben wäre. Ich glaube, daß dem Gewirre unserer Tage, das sich um die moderne Psychologie abspielt, sehr bald ein Ende bereitet wäre in der Hinsicht, daß wahrscheinlich eine Reihe von sonst nicht gerade sehr bescheiden auftretenden Autoren sich plötzlich aus dem Staube machen würde. Vielleicht trennt uns noch eine ziemliche Zeit von der praktischen Durchführung dieses Vorschlages, und diese Zeit wollen wir dazu benützen, um uns selbst im Verständnis, in der Kunst, wie eine solche Beschreibung zu lesen ist, zu üben. Wir müssen schlüssig werden, um die Mittel zu finden, die vorliegenden Irrtümer im Aufbau des Lebensstiles zu beheben, abzuändern.

Der vorliegende Bericht betrifft einen Jungen von 6 Jahren, der die erste Volksschulklasse besucht. Die Einleitung lautet:

„Bevor das Kind in die Familie kam."

Das muß wohl heißen, daß es wo anders, wahrscheinlich bei Kosteltern oder im Waisenhause gewesen ist. Und da tauchen vor uns Bilder auf, gute wie schlechte, die wir aus derartigen Situationen kennen.

„War es im Spital und als Kostkind untergebracht."

Das sieht so aus, als ob das Kind unehelich wäre. Der nächste Satz bestätigt das:

„Es ist vor der Eheschließung geboren."

Das ist trotz aller Fortschritte unserer Gesetzgebung keine ganz gleichgültige Angelegenheit, denn auch wenn die Gesetzgebung so weit käme, die Unehelichen den Ehelichen gleichzustellen, so könnten wir es nicht verhüten, daß ein solches Kind zuerst bei den Kosteltern aufwachsen würde. Das allein bedeutet schon einen ganz beträchtlichen Eingriff in das Leben eines Kindes, nicht vielleicht, weil es dort eine schlechtere Umgebung hat, — manchmal ist sie sogar die bessere —, aber es ist doch etwas ungemein Bedeutsames, und wir glauben auch nicht, daß die allgemeine soziale Haltung gegenüber der Illegitimität gleichen Schritt halten könnte mit den Fortschritten der Gesetzgebung. Ich möchte auch heute noch alle warnen, als illegitime Kinder zur Welt zu kommen.

„Die Lebensverhältnisse: die Eltern sind sehr arm."

Das lenkt uns auf den Gedanken, daß das Kind bei den wirklichen Eltern ist, es ist nur vor der Ehe geboren.

„Sie bringen sich als Zeitungsverkäufer durch. Die Eltern und vier Kinder im Alter von 1, 2, 4 und 6 Jahren wohnen auf einem Kabinett: für die Nacht stehen nur zwei Betten zur Verfügung. Der Bub ist das älteste Kind und schläft beim Vater. Der Vater soll lungenkrank sein, leidet sehr stark an Asthma, kann dadurch oft nicht schlafen und ist dann gegen den Buben leicht gereizt und prügelt ihn."

Also nicht nur, daß er im Bett des Vaters schlafen muß, er bekommt auch noch Prügel. Das ist zuviel. Eines von beiden wäre genug.

„Angeblich zeigt er dem Buben überhaupt wenig Liebe, bevorzugt sehr stark die 4 jährige Schwester."

Da haben wir wieder das uns schon bekannte Problem eines älteren Jungen und einer jüngeren Schwester. Wir wissen, daß der Junge an und für sich in einer etwas unangenehmen Situation steckt, auch wenn alle anderen Schwierigkeiten hinwegfielen. Wir wissen, daß das zweite Kind immer wie in einem Wettlauf ist und daß es immer bestrebt ist, dem ersten über den Kopf zu wachsen. Wenn das zweite Kind ein Mädchen ist und das ältere ein Knabe, dann um so mehr, und zwar, so weit ich gesehen habe, aus dem Grunde, weil das zweite Mädchen irgendwie das Privilegium der Knaben spürt und zeigen will, daß es ebenso gut, ebenso viel ist und noch mehr. Die Natur kommt ihm zu Hilfe. Mädchen entwickeln sich rascher bis zum 17. Lebensjahr, dadurch gerät der Junge, der das nicht weiß, in die Hinterhand, sieht es als sein Fatum an. Deswegen finden wir bei solchen Jungen mit merkwürdiger Gleichförmigkeit meistens — es können interkurrierende Verhältnisse den Zustand ändern —, daß er weniger aktiv ist, bald die Hoffnung verliert und lieber auf Hintertreppen das durchzusetzen trachtet, was er wünscht. Er lehnt die Aktivität ab. Die Schwester ist anders. Sie ist ungeheuer energisch, rennt alles nieder. Wenn sie auf Widerstand trifft, wird sie trotzig, widersetzlich. Meistens ist sie in guter Entwicklung, ist die bessere Schülerin, schlagfertig und viel aktiver. Das geht meistens so weit, daß die Eltern sagen: es ist doch schade, daß der Junge nicht ein Mädchen geworden ist und das Mädchen ein Knabe. Wenn man derartiges mit immer wiederkehrender Gleichförmigkeit wiederfindet, — diese Jungen enden schlecht, werden schwer erziehbar, stellen hohe Grade von Neurose dar, werden gelegentlich kriminell, Trinker —, dann muß man sagen: was hat das Geschwätz von den Trieben für einen Sinn? Was hat es für einen Sinn, von angeborenen geistigen Eigenschaften zu sprechen, wenn der Erste immer so ausschaut und das zweite Mädchen auch. Das läßt sich bei richtiger Methode verändern, verhüten aber nur, wenn wir die so zugespitzten Verhältnisse verstehen und nicht mit Methoden dreinfahren, die nicht gerechtfertigt sind.

„Das Kind erzählt, daß es im letzten Jahr wiederholt erst nach Mitternacht nach Hause gekommen ist."

Was wir daraus schließen können, ist von unserem Gesichtspunkt eigentlich leicht zu sagen: daß es offenbar nicht ganz besonders erpicht darauf zu sein scheint, zu Hause zu sein, sonst würde es wohl früher kommen. Es scheint, daß es trachtet, zwischen sich und dem Haus eine Entfernung zu schaffen. Ich habe solche Fälle vor ihnen auseinandergesetzt. Wenn einer fortgeht, so ist es ein Zeichen, daß er sich nicht wohl befindet.

„Und schon fünfmal von der Polizei aufgegriffen worden ist."

Sie sehen, das Schicksal des Erstgeborenen vor dem Mädchen ist ihm nicht erspart geblieben. Dazu kommt noch, daß seine Situation im Hause wirklich schlecht ist.

„Er hat vor Konditoreien und Kinos gebettelt."

Auch das läßt sich aus seinem Gefühl der Zurückgesetztheit leicht verstehen. Wenn er wegläuft und nicht einmal die ihm kärglich gebotene Kost genießen kann, was anders kann er tun, als betteln? Vielleicht stehlen. Auch das würde uns nicht wundern. Da hätten Sie die Entwicklung vor sich in krasser Form, von der ich früher gesprochen habe, die aus dem Verhältnis: älterer Junge und jüngere Schwester erklärlich ist.

„Verhalten in der Schule."

Wir können es uns deutlich ausmalen. Würde dieser Junge eine gute Leistung aufzuweisen haben, würde er in irgendeiner Art dem Verhängnis entrinnen. Da er ihm aber nicht entronnen ist, können wir mit Sicherheit schließen, daß er in der Schule außerordentlich schlecht sein wird, ein Schandfleck. Wir wollen hören, was da steht:

„Das Kind kommt schmierig, ungewaschen, ungekämmt und mit zerrissenen Kleidern."

Was die zerrissenen Kleider anbelangt, ist es vielleicht unschuldig, aber bezüglich der anderen Dinge möchte ich glauben, daß die Schwester, wenn sie 6 Jahre alt sein wird, anders sein wird. Er könnte sich schon waschen und kämmen mit 6 Jahren.

„Es kann nicht sitzen."

In der Schule nicht sitzen können?! Das ist ein Verbrechen. In der Schule muß man sitzen können. Wenn es nicht sitzen kann, so heißt das: ich will nicht in der Schule sein. Dieses Sitzen in der Schule ist etwas anderes als sonst im Leben, das ist eine soziale Funktion. In diesem Sitzen drückt sich die soziale Verwachsenheit eines Kindes mit der Schule aus. Wenn wir hören: es kann nicht sitzen, dann schließen wir daraus, daß es kein Gemeinschaftsgefühl, kein Interesse für den Lehrer, für die Schüler, für die Schule und ihre Aufgaben hat. Was macht es denn? Das, glaube ich, können wir mit einigem Scharfsinn erraten.

„Es wandert in der Klasse herum. Es singt während des Unterrichtes, äfft die Antworten der Mitschüler nach."

Ist das nicht auch so, wie wenn er schon im Begriffe wäre, wegzulaufen? Das ist nicht leicht, es stehen gewisse Drohungen darauf. Es wird ein Zettel an die Eltern geschickt, und mit dem ganzen Aufgebot unserer Polizei und Heeresmacht wird dieser Junge in die Schule geschleppt werden. Es gibt kein Entrinnen. Er möchte lieber davonlaufen. Er kann es soweit treiben, daß sie ihn hinauswerfen. Dann kann ihm nichts geschehen.

„Er sucht Händel mit seinem Nachbar, mit seinen Kameraden überhaupt.“

Da zeigt sich sein mangelndes Interesse für andere. Auch wenn wir lesen:

„Er rempelt jeden an, der ihm in den Weg kommt und freut sich sehr, wenn ein Kamerad dabei zu Fall kommt.“

Da sehen Sie sein mangelhaftes Interesse für andere Menschen. Wir werden uns fragen: was wird sein, wenn dieser Junge um 10 oder 20 Jahre älter sein wird? In der Schule hat er die bittersten Erfahrungen gemacht, wenn er auf der Gasse bettelt auch, im Hause gibt es nichts für ihn. Wie wird das später werden? Ich glaube, das läßt sich erraten. Er hat einen solchen Mangel an Gemeinschaftsgefühl, daß für ihn nur ein Weg übrigbleibt, da er doch eine gewisse Aktivität besitzt — er freut sich über den Schaden des anderen —, da er die anderen zu stören trachtet. Es bleibt ihm nur der Weg des Verbrechens übrig.

„Hätte vor kurzer Zeit einem Kameraden bald die Finger überbogen. Ordinäre Ausdrücke sind ihm überaus geläufig. Er ist ein aufgeweckter Junge, kann über alles sehr gut Auskunft geben, rechnet sehr gut.“

Das können wir gut verstehen. Der Junge hat immer rechnen müssen: ob er etwas zu essen bekommt, wieviel Geld er bekommt, wenn er bettelt, er hat berechnen müssen, was etwas kostet. Da wird man schwerlich von einem angeborenen Talent für Mathematik sprechen können, er hat gut trainiert.

„Aber die Schreibübungen sind äußerst mangelhaft, vorausgesetzt, daß er überhaupt schreibt.“

An dieser Stelle würde ich schon trachten zu erfahren, ob nicht Linkshändigkeit vorliegt. Denn der Junge, der so geschickt und aufgeweckt ist, sollte der wirklich nicht alles leisten können? Die Vermutung ist berechtigt, daß er zu allen Schäden noch die Bürde der schlechten rechten Hand erleiden muß.

„Im Zeichnen ist er über das Kritzeln noch nicht hinaus.“

Das spricht für Linkshändigkeit.

Noch eine Bemerkung, die uns auch vielsagend erscheint:

„Der Bub ist nach der Tschechoslowakei zuständig — daran scheitert die Unterbringung in einem Fürsorge-Institut.“

Er ist nahe daran, sein Ziel zu erreichen, aus der Schule herausgeworfen zu werden. Er ist beinahe schon so weit, da ihm der Lehrer auf den Leim geht und das tut, was er will. Er ist leider nach der

Tschechoslowakei zuständig, so daß man nicht weiß, in welches Institut man ihn geben könnte. Das wäre sehr schön, die Erziehung dort zu genießen. Aber ist das so sicher, daß im Institut jemand ist, der den Fall versteht? Wir bemühen uns seit 25 Jahren, diese Verhältnisse aus der ersten Kindheit und ihre Wichtigkeit klarzumachen, mir ist es nicht bekannt, daß irgendein Institut davon Kenntnis genommen hätte. Wenn dieser Junge dasteht, in dem Gefühl, das ihm durch die Erlebnisse zugewachsen ist: mir wird immer einer über den Kopf wachsen, ich werde nie etwas wert sein, ich muß mich drücken, ich muß trachten, durch Kunstgriffe den Aufgaben des Lebens zu entgehen, so wird er mit derselben Haltung, mit derselben mechanisierten Lebensform in das Institut eintreten und wird dort bald dasselbe aufführen, was er in der Schule getan hat. Er wird auch da hoffnungslos hineinkommen, er wird nicht erwarten, eine angenehme Situation vorzufinden, etwa die, der Erste zu sein. Er möchte der Erste sein, er möchte, daß alle sich nach ihm richten, daß er im Mittelpunkt der Aufmerksamkeit steht. Er hat es erreicht. Die ganze Schulklasse richtet sich nach ihm. Der Lehrer hat mit keinem so viel zu tun, als mit ihm. Er ist tatsächlich die wichtigste Person geworden. Was ihm zu Hause nicht gelungen ist, — dort ist die Schwester die wichtigste Person —, hat er in der Schule erreicht. Er hat es erreicht durch einen Kunstgriff, dadurch, daß er auf der unnützlichen Seite gestrebt hat, dadurch, daß er ein ideales Ziel der persönlichen Überlegenheit aufgestellt hat und nun diesem Ziel nachgegangen ist. Jetzt kann sich der ganze österreichische Staat damit beschäftigen, was man mit ihm machen soll. Das ist keine kleine Leistung. Wenn der Junge über das, was vorgegangen ist, nachdenken würde, würde er sich sagen können: wenn ich ruhig dagesessen wäre und in der Nacht vom Vater Hiebe erhalten hätte und mich nicht gerührt hätte, wer hätte sich um mich gekümmert? Bis zu einem gewissen Punkt hat der Junge recht. Wir können das nicht leugnen, und wir dürfen es nicht außer acht lassen, wenn wir daran gehen wollen, etwas für ihn zu leisten. So wenig es den anderen Schulen der Psychologie gelingen wird, das Geltungsstreben verschwinden zu lassen, ebensowenig würde es dem Erzieher gelingen. Der Junge will gelten, das läßt sich nicht unterbinden. Wir müßten ihm eine Straße öffnen auf der nützlichen Seite. Wir müßten seinen Mut stärken, damit er sich zutraut, etwas Nützliches leisten zu können. Das ist das Malheur, daß er sich nichts zutraut. Wenn da einer aus der F r e u d schen Schule sagen würde: das sind atavistische Instinkte aus der Zeit der Urhorde, der Junge will den Vater töten. Da er sich das nicht zutraut, ihn umzubringen, versucht er es mit dem Lehrer. Vielleicht wird der Lehrer sich wirklich die Schwindsucht an den Hals ärgern, dann hat er sein Ziel erreicht. Das ist nicht so. Was hier vorfällt, sind die Folgen, nicht der Anfang. Es ist keine Frage, daß es dem Jungen angenehm gewesen wäre, auch eine solche Rolle zu spielen wie die Schwester — man hat es ihm nicht gestattet, d. h. daß der Junge nicht im Anfang böse, sondern im Anfang gut war, wie jedes Kind, das auf die Welt kommt, nicht besser sein kann. Man hat ihn daran gehindert, sein Gemeinschaftsgefühl zu entwickeln, weil er niemanden gefunden hat, an dem sich das Gemeinschaftsgefühl hätte entzünden können. Wer ist da die wichtigste Person? Die Mutter. Wir hören: das Kind war, bevor es zu den Eltern kam, im Spital, dann Kostkind, es ist ein illegitimes Kind. Zwei Jahre später kam eine Schwester, die vorgezogen worden ist. Wer hat dem Kind gesagt, daß es so etwas gibt, wie einen Mitmenschen? Daß es dazu fähig war, daran zweifeln wir nicht. Es müßte einer kommen, der dem Kind die Augen öffnet. Das wäre keine so leichte Aufgabe, aber es ist zu leisten, d. h. es ist die erste Funktion der Mutter auszuüben, die bisher nicht geübt worden ist. Die Mutter müßte dem Kinde ersetzt werden, in dem Sinne, daß ihm jemand den Eindruck eines verläßlichen Mitmenschen vermittelt. Wenn das geschehen ist, muß die zweite Funktion der Mutter ausgeübt werden, die in der Ausbreitung dieses erweckten Gemeinschaftsgefühles auf andere Personen besteht. Das war vor allem der Vater, von dem wir gehört haben, daß er unfähig war, das etwa in Spuren vorhandene Gemeinschaftsgefühl zu entwickeln, dann die Geschwister, die auch nicht in der Lage waren, uns behilflich zu sein. Unsere Kunst besteht darin, daß wir die Mutter ersetzen und ihre zweite Funktion ausüben.

Ich halte es für ausgeschlossen, daß ein denkender Kopf uns den Vorwurf machen könnte, wir hätten es aufs „Erraten" abgesehen oder hätten es in der Kunst des Erratens zu einer gewissen Fertigkeit gebracht. In der Tat, ich halte es immer für meine vorzüglichste Aufgabe, meine Schüler in der Kunst des Erratens auszubilden. Freilich ist unser Erraten nicht zu vergleichen mit dem zufälligen Erraten eines in der Individualpsychologie unbewanderten Individuums, das glaubt, wenn es Worte wie „Minderwertigkeitsgefühl", „Gemeinschaftsgefühl", „Streben nach Überlegenheit" oder „Kompensation und Überkompensation" stammelt oder auch „Einheit der Persönlichkeit", es habe etwas in unserem Sinne „erraten". Es hat da nur die Klaviatur gesehen und weiß nichts von der Kunst, darauf zu spielen.

Alle großen Fortschritte der Wissenschaft sind durch Erraten geworden. Wenn einer mühselig ein Zeichen neben das andere stellt und sich jeder Neuschöpfung enthält, so ist das nichts anderes als ödeste Mache. Was andere „Intuition" nennen, ist nichts anderes als Erraten. Und gar ein medizinisch geschulter Mensch sollte doch nicht darüber im Zweifel sein, daß die Kunst der Diagnose — ganz wie in der Individualpsychologie — Erraten ist auf der Basis einer freilich großen Erfahrung und gebunden an das Verständnis des menschlichen Lebens.

Gestützt auf unsere Erfahrungen können wir behaupten, daß wir in der Lage sind, aus einzelnen kleinen Anzeichen auf die Struktur des Ganzen Schlüsse zu ziehen, daß wir imstande sind, den Lebensstil aus den einzelnen Spuren der Gangart zu erkennen. Wir sind nicht eingebildet genug, um aus einzelnen Worten mit Sicherheit Schlüsse zu ziehen, aber wir können im weiteren Verlauf einer solchen Beschreibung Stützen finden oder korrigierend vorgehen. Der erste Weg ist für den, der Erfahrung hat, der zweite für den, der anfängt.

Wir wollen versuchen, an Hand der Beschreibung zu sehen, wie weit wir im Verständnis solcher Kinder kommen können. Diese Krankengeschichten leiden unter dem Mangel, daß derjenige, der sie einschickt, nicht genau weiß, um was es sich für uns handelt. Es ist eine größere Schwierigkeit gegeben, als wenn das Kind vor uns steht, wo die Eltern uns etwas erklären können, oder wo der Lehrer uns über gewisse Eigenschaften Aufschlüsse gibt, wo wir unsere Fragen auf jene Punkte richten können, die uns interessieren. Es interessiert uns besonders 1. in welcher für das Kind schwierigen Situation sind Fehler entstanden? und 2. welche Eigenheiten hatte das Kind schon vorher? Mit ziemlicher Sicherheit können wir zu dem Standpunkt gelangen, daß wir ein Kind vor uns haben, welches für die Lösung der Lebensaufgaben nicht richtig vorbereitet ist. Was immer dieses Kind angeborenerweise mitgebracht haben mag, ist nicht von Bedeutung. Was angeboren sein mag, kommt nicht zur Geltung; wenn das Kind im Sinne des Gemeinschaftsgefühles nicht vorbereitet ist, werden wir eine besondere Unsicherheit feststellen können, sobald zur Lösung einer seiner Aufgaben Gemeinschaftsgefühl nötig ist. Wir sind auf einem festen Boden angelangt, wir werden eigentlich nur zu erfassen haben, warum dieses Gemeinschaftsgefühl nicht völlig entwickelt ist. Wir werden keine problematische Natur finden, kein schwer erziehbares Kind, keinen Nervösen, keinen Trinker, keinen sexuell Pervertierten, keinen Kriminellen oder Selbstmörder, bei welchem sich nicht mit voller Sicherheit zeigen läßt, daß er vor der Lösung seiner Lebensfragen zurückschreckt, weil er nicht richtig zum Gemeinschaftsgefühl erzogen worden ist. Dieser Standpunkt muß festgehalten werden, dies ist der grundlegende Unterschied zwischen uns und anderen psychologischen Richtungen.

Die Jüngste im Kampf.

„Ein 4jähriges Mädchen, nicht ein einziges Kind, doch das jüngste."

Wir kennen zur Genüge die Charakteristik des jüngsten Kindes. Ich wiederhole: Das jüngste Kind hat durch seine Stellung innerhalb der Familie unausgesetzt das Streben, seinen Vordermännern nachzukommen, sie womöglich zu überholen. Es hat vom Beginne an ein stärkeres Minderwertigkeitsgefühl, infolgedessen wird es größere Mühe haben, seinen Lauf auf dem Gebiete der Gemeinschaft festzulegen. Es wird größere Neigung zeigen, diese Gemeinschaft zugunsten einer persönlichen Überlegenheit außer acht zu lassen. Das bedeutet noch keinen Fehlschlag, das kann, wenn seine Hoffnung nicht fehlschlägt, dieses Kind im richtigen Geleise erhalten. Wenn es die Hoffnung verliert, wird es zum Gegenspieler der anderen, dann wird es den leichteren Weg suchen, Tricks ausfindig zu machen trachten, es wird im Leben dastehen wie behaftet mit dem Neid der besitzlosen Klasse. Man wird alle Eigenschaften sehen, die in einem solchen Falle ohne eingehende Selbsterkenntnis, ohne starken Hinweis auf die Bedeutung der Gemeinschaft in Erscheinung treten. Sie brauchen nur an den Josef in der Bibel zu denken, an die Märchen, in denen der Jüngste eine Rolle spielt, um zu verstehen, daß das eine uralte Erfahrung ist, daß sein Lebensstil, seine Struktur beeinflußt sind durch die Tatsache, daß er der Schwächste ist. Alle anderen Dinge spielen keine solche Rolle. Was ihm angeboren sein könnte, er muß kraft des Gesetzes, nach dem er angetreten, seine Rolle als Jüngster spielen. Das kann auf der nützlichen Seite des Lebens geschehen, im Rahmen der Gemeinschaft, aber auch auf der unnützlichen Seite. Die Verlockung wird größer sein als für denjenigen, der in den ersten vier oder fünf Jahren in größerer Ausgeglichenheit gelebt hat, dem die Tatsache, der Kleinste zu sein, nicht so deutlich zum Bewußtsein gekommen ist.

„Es lutscht."

Mit 4 Jahren ist das stark verlängert. Ein bißchen Lutschen beobachtet man bei allen Kindern. Diejenigen Tatsachen, die wir feststellen konnten, sind unwiderleglich folgende: 1. der Umgebung ist es nicht gelungen, es in einer für das Kind annehmbaren Weise davon abzubringen. Wenn man zu kämpfen beginnt, so wird es sich zeigen, daß das Kind den Kampf aufnimmt, d. h. je mehr Gewicht die Eltern darauf legen, es abzugewöhnen, desto weniger wird es ihnen gelingen. Es wird unausgesetzt danach streben, sich dadurch in Geltung zu bringen, und es mag ja wohl ein gewisses Kitzelgefühl, das über die ganze Haut des Kindes verbreitet ist, dabei eine Rolle spielen, da man sonst nicht einsehen könnte, warum es auch andere Gegenstände in den Mund nimmt. Wo immer Sie lutschende Kinder sehen, bedeutet es Kampf. Wir können das um so sicherer behaupten, weil Lutschen nicht das einzige Mittel ist, mit dem Kinder den Kampf führen. Wenn die Eltern wollen, daß ihre Kinder rein sind, so werden sie dort, wo es nicht gelungen ist, Kameradschaftlichkeit herzustellen, sehen, daß die Kinder eben da ansetzen. Man könnte jedes Kind in den Trotz jagen. Wenn die Eltern besonderes Gewicht aufs Essen legen, so kommt es hier zum Kampf. Wenn sie Wert darauf legen, daß die Kinder regelmäßig ihren Stuhl absetzen, so werden Sie immer finden, daß sich hier Schwierigkeiten zeigen. Das ist der eine Grund, warum gewisse Unarten sich erhalten. Dasselbe gilt von der Masturbation. Fälle von hartnäckiger Kindermasturbation bedeuten immer Kampf. Ein anderer Grund, der vielleicht stärker ist, steht sicherlich in Zusammenhang mit den erst angeführten Umständen. Wenn ein Kind aus einer angenehmen Situation herausgedrängt worden ist, dann versucht es, diese angenehme Situation, in der es im Mittelpunkt war, mit allen Mitteln wieder zu erreichen. Die Erfahrung bringt es mit sich, daß gewisse Unarten die Aufmerksamkeit der Eltern stärker auf sich lenken. Wenn ein Kind das beobachtet hat, dann ist es außerordentlich schwer, dem Kinde abzugewöhnen, was ihm erfahrungsgemäß in seinem Streben, im Mittelpunkt zu stehen, von Vorteil ist. Die Kinder nehmen auch Strafen in Kauf, wenn sie nur das Gefühl haben, im Mittelpunkt der Aufmerksamkeit zu stehen. Wir werden es wagen anzunehmen, daß das Lutschen die Folge davon ist, daß das Kind einen Kampf mit den Eltern führt, daß es wahrscheinlich aus einer angenehmen Situation herausgedrängt worden ist und wieder hineingelangen will. Natürlich werden wir eine Bestätigung abwarten müssen. Aber es würde mir genügen, übungshalber solche Schlüsse zu ziehen. Ich übersehe dabei nicht, daß es andere Auffassungen gibt, die sich auf das Lutschen beziehen. 1. Die Freudsche, als ob es eine sexuelle Handlung sei. Lutschen und Masturbation sind geeignetere Mittel für die Kinder als anderes. Dr. Levy, ein New-Yorker Arzt, hat Untersuchungen angestellt und konnte nicht die Spur einer sexuellen Erregung entdecken. Er meinte, es wären lauter Kinder, die ohne Anstrengung zur Muttermilch kamen, die nicht zu saugen brauchten, bei denen die Muttermilch zu leicht floß, so daß ihr Saugapparat keinerlei Betätigung gefunden hat, und die sich nun betätigen wollen und so zum Lutschen kommen. Es ist nicht ganz gut einzusehen, warum diese Kinder nicht in anderer Weise den Saugapparat betätigen, wie ja manche Kinder, statt den Finger zu benützen, an den Lippen saugen. — Ein weiterer Beweis müßte abgewartet werden. Man müßte bei einer größeren Reihe von Untersuchungen Resultate finden. Die Erfahrung hat gezeigt, daß auch noch andere Wege zur Erklärung offen liegen. Wir bleiben bei der individualpsychologischen Anschauung, daß dieses Kind ein kämpfendes Kind ist und in den Mittelpunkt rücken will. Wenn wir eine Bestätigung dafür finden, so ist damit gezeigt, daß die Individualpsychologie mit einem Griff einen großen Teil der seelischen Struktur des Menschen herausbekommen hat. Sollte es sich nicht bestätigen, müßten wir die Ansicht korrigieren.

„Es lutscht trotz aller angewandten Mittel.“

Wenn es trotzdem lutscht, so wird der Einsichtige von dem Gedanken gefangengenommen, daß es ein kämpfendes Kind ist. Es mag vielleicht noch ein Zweifel walten: vielleicht lutscht es aus anderen Gründen und kämpft für die Erhaltung des Genusses. Aber daß es ein kämpfendes Kind ist, darüber ist kein Zweifel. Man darf den Beweis für unsere Auffassung nicht an dieser Stelle erwarten, sondern daß es ein kämpfendes Kind ist, muß aus seinem ganzen Leben hervorgehen, auf jeder Seite muß die Kampfstellung hervortreten.

„In den meisten Fällen, besonders beim Trotzen, steckt es den Finger in den Mund.“

Wir hören, dieses Kind kann auch trotzen. Wir glauben von vornherein zu wissen, daß es nicht viel anderes macht. Daß es beim Trotzen gerade den Finger in den Mund steckt, ist allzu auffällig. Für den Unvoreingenommenen ist das eine Bestätigung unserer, eine Widerlegung anderer Ansichten.

„Es erbricht bei der kleinsten Erregung.“

Wir kennen dieses Erbrechen bei Kindern, die in der Nahrungsverweigerung eine große Kunstfertigkeit besitzen. Wir wollen nicht übersehen, daß bei diesem Kinde wahrscheinlich eine Minderwertigkeit des Magen-Darmapparates besteht. Diese hat zu der Kunstfertigkeit geführt, leicht zu erbrechen. Das zeigt uns an, wie alles in die Kampfstellung eingeflossen ist. Dieses Kind hat Mittel, um anzugreifen. Das Erbrechen ist ein Mittel. Wäre dieses Kind allein auf sich angewiesen, geleitet durch Hunger und Liebe, so würden wir nicht zum Verständnis gelangen, warum dieses Kind erbricht, weil ihm etwas nicht paßt. Hier ist die Beziehung zur Gemeinschaft deutlich: wenn es nicht die erste Rolle spielt, erregt sich dieses Kind, und wie in einer Anklage gegen die anderen, als ob es sich an ihnen rächte, fängt es an, zu erbrechen. Das ist soziale Beziehung. All dies hat keinen anderen Sinn, als daß das Kind in Kampfstellung ist, um seine Geltung kämpft.

„Beim Nicht-essen-wollen."

Dieses Kind ist imstande, das Essen zu erbrechen, was den Eltern nicht gleichgültig sein kann.

„Beim Badengehen, bei jedem ihm nicht entsprechenden Wunsch der Eltern verfällt das Kind beim geringsten Anlaß in nervöse Reizbarkeit und brüllend, stoßend widerstrebt es jedem Beruhigungsversuch."

Das Kind ist ein Kämpfer, wie man sich ihn ausgeprägter nicht denken kann. Wenn man früher gezweifelt hätte und vielleicht geglaubt hat, es sei getrieben von Hunger und Liebe, von seinen „Trieben", beim Brüllen, Herumstoßen wird man kaum mehr auf solche oberflächlichen Erklärungsgründe zurückgreifen können.

„Ich habe z. B. versucht, mit einem Märchen das Kind zu beruhigen."

Ein Versuch, das Kind zu interessieren. Wir wissen, wie wir diesen Versuch einzureihen haben. Dieser Versuch stammt aus der zweiten Funktion der Mutter: es *mit*spielend, es *mit*arbeitend zu machen. Wenn ich „mit" betone, so müßten dem Blindesten die Schuppen von den Augen fallen, daß es ein Versuch ist, das Kind der Gemeinschaft zuzuführen, die gestört worden ist.

„Ich wandte mich nicht direkt an das Kind,"

Das ist einer der Tricks, wie wir sie häufig verwenden müssen. Wir tun es in unauffälliger Weise, weil das Kind in der Kampfstellung nicht mehr sachlich, sondern persönlich reagiert. Es würde mit Abwehr antworten, wenn man sich direkt an es wendet.

„sondern erzählte ihrer Schwester, einem 6½ jährigen Mädchen, eine Geschichte."

Wir hören von einer 6½ jährigen Schwester, über die keine Klage geführt wird. Wir können annehmen, daß sie sich gut eingefügt hat, daß sie vielleicht beliebter ist, daß sie vielleicht das jüngste Kind in den Schatten stellt, während dieses sie aus dem Sattel zu heben trachtet. Der Trick, sich an die Schwester zu wenden, war, wie wir sehen, auch deshalb gut gewählt, weil die Kleine ihr in jeder Beziehung den Rang ablaufen will.

„Das erregte Kind hörte ebenfalls aufmerksam zu."

Das sieht so aus, als ob dieses Kind mit Verständnis sich dem Inhalt des Märchens erschlösse. Wir werden lieber annehmen, daß dieses Mädchen will, was die Schwester hat, sie will *auch* Märchen hören. Das sehen wir bei kämpfenden Kindern häufig.

„Sie beruhigte sich allmählich, zum Schlusse war sie sogar lebhaft an dem Märchen interessiert."

Die Kur ist nicht vollendet. Es müßte das Mädchen in die Gemeinschaft eingefügt werden, deren ungeschriebene, aber sehr deutliche Gesetze es verletzen. Wir müssen das Gemeinschaftsgefühl stärken. Man könnte sagen: das kann man auf verschiedene Weise. Aber das Ziel muß im Auge behalten werden: das Kind verstehen zu machen, was wir zu verstehen glauben, und dem Kind das Gefühl der Minderwertigkeit zu nehmen. Die Kinder äußern ihre Gefühle oft in der schnurrigsten Weise: ich bin so traurig, weil ich niemals zu gleicher Zeit so alt sein werde wie meine ältere Schwester. Sie verlieren den Boden des Mitspielens, des Mitarbeitens und werden danach streben, in persönlicher Weise den Mittelpunkt der Aufmerksamkeit zu bilden. Das Maßgebende ist die Beziehung des Individuums zur Gemeinschaft. Hier ist der Fehler geschehen durch Ungenauigkeit, durch Mängel in der Erziehung. Hier scheint das Essen im Vordergrund zu stehen, die Wohlgenährtheit ist allzu auffällig im Vordergrund. Ich rate den Eltern, nicht merken zu lassen, worauf Wert gelegt wird. Wenn die Kinder im Kampf sind, werden sie sich an jene Punkte halten, die Attacken dorthin richten, wo sie richtig angewendet sind.

„Zweiter Fall. Blasiertes, einziges Kind. Ein 3 jähriger Knabe. In den ersten 2 Jahren seines Lebens lebten die Eltern in sehr argen pekuniären Verhältnissen. Sie konnten dem Kinde nicht einmal das Notwendigste bieten."

Hier sind soziale Umstände im Weg, treten hindernd ein. Vielleicht werden sie vom Kind nicht allzusehr gefühlt, weil es nichts anderes gewohnt ist, aber es zeigt, daß das Kind das Leben als schwierig empfunden hat, wozu auch kommen mag, daß die Eltern vielleicht in seiner Anwesenheit über die schlimme Lage geklagt und das Kind mit düsteren Ahnungen für die Zukunft erfüllt haben.

„In den letzten Monaten haben sich die Verhältnisse im Gegensatz zu früher erheblich gebessert."

Eine neue Situation!

„wodurch sie dem Kinde auf einmal alles ersetzen wollen."

Das soll wohl heißen, daß sie dieses Kind mit allerhand Geschenken überhäufen, mit Spielsachen, Näschereien usw. Daß das keine geeignete Methode ist, können wir leicht verstehen.

„Sie überhäufen das Kind mit Spielsachen, das Kind findet kein Interesse mehr an ihnen und geht überhaupt an allen Dingen vorüber, ohne die geringste Freude zu zeigen."

So weit wir das verstehen, hat das Kind das Interesse durch den reichlichen Genuß aller Spielsachen und Näschereien verloren, ist abgestumpft. Das Kind nimmt es als selbstverständlich. Gelegentlich findet man, daß solche Kinder es vorziehen, sich selbst Spielzeug zu machen, sich selbst Puppen zu verfertigen, wenn sie auch einfach sind. Das interessiert sie oft mehr als die allerschönste Puppe, die gekauft wird. Diese Erziehung bringt die Kinder aus der Gemeinschaft heraus, sie werden in eine Welt versetzt, wo ihnen alles von selbst in den Schoß fällt, wo sie keinerlei Anstrengung zu machen brauchen, in eine Welt, die der unseren widerspricht. Durch das mangelnde Interesse, das nun Platz greift, ist es von selbst gegeben, daß es von nichts mehr wissen will und sich vielleicht in dem kleinen Rahmen, der durch die Vorschubleistung der Eltern gestellt wird, bewegt. Es entwickelt keine Aktivität, weil es nicht geübt ist, sich selbst zu regen.

„Die Mutter nennt das Kind zartfühlend, ich behaupte, es sei apathisch."

Wir neigen auch der letzteren Auffassung zu.

„Am liebsten spielt es isoliert. Kommt es aber unter Kinder, wird es entweder gereizt oder fügsam."

Diese neue Situation ist ihm etwas Ungewohntes, erscheint ihm schwierig, so daß seine Aufregung erklärlich ist. Oder ist es fügsam, weil es sich keinerlei Initiative zutraut.

„Unterliegt es im Spiel, flüchtet es gleich zur Mutter."

Es hat keine Widerstandskraft. Das ist ein Erziehungsfehler, weil es das Kind durch fortwährende Niederlagen aus dem Gefüge der Gemeinschaft herausbringt. Alle Situationen empfindet das Kind als schwierig, es ist ohne Initiative aufgewachsen, nur für eine Situation geschaffen, in der alles von selbst kommt, für ein Schlaraffenland. Sie sehen diesen Erziehungsfehler als Fehler in der Richtung, daß er den Kindern den Weg zur Gemeinschaft verschließt. Die Behandlung würde darin bestehen, das Kind interessiert zu machen für andere, für die Aufgaben des Lebens, d. h. dem Kinde das Minderwertigkeitsgefühl zu nehmen, das Kind mit aktivem Optimismus zu erfüllen, der ihm nahelegt, daß es mit allen Fragen fertig werden könnte.

Kampf des Ältesten um seine angeborenen Rechte.

„Ein 5jähriger Knabe, der Älteste von einigen Kindern."

Wir sind vom Ältesten nahezu gewöhnt zu erwarten, daß er immer ein gewisses Zittern in sich trägt, ob er nicht aus dem Sattel gehoben wird. Er hat ein außerordentlich großes Verständnis für Machtverhältnisse, so daß er die Macht als das Höchste im Leben ansieht und nach ihr ringt. Sie werden selten einen Menschen finden, der so nach Lebensregeln hascht, wie der Älteste. Der Zweitgeborene ist ein abgesagter Feind von Regeln und Prinzipien. Er ist Gegner eines einseitigen Machtverhältnisses, er wird alles auch anders denken können. Er wird an die Wundermacht von Regeln und Naturgesetzen nicht recht glauben wollen, er wird die Neigung haben, unter allen Umständen zu zeigen, daß es keine Regeln gibt. So erwarten wir, daß auch dieses Kind sehr viel Sinn für Macht hat, und daß es mit einigem Beben, mit der Furcht, aus dem Sattel gehoben zu werden, sich die Machtstellung behalten oder zurückerobern will. Das ist charakteristisch für den Typus, der noch Hoffnung hat. In dem Moment, wo er die Hoffnung verloren hat, ist er derselbe Typus. Es steckt in ihm das Bedauern, doch vielleicht niemals mehr zur Macht kommen zu können, es ist derselbe Typus mit weniger Courage. Wir wollen sehen, welchen Typen er zugehört, beide sind wie in einem Krampf, wieder in die Höhe zu kommen.

Wir hören, daß dieser Junge immer den Erwachsenen spielen will, daß er immer darauf bedacht ist, der jüngeren Schwester mit gutem Beispiel voranzugehen. Das stimmt mit unserer Auffassung überein.

„Das Kind gehört absolut zu den normalen intellektuellen Kindern, zeigt an allen Dingen großes Interesse, besitzt aber eine unermeßliche Willensstärke."

Wir werden daran denken, daß das Kind wie unter einem Krampf arbeitet, immer im Sattel zu sein, am Kutschbock zu sitzen, so daß das krampfartige Streben wie unermeßliche Willensstärke erscheint. Wir können uns nicht überzeugen lassen, daß ein 5 jähriges Kind dieses Attribut verdient.

„Es würde z. B. Kinder, Möbelstücke, selbst das Wertvollste vernichten, wenn es ihm im Wege steht."

Das muß auf Vorkommnisse zurückzuführen sein, bei denen der Junge zeigen wollte, daß er im Sattel bleiben will. Das zeigt uns, daß das Gemeinschaftsgefühl gelitten hat. Wir werden hier weniger von „Hunger und Liebe" sehen, desto mehr vom Streben nach der Macht. Er leidet nicht an unterdrückten Erregungen und Erlebnissen, sondern das Gemeinschaftsgefühl ist eingeengt. Es ist das aufgepeitschte Machtstreben, weil er nicht ganz an sich glaubt, um so verständlicher, weil der Junge eine jüngere Schwester besitzt. Wir wissen, daß in der Rivalität der Geschwister die Schwester begünstigt ist, da sie sich rascher entwickelt, als der Knabe, daß der ältere Junge vor der jüngeren Schwester außerordentlich zusehen muß, wie er bei der Macht bleiben will. Andere Umstände haben auch mitgespielt, dieser Umstand allein wäre nicht ausschlaggebend, solange er nicht die Hoffnung aufgegeben hat, über die Schwester zu triumphieren. Wenn er keine Hoffnung hat, wird er es auf dem Wege der List versuchen. Der Älteste ist ein Kind, das das einzige gewesen ist. Er ist es später nicht mehr und ist für diese Situation nicht vorbereitet im Sinne der Gemeinschaft.

„Sein Papa erzählte mir, daß das Kind einmal sehr streng erzogen wurde."

Wir wissen nicht von wem — vielleicht vom Vater. Das würde darauf hindeuten, daß es das dem Papa sehr nachtragen und die Attacken gegen ihn richten wird.

„Der Vater behauptet ferner, daß das Kind infolge gesunder, geistiger und körperlicher Entwicklung Überschuß an Energie besitzt,"

Das ist die aufgepeitschte Sehnsucht nach Macht, die der Vater verkennt.

„weshalb es in Übermut ausartet. Das Kind hat bis nun noch keine Kinderkrankheit durchgemacht."

Das sieht so aus, als ob der Vater glauben würde, daß Kinderkrankheiten einen bessernden Einfluß ausüben.

„Meiner Meinung nach ist das Kind im Gegensatz zu den minderwertigen als ehrgeiziges zu bezeichnen."

Würde das Kind sich sicher fühlen, so würde es sich nicht so anzustrengen brauchen. Es ist nicht „minderwertig", sondern es hat ein „Gefühl" der Minderwertigkeit.

„Ihm gegenüber steht immer als Muster der talentvolle, hübsche Papa."

Der Vater scheint tonangebend zu sein, was den Jungen noch mehr aufpeitscht.

„Es wird dem Kinde eingeprägt, es wird die Persönlichkeit des Papas erreichen."

Wir halten es nicht für so schwierig, aber dem Kind erscheint es so.

„Der Papa ist Bauingenieur und zeichnet sich im Zeichnen und Malen aus."

Viele Eltern glauben, das selbständige Urteilen und Handeln des Kindes zu fördern, wenn sie sich dem Kind als Muster hinstellen.

Sie sehen auch in dem letzten Falle, daß es sich darum handelt, wie weit das Gemeinschaftsgefühl des Kindes entwickelt ist. Alle anderen Ursachen verschwinden daneben. Das hat nichts mit Naturwissenschaft zu tun, nichts mit Hunger und Liebe, einzig und allein das Ziel zur Geltung zu kommen ist maßgebend dafür, wieviel der Betrag an Gemeinschaftsgefühl ausmacht.

Bei der Gelegenheit einige Worte bezüglich einer Bemerkung des Erziehers:

„Wer ist daran schuld, daß ein 5 jähriger Knirps beim geringsten Anlaß in Erregung verfällt? Wem ist es zuzuschreiben, wenn ein 4 jähriges Mädchen derart an nervösen Magenzuständen leidet? In den allermeisten Fällen sehe ich, daß die Eltern selber es sind, die ihre Kinder nicht gerade durch rohe Schläge, sondern eben bei der größten Zärtlichkeit durch ihre eigene unvernünftige Zerfahrenheit mißhandeln. Kinder erziehen dürfen nur die, die außer den nötigen Kenntnissen auch ein warmes Herz und viel soziales Verständnis besitzen."

Ich fühle mich gedrängt, die Schuld der Eltern zu vermindern. Wenn es beispielsweise gelingt, diese Kinder vorwärts zu bringen, ihnen mehr Gemeinschaftsgefühl beizubringen, dann haben die Eltern keine Schuld mehr, d. h. daß unser Gemeinschaftsgefühl dafür zu sorgen hat, wie man den Eltern die Last abnimmt. Das war der Beginn der Praxis in der Individualpsychologie, trotz aller Widerstände. Wir haben uns gesagt: es gibt keine Instanz, die dafür sorgen könnte, den Eltern die Schwierigkeiten abzunehmen. Wir waren uns bewußt, daß wir dieses Werk nicht allein vollenden können, wir wollten einen Anfang machen und ein Beispiel geben. Wir sind ermutigt genug, diesen Weg fortzusetzen.

IV. Kapitel.

Verzärteltes jüngstes Kind.

„Das Mädchen ist 11 Jahre alt, der Vater ist Eisenbahnbediensteter i. R., die Mutter ist im Haushalt. Die Mutter soll 14 Kinder geboren haben, am Leben sind 7. Petronella ist die Jüngste."

Bezüglich der Jüngsten haben wir unsere eigene Meinung. Sie kennen auch gewiß alle die Geschichte von Josef aus der Bibel, der gerne haben möchte, daß Sonne, Mond und Sterne sich vor ihm beugen, der seine Träume erzählt, deren Sinn von seinen Brüdern sehr gut verstanden wird. Sie steckten ihn in einen Sack und verkauften ihn. In dieser Legende ist vieles zu sehen. Josef wird später der Halt der ganzen Familie, der Halt des ganzen Landes, er rettete die ganze Bevölkerung. Der Jüngste! Das werden Sie oft finden, daß das jüngste Kind eine prominente Person wird in irgendeiner Weise, entweder gut oder schlecht, oft wertvoll und stark. Über die Geschlechtsverhältnisse der 14 Kinder wissen wir nichts Näheres. Wir können feststellen, daß das jüngste Kind meistens besonders verzärtelt wird, weil die Eltern besonders erfreut sind, daß sie noch ein Kind haben können (oder aber sie sind darüber verdrossen). Ein jüngstes Kind wächst in einer anderen Situation auf als die anderen, weil es das einzige ist, das keine Nachfolger hat. Dadurch ist seine Situation verhältnismäßig günstig. Die anderen erleben die Tragödie, daß hinter ihnen noch jemand kommt. Dies erlebt das jüngste Kind nicht, und dieser Umstand prägt sich auch in seiner Haltung aus. Das letzte Kind ist „rückenfrei".

Aus dem Schulbeschreibungsbogen haben wir folgende Daten: „Lernt zeitweise sehr gerne, dann läßt der Eifer wieder nach."

Wenn Sie einen derartigen Wechsel in der Tätigkeit eines Schulkindes finden, dann können Sie mit einiger Sicherheit damit rechnen, daß es ein verzärteltes Kind ist. Ein solches geht nur bedingungsweise vorwärts, und zwar, wenn es in einer angenehmen Situation ist: wenn es keine Mühe anwenden muß, um etwas zu leisten, wenn ihm gleich etwas gelingt. Wenn die warme, angenehme Atmosphäre verschwindet, dann läßt es gleich nach. Aus Schulzeugnissen können wir auch die Diagnose stellen, ob ein Kind ein verzärteltes Kind ist. Wir sind in derselben Lage, wie ein guter medizinischer Diagnostiker, wenn wir imstande sind, diesen Typus des verzärtelten Kindes zu erfassen.

„Vorliebe für Schreiben, Zeichnen, Handfertigkeiten."

Dieses Kind ist manuell geschickt. Das kann den Ursprung darin haben, daß es ein gewisses Training hinter sich hat, daß es irgendwie aus eigener Neigung von frühester Kindheit sich manuell beschäftigt hat. Wir könnten daraus auch schließen, daß es vielleicht ein Linkshänder ist, der die Schwierigkeiten überwunden und seine rechte Hand außerordentlich trainiert hat. Dies ist aber mit einiger Vorsicht zu betrachten, es ist leicht zu bestätigen oder zu widerlegen.

„Mutter verteidigt die Ungezogenheiten des Kindes."

Wir sehen hier eine Mutter, die sich des Kindes annimmt, auch dann, wenn der Tadel berechtigt ist. Wir bekommen die Bestätigung, daß dieses Kind verzärtelt ist.

„Leicht erregbare Aufmerksamkeit."

Das sagt uns, daß dieses Kind sich überall umsieht und für alles Ohr und Auge hat, daß es ein reges Interesse fürs Leben hat. Das muß ein Kind sein, das den Mut nicht verloren hat, das sich nicht zurückzieht, das nicht verschlossen ist, sondern das Verbindungen mit der Außenwelt sucht. Wir werden hier eine soziale Aktivität finden, die sich vielleicht auf einem speziellen Gebiet mit nichtigen Dingen bewegt, aber das Material ist da.

„Sucht durch Störung abzulenken."

Wir können das so auffassen, daß dieses Kind immer bestrebt ist im Unterricht Störungen hervorzurufen. Es überrascht uns nicht, weil wir wissen, daß so ein verzärteltes Kind, das eine gewisse Aktivität besitzt, seine Neigung, im Mittelpunkt zu stehen, mit Vorliebe auf der unnützlichen Seite betätigen wird. Sie wird auch auf dieser Seite außerordentlich weit gehen, denn sie hat ja eine Stütze in der Mutter.

„Verständiges Merken vorherrschend."

Jeder Zweifel an dem Interesse dieses Kindes verschwindet dadurch. Ich wäre nicht erstaunt, wenn bei Vornahme einer Intelligenzprüfung das Intelligenzniveau über dem Durchschnitt wäre.

„Selbständige, gute Beobachtung des täglichen Lebens."

Es ist wieder bestätigt, daß dieses Kind eine Aktivität besitzt, die es immer drängt, sich mit allen Dingen zu beschäftigen und irgendwie in vernünftiger Weise dazu Stellung zu nehmen.

„Klare Vorstellungen, kritische Begabung."

Wir wollen nicht sagen, daß diese Begabung immer fehlgeht. Wenn Sie gelegentlich auch recht hat, wird es uns nicht abhalten, festzustellen, daß dieses Kind eine Neigung hat, sich über andere zu erheben.

„Mutiges Anfassen der neuen Arbeit."

Wir schließen daraus, daß es beim Anfang einer neuen Arbeit entschlossen vorwärts geht. Hier sehen wir wieder seine Aktivität. Der Lebensstil dieses Kindes beginnt sich zu bewegen, wir haben das Bild eines sich regsam bewegenden Kindes, das Sinn für die Außenwelt hat, ein genügendes Interesse und sicherlich danach strebt, sich über die anderen zu erheben. Wie wird es das machen, sich über den Lehrer zu erheben, wenn es im sozialen Milieu der Schule ist?

„Bei der Arbeit mitunter launenhaft."

Es ist eine Wiederholung dessen, was wir schon früher gesagt haben.

„Anerkennung gelungener Arbeit spornt das Kind an."

Es hat große Sehnsucht nach Anerkennung, es möchte eine große Rolle spielen.

„Es ist heiter."

Das zeigt uns wieder eine Seite seines Mutes, seiner Entschlossenheit und wohl auch, daß es in seiner Häuslichkeit nicht gerade trübe Tage erlebt hat. Wir wissen, die Mutter deckt es ja.

„Hält gern an den eigenen Entschlüssen fest."

Wie jeder, der sich stark fühlt.

„Lenkt durch Störung die Aufmerksamkeit der anderen Kinder vom Unterricht ab."

Wenn man hört, daß ein solches Kind die Aufmerksamkeit der anderen vom Unterricht ablenkt, dann will es ihr Ziel, im Mittelpunkt zu stehen, damit erreichen. Dies gelingt ihm eben nur auf die Weise, daß es den Unterricht stört.

„Hat das Streben, zu führen,"

Die Jüngste — der kleine Josef.

„doch geringe Begabung dazu."

Warum geht ihr diese Begabung ab? Die anderen Kinder leisten ihr Widerstand, sie wollen sich nicht immer von diesem Fratzen führen, kommandieren lassen. Sie hat es noch nicht heraus, wie die anderen zu führen sind. Sie wird diese Begabung zur Führung schon irgendwie erwerben.

„Guter Sprachausdruck, sprechfreudig."

Die Sprache ist auch ein Mittel, die Aufmerksamkeit auf sich zu lenken. Sie finden oft bei schwer erziehbaren Kindern, bei Neurotikern, Psychotikern, daß bei diesen die Sprachfreudigkeit stark im Vordergrund steht und daß diese ununterbrochen sprechen.

Die bisherigen Bemerkungen stammen aus dem Volksschulleben des Kindes, jetzt folgen die Bemerkungen aus der Hauptschule:

„Erste Zeit kaum besonders aufgefallen. Am ersten Schulausflug (Lehrwanderung) klagen Mitschülerinnen über Glossen und Belästigung von Seiten des Kindes."

Es macht sich hier schon geltend, es will sich Platz machen. Warum ist es nicht gleich aufgefallen? Das spricht nur für das gute Training des Kindes. Es muß darauf kommen, wie man das macht.

„Seit ungefähr 2—3 Wochen legt es unglaubliches Benehmen an den Tag. Es schreit während des Unterrichtes laut drein, läuft ohne Erlaubnis vom Platz, stößt die anderen und sucht sie zu stören."

Sein Benehmen heißt offenbar, daß es weitergeht in seinem Streben, den anderen über den Kopf zu wachsen. Wir verstehen, was es damit will, es will seine Kraft zeigen, es will zur Beherrschung der Kinder gelangen.

„Bei der Schularbeit: Es arbeitet nicht mit, wird ermahnt, aus Trotz nimmt es das Tintenfaß, schüttet sich die Tinte auf die Hände, wischt sich buchstäblich die Hände damit, beschmiert die Bank."

Das Kind exzediert, benimmt sich wie eine tolle Siegerin, die unbedingt zeigen will, daß sie die Stärkere ist. Da wir es hier mit einem intelligenten Kinde zu tun haben, können wir folgern, daß sich dieses Kind in der Schule nicht gut fühlt und daß da irgend etwas noch geschehen muß. Es hat durch sein Verhalten gezeigt, daß es die Hoffnung verloren hat, in dieser Schule eine Rolle zu spielen.

„Die Mutter wird gerufen, diese läßt sich im Zorn so weit hinreißen, daß sie das Kind an den Haaren zieht, es sinnlos ins Gesicht schlägt, die Hände zu biegen versucht."

Auch die Mutter hat die Fassung verloren. Wir dürfen einschalten, daß das nicht die richtige Methode ist, die letzte Bewegung, den letzten Ausläufer zu bestrafen. Es wird dem Kinde nichts ausmachen, wenn sie es so weit bringt, die Mutter, den Lehrer zu ärgern. Ich habe neulich eine Stelle in Roseggers Biographie gelesen, wo er erzählt, daß er eine riesige Freude hatte, wenn er als Kind seinen Vater so sehr ärgern konnte, daß dieser ihn schlug. Später, als er gesehen hatte, daß der Vater ihn liebe, hat er sein Benehmen geändert. Das Kind will die Garantie haben, daß man es liebt, daß man von ihm etwas hält. Wenn es diese nicht hat, bemüht es sich, bis es ihm gelingt, jemanden zum Zerplatzen zu ärgern. Das spornt seine Kraft an.

„Die Direktorin hat Mühe, die Frau zu bändigen und muß das Kind rasch in die Klasse schicken. Das Kind hat nicht geweint, nicht geschrien, es ist fest geblieben."

Sie sehen, daß es der Mutter zeigt: „Du bist für mich zu schwach, ich bin stärker als du!"

„Kaum war die Mutter weg, schickt man das Kind wieder in die Kanzlei, weil es in der Klasse den Unterricht unmöglich macht."

Hier zeigt es auch, daß es ihm gar nichts macht, ihm kann „Keiner..." Man muß dieses Kind in einer Beziehung bewundern — es ist riesig stark. Wenn man diese Riesenkraft richtig lenken könnte, dann könnte etwas daraus werden.

„Die Direktorin redet ihm in Güte zu, das Kind verspricht brav zu sein, hat aber beim Versprechen gar nicht die Absicht, dieses zu halten."

Es sieht, daß die Frau Direktorin sich seiner warm annimmt. Es möchte schon der Frau Direktorin den Gefallen tun, brav zu sein, aber in der Klasse beginnt diese Mechanisation seines Lebensstils zu wirken. Viele würden glauben, daß es sich hier um eine Ambivalenz handelt, daß das Kind auf der einen Seite zutunlich, auf der anderen Seite widersetzlich sein kann. So maschinell darf man sich die menschliche Psyche nicht vorstellen. Dieser mechanisierte Lebensstil antwortet natürlich dem Stile gemäß, aber je nach der Situation. Bei der Frau Direktorin hat es den Eindruck, die habe ich gewonnen, die gehört mir — diesen Eindruck hat es in der Schule durchaus nicht.

„Die Direktorin gibt ihm ein Ehrenamt, Kalender täglich zu richten."

Das ist ein Mittel, ein Kind in der Schule zur Ruhe zu bringen. Das ist tiefer basiert; es wirkt schon auf solche Kinder, deren Streben für Überlegenheit durch ein Ehrenamt beruhigt werden kann. Aber es will mehr als dieses Amt, es möchte mehr als die anderen Kinder, und wir glauben nicht, daß es sich hier beruhigen wird oder mehr als im Anfang.

„Die Lehrerin kommt in die Klasse: Die Fräuln hat aber schöne Schneckerl, wo kriegt man denn die z'kaufen?"

Nun, das ist offene Feindschaft. Es ist nicht zu verkennen, daß dieses Kind in offener Feindschaft mit dieser Lehrerin steht. So spricht nur ein offener Feind.

„Die Kinder dieser Klasse, 10—11 Jahre alt, sind natürlich zu jung, um sich über derlei Bemerkungen mit Ignoranz hinwegzusetzen. Störung hält an. Anfangs sah es aus, als suchte es gerade diese Lehrkraft zu ärgern, bald aber kamen die anderen auch daran."

Es ist vielleicht eine Unmöglichkeit für die anderen wie auch für diese Lehrkraft gewesen, dem Kinde das zu bieten, was es verlangt, es sofort an die Spitze zu stellen. Andererseits sehen wir, wir werden mit diesem Kinde kaum etwas anfangen können, wenn wir nicht gleich garantieren können, wonach es sich sehnt. Es wird uns in denselben Kampf verwickeln, in welchen es die anderen verwickelt hat. Es ist ein Fehler, ihm seine Sünden vorzuhalten. Das Gespräch mit ihm muß man mit seinen Vorzügen beginnen. Wie, das bleibt einem jeden vorbehalten.

„In zwei Naturgeschichtsstunden mußte die Direktorin in der Klasse bleiben, um den Unterricht zu ermöglichen."

So weit reicht seine Kraft noch nicht, um sich auch mit der Frau Direktorin in Kampf zu setzen. Es scheint mit ihr in einem besseren Verhältnis zu sein. Das kann auch Respekt sein, aber auch das, daß sie es vor dem Angriff der Mutter beschützt hatte.

„Die Lehrerin übertrug dem Kinde ebenfalls einige Ämter: Abstauben im Lehrmittelkabinett, Wasserholen, doch fängt es auch da bald an, Unsinn zu treiben."

Das muß uns auffallen. Wenn ihm die Frau Direktorin eine Aufgabe gibt, soweit wir es sehen, macht es diese ganz gut. Wenn eine andere Lehrkraft ihm einen Auftrag gibt, dann macht es ihn schlecht. Wir können auch daraus etwas entnehmen: wie man dem Kinde näherkommt. Soweit ich sehe, geht jetzt die moderne Erziehung darauf aus, das Kind in eine angenehme Situation zu bringen; und man kann auch beobachten, daß es sich dann wesentlich besser verhält. Wir trachten aber, daß ein Kind auch in einer unangenehmen Situation das Gleichgewicht nicht verliert. Wenn wir uns an die Entstehung des mechanisierten Lebensstiles zurückerinnern, dann sehen wir, daß dieser so aufgebaut ist, daß die Mutter dem Kinde eine angenehme Situation bereiten muß, um es für sich zu gewinnen, dann muß sie das Kind zu einem sozialen Partner eines Gemeinschaftslebens machen. Wir können diese Funktion der Mutter nicht unausgeübt lassen, wir müssen wieder damit anfangen es zu gewinnen und dann der Gemeinschaft anzugliedern suchen. Ohne es zu gewinnen, wird es uns nicht gelingen.

„Im Turnen stört die Schülerin, rennt aus der Reihe; sie wird in die Garderobe gesteckt, — sie wirft ganz kleine Papierstückchen auf den Boden, die Kleider der Mitschülerinnen dazu und ist nicht zu bewegen, Ordnung zu machen."

Wieder derselbe Kampf.

„Selbst die Direktorin muß ihr da lange zureden, bis sie die Papierstücke wegräumt."

Hier gelingt es wieder der Direktorin, sie geradezu zur Abbitte, Demütigung zu bringen.

„Ein andermal vertauscht sie die Schuhe und Strümpfe der Mitschülerinnen (Garderoberaum). Ein Kind findet die Strümpfe nicht, es fällt der Verdacht natürlich auf die H. Daß das Kind die Strümpfe sich aneignete, wurde von der Lehrkraft wie von der Direktorin nicht einen Augenblick angenommen, da das Kind sehr nett und rein gehalten ist. Es leidet bestimmt an nichts Not, weder an Essen, noch an Kleidern. Am nächsten Tag sprachen die Direktorin, die eigene Mutter, wie die Mutter des betroffenen Kindes auf die Schülerin ein, doch zu sagen, wo die Strümpfe versteckt wären, allein das Kind gesteht nicht. Nach langem Suchen findet der Schulwart die Strümpfe in der Ventilation oberhalb des Fußbodens. Bis heute schwört das Kind darauf, das Gesuchte nicht versteckt zu haben."

Ich muß sagen, daß dieses Kind keine große Neigung zum Lügen hat. Wo wir Lügenhaftigkeit finden, dort finden wir nicht diese Aktivität, denn Lügenhaftigkeit ist ein Zeichen von Feigheit. Man sollte bei solchen Anlässen vorsichtig sein, denn es kann möglich sein, daß ein anderes Kind die Sachen versteckt hat. Wir können uns vorstellen, wie erhaben sich dieses Kind fühlt, wenn sie auch nur ein einziges Mal mit Unrecht beschuldigt wird. Ich habe z. B. Fälle erlebt, wo Menschen Diebstähle in großer Zahl ausgeführt haben; einmal haben sie es nicht getan, und es war köstlich zu beobachten, wie sie sich benommen haben, als sie beschuldigt wurden. Sie ließen die Untersuchung verlaufen, daß sie in Verdacht bleiben konnten, und sie haben es genossen, wie man ihnen Unrecht tat.

„Da die Turnlehrerin jede Verantwortung für die Sicherheit des Kindes und der anderen Kinder ablehnt, sitzt die Direktorin in der folgenden Turnstunde im Saal und muß gestehen, daß sich das Kind sowohl im Benehmen wie in der Ausführung der Übungen tadellos aufführt. Die kommenden Stunden wird das Kind gelobt, schon aber fängt es wieder an, durch Faxen zu glänzen. Sie beklagt sich: Der Fuß tut mir weh."

Diese Art des Kampfes ist eine viel mildere, als wir vorher gehört haben.

„Die Lehrerin meint, wenn es absichtlich so schlecht turne, müsse es „4" bekommen. Nach Aussage der Mutter hätte das Kind daheim geweint. Die Mutter tröstet: ‚Aber, mach dir nichts daraus!'"

Hier können wir beinahe von einer versäumten Gelegenheit sprechen. Es ist sehr schwer, bei einem Kinde die richtige Gelegenheit herauszufinden, um sie der Besserung zuzuführen. Es ist nicht ausgeschlossen, daß dem Kinde tatsächlich der Fuß wehgetan hat und sie vielleicht schon am Wege der Besserung ist, — da bekommt sie auf ihre Klage die Antwort: „Du bekommst eine ‚4'."

„Im Schreiben tut sie mit, wenngleich sie auch da einmal in die Kanzlei gebracht wurde, weil sie die anderen zu sehr störte."

Schreiben ist eine Leistung, die ihr zu liegen scheint. Wir glauben bisher, daß sie manuell geschickt ist, sie tut hier mit, um vielleicht die anderen zu übertreffen. Wir werden sehen: wo sie dies nicht erreichen kann, wird sie wieder stören.

„Die Lehrerin der Geographie, Geschichte, Deutsch, Gesang lobt die Ausdrucksweise und machte gleich in den ersten Wochen des Unterrichtes die Bemerkung, das Kind könne ganz gut im Zug eins mitkommen."

Wir hören, sie ist nicht im Zug eins. Das ist eine der brennendsten Fragen in der Schulreform der ganzen Welt. Die meisten Länder haben sich entschlossen, zwei Schulzüge aufzustellen. Im ersten Zug sind die Kinder, die man als normal entwickelt ansieht, im zweiten Zug solche, von denen man den Eindruck hat, daß sie langsamer vorwärts gehen. Der Unterricht im zweiten Zug ist auch dementsprechend. Da sind Erleichterungen für Kinder, die nicht richtig vorbereitet sind, denen man eine leichtere Situation bietet. Wir dürfen aber die Schattenseiten dieser Reform nicht übersehen. Ich glaube, daß diese Kinder, die im zweiten Zug sind, immer das Gefühl haben, unter dem Durchschnitt zu sein. Es ist auch nicht selten, daß sie Schimpfworte hören, wie: „Trottelklasse" usw. Manche Kinder genießen nur die Vorteile, bei anderen aber fallen die Nachteile außerordentlich schwer ins Gewicht. Sehr bemerkenswert sind die Untersuchungen, bei denen ich feststellen und erfahren konnte, daß im zweiten Zug sich überwiegend Kinder armer Leute befinden. Das sagt, daß diese Kinder schlechter für die Schule vorbereitet sind. Es ist, glaube ich, eine noch nicht ganz gelöste Frage. Die Nachteile dieser Einrichtung sind noch nicht ganz überwunden. Der Gedanke ist hier am Platz, wie dieses Kind zu dem zweiten Schulzug steht.

Die Lehrerin sagt ihr, daß sie auch im ersten Zug mitkommen könne. Wenn wir den Lebensstil dieses Kindes richtig erfaßt haben, dann könnten wir annehmen, daß es sich dadurch bedrückt fühlt, daß es im zweiten Schulzug steckt. Es kommt auf die Leistungen an. Der Nachteil muß uns zu denken geben in diesem Fall.

„Handarbeiten."

Ist auch eine Leistung, wo sie sich ganz richtig benimmt.

„Die Handarbeitslehrerin erzählt, daß sie in einer der Handarbeitsstunden vor der Lehrerin einer Schülerin, die die Arbeit des Kindes auf dessen Platz legen muß, dieser zuschreit: ‚Du Luder, du Mistvieh, du Kalb!', noch mehr nicht wiederzugebende Ausdrücke. Die Zeichenlehrerin: Eine Arbeit wird von der Lehrerin kritisiert —"

Nun, da ist natürlich für uns das Stichwort, jetzt muß irgend etwas geschehen!

„Das Kind fährt aus Bosheit mit Farbe über die ganze Zeichnung und verdirbt sie. Die Lehrerin macht Vorstellungen. — Erfolg: „Mein Vater wird schon kommen und wird Ihnen den Magen „ausrama", dann werden Sie's nimmer tun!"

„Der Religionslehrer: Das Kind ist zwar katholisch, besucht aber keinen Religionsunterricht. Es bleibt aber in der Religionsstunde sitzen, und der Religionslehrer rief es auch mehrmals. Einmal war sie die einzige Schülerin, die auf eine Frage die richtige Antwort wußte. Das erzählte sie voll Freuden der Mutter. Die nächste Stunde darauf schickte sie der Religionslehrer in die Kanzlei, weil sie auch höchst ungezogen war."

Wir wissen nicht, was dazwischen liegt, aber hier wäre auch eine Gelegenheit gewesen, sie festzuhalten.

„Die Wahrnehmungen der Direktorin: Wenn das Kind in die Kanzlei kam, tat es sehr nett. Die Schülerin mußte rechnen oder schreiben, anfangs ging es ganz gut, gegen Ende der Stunde zeichnete sie ‚Manderln‘. Auf die Frage, warum sie nicht rechne: ‚Ich kann es nicht!‘ “

Das ist natürlich eine böse Sache. Wenn sie etwas nicht kann, dann fühlt sie ein derartiges Gefühl der Minderwertigkeit, daß sie es irgendwo kompensieren muß.

„Zu dem bereits genannten Ehrenamt (Kalenderrichten) kam noch: Abstempeln verschiedener Drucksorten, Nachrichtendienst von Klasse zu Klasse, — dabei scheint sie das zahmste Kind, und ein paar Minuten darauf, trotz des Versprechens, brav sein zu wollen, schickt man sie wieder aus der Klasse.“

Dieses Kind hat da nun einen Anziehungspunkt gefunden, das ist die Kanzlei der Frau Direktorin. Wenn man sie von dort entfernt und wo anders hinschickt, dann strebt sie zurückzugelangen. Die Bewegung vollzieht sich dorthin, nach der Seite, weil sie sich dort in einer angenehmen Situation fühlt. Es ist möglich, daß es die Lehrerin noch besser mit ihr meint als die Frau Direktorin, aber es kommt darauf an, wie es das Kind auffaßt.

„Das Kind erzählt: Meine Mutter mag die ‚Großen‘ nicht, sie mag nur mich.“

Diese Empfindung entspringt der Verzärtelung durch die Mutter.

„Sie bringt mir oft etwas, aber keine Näscherei, — nur Wurst oder Kaiserfleisch oder Schinken.“

„Ich will Erzieherin werden.“

Das überrascht uns nicht, weil sie im Bild einer Erzieherin so etwas wie eine Herrscherin sieht.

„Wenn ich auch so ein schlimmes Kind hätte, möchte ich es immer prügeln.“

„Ich komme in die Ballettschule. Die Schwester hat gesagt, da kann ich mich dann austoben. Die Mutter gibt mich nicht her, sie sagt, sie kann sich ihr Kind selbst erziehen, sie braucht keine Leute. Ich gehöre gar nicht in die Gl.-Gasse, ich war auf dem Schulbogen für die Ga.-Gasse. (Das stimmt nicht.) Ich möchte in die Ga.-Gasse gehen.“

Für sie ist der Boden in der Gl.-Gasse bereits auskartoffelt. Sie hat schon alles geleistet, was sie leisten konnte. Sie hat den Eindruck, in der Ga.-Gasse kann ich mehr glänzen. Dies sind Lügen zum Zweck der Prahlerei, des Sichgrößermachens, des Eindruckmachens.

Das Kind wird in die Kanzlei geschickt, und die Direktorin fragt: ‚Was hast du denn angestellt?‘ Es antwortet nicht gleich. Nach mehrmaligem Fragen und Zureden spricht es, aber es erzählt die Wahrheit. Einmal hat sie die Direktorin angelogen. Die Turnlehrerin meldete, das Kind behauptete, sie hätte das Kind so an dem Ohr gezogen, daß es den ganzen Sonntag eingebunden war. Die Direktorin fragt das Kind, es bleibt dabei. Die Direktorin erklärt dem Kind, daß die Eltern das glauben würden, Frau Lehrerin zur Rede stellen werden (das Kind kündigte nämlich den Besuch des Vaters in drohender Form an), Frau Lehrerin würde klagen, und die Eltern würden für die Beleidigung gestraft werden. Das Kind gab dann zu, die Schwester hätte mit ihm gestritten und es auf das Ohr geschlagen, daß es ein Tuch umnahm."

Diese Lüge ist eine Kampflüge. Sie will die Lehrerin „hereinlegen" damit. Hier können wir nicht von einer Lügenhaftigkeit aus Feigheit sprechen. Es ist eine Verleumdung, keine Lüge.

„Und noch einmal log das Kind: Die Mutter bat, ihre Tochter in die letzte Bank allein zu setzen, damit sie die anderen nicht störe. Wir taten es. Am nächsten Tag kommt das Kind mit Brillen und schreit, sie sähe rückwärts nichts, sie müsse vorne sitzen. Zufällig ist die Schulärztin im Haus, das Kind wird ihr vorgeführt, sie sagt, von der Sachlage unterrichtet, es wäre nur Nervosität, sie könne ganz gut ohne Gläser arbeiten. Die Direktorin fragt nun das Kind näher aus, und es gibt nach einigem Herumreden zu, die Brillen wären von der Mutter. Die Mutter sprach über die Brillensache anders."

„Die Eltern machen den Eindruck, daß sie einsehen, daß das Kind schlimm ist, geben selbst zu, sie wüßten sich nicht zu helfen. Der Vater behauptet, die Mutter halte dem Kinde die Stange, diese wieder sagt, daß die großen Kinder das Mädchen fort aus dem Wege schieben und daß die Mutter die einzige Seele wäre, die das Kind hätte."

Wiederholung des Josef-Problems. Es ist fast derselbe Ausdruck, der da wiederkehrt.

(Zum Schluß noch einige Nachträge zur Ergänzung der Beschreibung):

„Mitteilungen der Klassenvorsteherin (1928): Das Kind verhält sich manche Stunden ganz tadellos, dann beginnt sie wieder zu stören, sie hat ihre Hefte meistens nicht in Ordnung, bringt jedoch ihre Aufgaben und Übungen ordnungsgemäß; sie will immer aufgerufen werden."

„In der Singstunde vermag sie sich nicht einzuordnen, sie singt absichtlich langsamer oder schneller und freut sich sichtlich, wenn sie uns ärgern kann.

„Besonders scharf hervortreten: Ihre Lieblosigkeit, ja geradezu Freude, mit der sie ihre Mitschülerinnen quält, und das ‚immer die erste Geige spielen' wollen."

Das ist deutlich genug.

„Trotz, Frechheit, Anmaßung, Bosheit und Lüge. Im allgemeinen macht sie jetzt wieder einen etwas ruhigeren Eindruck, Bosheit etwas abgeflaut."

Es scheint in letzter Zeit eine Besserung eingetreten zu sein.

„Von der Handarbeitsstunde wurde gemeldet: Sie sitzt allein und fährt auf dem Sessel durch den ganzen Saal; auf die Drohung der Frau Fachlehrerin, sie werde ihre Eltern verständigen, antwortet sie: ‚Die machen sich nichts draus, ich fürchte mich nicht, nicht einmal, wenn Bürgermeister S. kommt!'"

„Nächste Handarbeitsstunde hat sie Vogelstimmen nachgeahmt und absichtlich die Fachlehrerin darauf aufmerksam gemacht."

„Sie arbeitete an ihrer Rechenschularbeit, allerdings, nicht ohne die Hilfe der Lehrerin dabei ständig in Anspruch zu nehmen."

Sie will immer jemanden haben, das ist der Zug des verzärtelten Kindes.

„Einmal lärmte sie von Beginn der Stunde an derartig, daß ein Unterricht nicht möglich war, sie lief in der Klasse umher, schlug die Kinder und beschimpfte sie. Sie rief auch einmal laut: ‚Ich renn' dir ein Messer eini!' Sie arbeitete später auch nicht mit, sondern sagte, das kann ich nicht!"

Es ist gleichbedeutend: folglich muß ich die anderen stören. Wenn ich nicht die erste Rolle spielen kann, dann kann ich auch keine andere spielen.

Ergebnisse der Intelligenzprüfung.

Im allgemeinen über dem Durchschnitt, etwas über sein Alter vorgeschritten. Anschauung sehr gut. Definitionen etwas mangelhaft. In den sachlichen Kenntnissen etwas zurück, in praktischen Dingen gut, scheint im Haushalt beschäftigt zu sein. Gedächtnis etwas unter dem Durchschnitt.

Dr. A.: Es wäre für so ein Kind sehr wichtig, was ich als eine notwendige Ergänzung unserer Beratungsstelle ansehe und fordere, es in einem Heim unterzubringen, das man als ein Erholungsheim darstellen könnte. Dieses Heim müßte von zielsicheren Pädagogen und Psychologen geleitet werden. Das Ziel müßte sein, den falschen Lebensstil des Kindes zu ändern, mit Hilfe der Eltern, mit Hilfe der Lehrer. In 10 Minuten kann man ein Kind nicht ändern. Es wäre außerordentlich günstig, daß man dieses Kind nicht so allein mit der Mutter läßt, daß da irgend jemand eingreift, daß sich irgend jemand dieses Kindes annimmt, um ihm Möglichkeiten zu zeigen, sich in einer nützlichen Weise hervorzutun.

(Zu der Mutter): Wir möchten Ihnen und der Lehrerin gerne helfen. Wissen Sie, das Kind gefällt uns eigentlich, sie ist sehr resolut, sie ist vielleicht nicht gerne in der Schule?

Mutter: Sie wollte in die Ga.-Gasse.

Dr. A.: Warum möchte sie lieber hingehen?

Mutter: Sie glaubt, daß sie nur deshalb nicht hingekommen ist, weil sie die Schlechteste ist.

Dr. A.: Wie ist sie denn zu Hause?

Mutter: Sie ist die Kleinste, die Großen sekkieren sie. Ich habe 14 Kinder gehabt...

Dr. A.: Gratuliere!

Mutter: Auf einen Esser kommt es ja nicht mehr an. Die Großen sind eifersüchtig auf sie, sie haben sie nicht gerne.

Dr. A.: Hat sie Freundinnen?

Mutter: Oh ja!

Dr. A.: Wir halten von dem Kinde was, wir glauben, daß es ein tüchtiges Mädchen ist. Sie will immer die erste Rolle spielen?

Mutter: Sie hat sich oft beklagt, daß die Lehrerin sie nicht aufruft. Zu Hause ist sie lieb und hilft mir oft.

Dr. A.: Wie war die Erziehung, waren Sie streng?

Mutter: Man muß ja mit allen streng sein.

Dr. A.: Ich glaube, wenn man diesem Kinde etwas erklärt, geht es auch.

Mutter: Es geht nicht ohne Strafe.

Dr. A.: Ich habe mir gedacht, wenn man hier jemanden findet, der das Kind versteht, mit ihr spazieren geht, sie auf andere Gedanken bringt, wenn es ein wenig Gesellschaft hätte, es wäre gut für das Mädchen. Ich möchte eine von meinen Schülerinnen gerne zu ihr schicken, wenn Sie es wollen.

Mutter: Sie ist ja schon zu den „Kinderfreunden" gegangen.

Dr. A.: Ich möchte lieber haben, wenn sie unter dem guten Einfluß dieses Fräuleins stehen möchte, außerhalb der Schule. Sie möchte etwas Gutes von ihr lernen.

Mutter: Ich glaube, daß ich die anderen auch ordentlich aufgezogen habe, dieses Mädchen werde ich auch erziehen können.

Dr. A.: Diese Kleine möchte gerne die Größte sein. Erinnern Sie sich noch an die Geschichte von Josef?

Wenn das Kind jetzt in der Schule solche Schwierigkeiten macht, ist mit dem Schlagen nichts zu machen. Nur freundlich! Wenn Sie wollen, sagen Sie es mir und dann kommt dieses Fräulein zu Ihnen.

Mutter: Sie meint diese Sachen in der Schule nur aus Spaß, dort sind auch feinere Kinder, und die sind halt empfindlich.

Dr. A. (nachdem sich die Mutter entfernt hat): Da sehen Sie die Abneigung, andere dreinreden zu lassen. Wir müssen jetzt auf kurze Zeit zurückweichen.

(Zu dem Kinde) Großes Mädchen! Ich habe geglaubt, daß es viel kleiner ist. Du möchtest dich noch immer größer machen, du möchtest dich gerne auf die Zehen stellen, daß dich ein jeder sehen soll. Das kommt bei jüngsten Kindern oft vor, sie wollen sich immer bemerkbar machen. Du bist ja eine gute, tüchtige Schülerin, und ich habe auch gehört, daß du ein gescheites Kind bist. Glaubst du nicht, daß du beim Lernen glänzen könntest? Vielleicht ginge das, dann ginge auch das gleich, was du eigentlich willst. Sie möchten dich dann achten, gerne haben — möchtest du das nicht probieren? Wir möchten dir alle helfen, damit du mehr zivilisiert wirst, dem Lehrer eine Freude machst, dann hätte ein jeder Respekt vor dir. Glaubst du, daß du das zusammenbringen kannst?

Kind (gibt während der ganzen Zeit keine einzige Antwort).

Dr. A.: Du könntest eine der besten Schülerinnen sein, was sagst du dazu, wäre das nicht fein? Der Kampf, den du führst, müßte hier aufhören, das wäre doch schöner. Du mußt immer denken: Ich muß ja nicht immer gleich im Vordergrund stehen, ich muß nicht immer die Aufmerksamkeit auf mich lenken, es ist schöner, wenn ich schön arbeite, am Schluß schätzt man und liebt man mich, es muß ja nicht gleich am Anfang sein.

Wieviel Schülerinnen sind in der Klasse?

Kind: 32.

Dr. A.: Die Lehrerin kann ja nicht mit allen tun, was sie mit dir tut. Willst es probieren, ihr ein wenig zu helfen? Ich sage dir, es ist nicht leicht, aber ich glaube, du wirst es zusammenbringen.

Komme in einem Monat wieder her, ich werde mich erkundigen, ob du in dieser Zeit schon etwas zusammenbringst oder noch immer im Mittelpunkt stehen willst!

(Keine Antwort.)

Dr. A. (nachdem er sich von dem Kinde verabschiedet hat): Im Grunde ein weiches Gemüt, man hätte sie leicht zum Weinen bringen können. Natürlich muß man jetzt abwarten, was geschehen wird. Ich muß Sie auf etwas aufmerksam machen. Ich habe den Eindruck bekommen, daß das Erscheinen eines Kindes vor einer größeren Versammlung sehr gut wirkt. Es bedeutet für das Kind soviel, daß seine Sache keine private Angelegenheit ist, da sie auch Fernstehende interessiert. Sein sozialer Geist wird vielleicht mehr geweckt. Ich verweise immer darauf: „Ich werde mich erkundigen, wie es dir geht." Das ist keine Drohung, es ist eine Sicherheit des Erwartens, was ich dem Kinde zu verstehen geben will. In unserer Methode liegt irgend etwas Künstlerisches, was man wissenschaftlich nicht erfassen kann. Wenn ich auf den richtigen Punkt komme, dann versteht mich natürlich das Kind. Dieses Hineingestelltsein in eine Gemeinschaft ist auch ein wesentlicher Bestandteil. Hier gibt es ja auch Einwände, z. B. daß das ein Kind hochmütig machen könnte, wenn es bemerkt, sieht, daß man sich mit ihm beschäftigt oder daß es auf das Kind einen schrecklichen Eindruck machen kann. Das kann man abwehren in der Art, wie man mit diesem Kinde spricht. Es ist in dem Geist unserer Zeit gelegen, Einwände zu machen und nichts zu tun.

V. Kapitel.

Angebliche Pubertätskrise.

Über ein 14 jähriges Mädchen wurde geklagt, sie habe eine Anzahl von sexuellen Beziehungen angeknüpft, sei 10 Tage verschwunden gewesen und in der Nähe des Hauses der Eltern gefunden worden. Die Vorgeschichte: Die Familie war arm, hatte drei Kinder. Der ältere Sohn, der lange krank war, verdiente dann und lieferte das ganze Geld der Mutter ab, so daß er in höherer Gunst bei ihr stand. Nicht nur er bedurfte der Pflege seiner Mutter, auch der Vater kränkelte ununterbrochen, es gab nur kurze Intervalle, wo er arbeiten konnte. Man kann sich vorstellen, daß dieses Mädchen in dieser außerordentlichen Enge nicht viel Sorgfalt genießen konnte. Dazu kam noch ein drittes Kind, auch ein Mädchen, und es fügte sich so unglücklich, daß gerade in dieser Zeit der Vater sowohl als auch der ältere Bruder eine Zeit der Gesundung durchmachten, so daß sich die Mutter dem jüngsten Kinde wieder widmen konnte. Für das mittlere Kind war es eine ungemein ungünstige Situation. Ihr konnte die Mutter nicht viel Sorgfalt angedeihen lassen, so daß bei diesem Kind das Gefühl der Zurückgesetztheit entstand. Sie wuchs wie ein gehaßtes Kind auf, ohne die Wärme einer liebenden Mutter. Einigermaßen war der Einklang hergestellt, aber das Mädchen glaubte, hinter den anderen Geschwistern zurückzustehen. Der Vater repräsentierte wohl die Autorität, aber die Kinder folgten ihm gerne, obwohl er streng war. Wir konnten von diesem Mädchen erwarten, daß sie sich wie ein gehaßtes Kind entwickeln werde, hoffnungslos, weil sie erlebt hatte, nicht in der gleichen Wärme zu leben wie die anderen. Ein solches Kind erlebt ja das, was wir schildern, alle Minuten, sein Lebensstil ist dadurch charakterisiert. Ein Glücksfall tritt ein: sie kommt zu einem Lehrer, den sie sehr lieb gewinnt, sie blüht auf, wird eine der besten Schülerinnen, es wird ihr vorausgesagt, daß sie es weit bringen wird. Sie wird 14 Jahre alt, kommt in eine höhere Schule, muß also die Schule wechseln. Da beginnt das Unglück von neuem: der Lehrer versteht nichts von der Kinderseele, faßt sie hart an. Ihr einziger Halt war gewesen, daß sie in der Schule geachtet wurde. Dadurch, daß sie der Lehrer lieblos behandelt, wird sie irre an sich, sie kann nicht antworten, bekommt schlechte Noten. Sie ist in der Falle, die bereits vorgebaut war. Wir können sagen: eines Tages wird sich der schlechte Start zeigen. Sie wird nur bedingungsweise vorwärtsgehen, nur wenn sie Liebe, Wärme, Anerkennung findet. Sie bleibt aus der Schule aus. Der Lehrer geht der Sache nach, erfährt, daß sie sich mit Jungen herumgetrieben hat, es wird beschlossen, sie auszuschließen. Das ist das Schlechteste, was man machen kann. Der Erfolg in der Schule ist vorbei, zu Hause fühlt sie sich zurückgesetzt, was bleibt ihr übrig? Die Kunst des geschulten Individualpsychologen ist es, sich in die Situation zu versetzen, in der dieses Mädchen sich befindet. Wir können die Aufgabe stellen: Was würden wir tun, wenn wir nach Anerkennung streben, wenn wir ein 14 jähriges Mädchen wären und uns die Anerkennung in der Familie versagt ist. Es gibt nur einen Weg: die Anerkennung beim anderen Geschlecht zu suchen. Sie tat es auf intelligente Weise, wenn auch nicht entsprechend dem common sense. Wir wissen, daß dieses Mädchen intelligent war, wir können voraussagen, was jetzt geschehen muß: daß sie auf diesem Wege nicht Anerkennung finden wird. Solche Liebeleien sind nur ein Scheinerfolg. Jeder, der sich in der Materie der Liebesbeziehungen auskennt, weiß, daß so leicht geknüpfte Beziehungen zum Unheil ausschlagen müssen. Sie sieht sich als Objekt, als Spielzeug des Mannes. Wenn wir uns identifizieren, was hätten wir weiter zu tun? Es bleibt nur der Selbstmord übrig. Auf allen Seiten ist ihr die Anerkennung versagt. Es langen einige Briefe an, in denen sie den Selbstmord ankündigt. Das hätte eintreten können, wenn nicht ein günstiger Umstand den Selbstmord verhindert hätte. Es ist nicht etwa Feigheit, ihn nicht zu verüben, es ist eher Feigheit, den Selbstmord zu begehen. In einer Aufwallung von Wut geschieht der Selbstmord bei entmutigten Personen. Etwas anderes hat sie gehindert: das war der verhältnismäßig günstige Zustand in der Familie. Die Eltern waren rechtliche Leute. Das wußte sie; sie wußte, man werde ihr unter allen Umständen verzeihen. Der Weg ins Elternhaus war ihr offen, eine Art Anerkennung hätte sie dort gefunden. So hätten wir eigentlich der Mutter sagen können: Spazieren Sie ums Haus, Sie werden das Mädchen dort treffen. Denn Sie *mußte* diesen Weg gehen. Die Mutter traf sie eines Tages, nahm sie mit nach Hause. Die Mutter wandte sich an eine Beratungsstelle. Für dieses Mädchen, das nach Anerkennung hungert, muß der Weg zur Anerkennung gefunden werden. Man muß wissen, wo das Kind für die nützliche Seite am besten trainiert ist: *in der Schule*. Die Individualpsychologie sagt: wenn ein solches Kind den Eindruck der Lieblosigkeit empfängt, entwickelt sich ein großes Minderwertigkeitsgefühl mit allen Folgen der mangelhaften Vorbereitung für die Gemeinschaft. Sie setzt alles Interesse für die Familie hintan, Mangel an Mut ist leicht festzustellen. Wenn sie dieses schwere Minderwertigkeitsgefühl nicht hätte, hätte sie sich gesagt, der Lehrer versteht mich gar nicht, vielleicht muß ich mich mehr anstrengen. Sie hielt an der Idee fest, Anerkennung zu erlangen. Das schien ihr geglückt zu sein durch die Liebschaft.

Hier möchte ich auf etwas hinweisen: auf die Psychologie der Pubertät. Man betrachtet sie so, als ob der Teufel in die Säue fahren würde. Alles Unheil wird den Sexualdrüsen zugeschrieben. Das ist ein lächerliches Argument. Sie wirken vom ersten Tag der Geburt an und früher. Die Pubertät zeichnet sich durch andere Dinge aus: mehr Freiheit, mehr Möglichkeiten und größere Anziehungskraft der Mädchen für das andere Geschlecht. Einen starken Antrieb erfahren die Kinder dadurch, daß sie nun *beweisen* wollen, nicht mehr Kinder zu sein. Bei solchen Beweisen gehen sie meistens zu weit. Das Mädchen ringt nach Anerkennung und glaubt, sie nirgends sonstwo zu finden. Die Pubertät ist keine Krankheit, sie zeigt nur das, was vorher hineingebaut war. Es ändert sich gar nichts, das Mädchen ist das gleiche geblieben. Wäre sie nicht die gleiche, so könnten wir nichts voraussagen. Es ist nichts geschehen, als daß das Mädchen einen Weg, der ihr verschlossen schien, aufgegeben hat. Wichtig ist: Die Dinge, durch die die Menschen irregeleitet werden, sind keine Tatsachen, nur die mißverständliche Art, in der sie sie auffassen. Jeder wird sich irren, der glaubt, daß das menschliche Seelenleben auf Kausalität beruht. Das Mädchen macht etwas zu einer Ursache. Die verweigerte Zärtlichkeit wird auf einmal Ursache. Ist sie geheilt, dann war es keine Ursache mehr. Es ist nicht nur so, daß sie die verweigerte Zärtlichkeit zur Ursache macht, sie läßt dem die Folgen folgen, die sie selber macht. Es folgt durchaus nicht, daß sie die Zärtlichkeit an einem dritten Platz suchen muß. Das ist ihr Irrtum. Wir haben recht, wenn wir nicht eine Wirkung angeborener Triebe annehmen. Wir rechnen mit den Irrtümern des menschlichen Seelenlebens. Nicht die Tatsachen sind es, die wirken, sondern wie wir diese Tatsachen auffassen. Die Individualpsychologie hat den erfolgreichsten Schritt getan, diese Irrtumsmöglichkeit ausfindig zu machen und sie durch die Behandlung auf ein geringeres Maß zu reduzieren. Die Schlüsse von zwei Menschen können grundverschieden sein. Wir können nicht übersehen, daß diese Tatsachen von einer großen Menge von Menschen irrtümlich aufgefaßt und beantwortet werden.

Diesem Mädchen muß man die Möglichkeit geben, zu erweisen, daß sie fähig ist, was ihr verweigert zu sein schien, zu erreichen: eine gute Schülerin zu sein. Da entstehen wieder neue Schwierigkeiten: Mit diesem Vorleben, ausgestoßen aus der Schule! Ich sehe nicht ein, warum man Menschen aus der Schule ausschließen soll. Das heißt doch: ich, als Lehrer, bin nicht imstande, das Problem dieses Schülers zu lösen. Die Beratungsstellen haben da Hilfe geschaffen. In Schulen, in denen es Beratungsstellen gibt, werden die Schüler nicht ausgeschlossen, ja, es gibt in diesen Schulen keine Repetenten. Wenn es einen solchen Fall gibt und wenn wir nicht imstande sind, diesen Schüler zu halten, dann muß man sich fragen, was zu machen ist. Es leuchtet mir nicht ein, warum dieses Kind eine andere Schule gefährden soll. Man darf nicht vergessen, was für eine Belastung für das Kind das Stigma des Ausgeschlossenseins ist. Vielleicht wäre es einfacher, man fragt einen, der es versteht. Vielleicht kann man es zu einem Lehrer geben, der weiß, was er mit dem Kind anfangen soll.

Man muß alles aufbieten, dem Mädchen den alten Erfolg in der Schule zu verschaffen, dann wird auch „das Übel der Pubertät" verschwinden.

VI. Kapitel.

Einziges Kind.

Lehrerin: Das Kind geht in die 4. Klasse. Ich unterrichte es in einem gemischten Klassenzug. Ich habe das Kind das 2. Jahr. Im 1. und 2. Schuljahr hatte es auch den Lehrer gewechselt. Es ist das einzige Kind. Vater und Mutter gehen in die Arbeit, das Kind ist bei der Großmutter, der es aber nicht folgt. Es tut, was es will. Das Kind ist etwas schwerhörig, hat ein gutes Zahlengedächtnis, zeigt auch kritische Begabung, seine Schrift ist aber entsetzlich.

Im Vorjahr war der Bub sehr schwatzhaft, zeigte keinerlei Ordnungsliebe und gab den Mädchen und Buben keine Ruhe. Gütige Ermahnungen und Strafen ließen ihn gleichgültig. Bei gutem Zureden weinte er, versprach Besserung, im nächsten Augenblick war er wieder der alte.

Heuer ging es wieder so an. Sein Tintenglas benützt er als Spucknapf, alle Tintendeckel ruiniert er. Ich habe es mit Güte und Strenge versucht, habe ihn übersehen, seine Streiche nicht beachtet. Es half nichts. Er suchte sich immer in irgendeiner Weise bemerkbar zu machen. Die Kinder sparen in der Schule für einen gemeinsamen, größeren Ausflug. Das Kind brachte nur 2 S. In der Pause erzählten mir die Kinder, daß der Kurt 16 S habe. Ich ließ mir das Geld geben und fragte ihn, woher es sei. Seine Antwort war: „Das ist aus meiner Sparkasse." Ich sagte dem Kinde, daß die Mutter das Geld in der Kanzlei holen solle, denn bei seiner bekannten Ordnungsliebe würde er es sicher auf dem Heimwege verlieren. Die Mutter kam nicht. Ich wußte gleich, daß das Kind daheim nichts gesagt hat, denn seine Eltern sind sehr nette und anständige Leute und kommen auch öfters in die Schule nachfragen. Ich lud mir die Mutter dann amtlich vor. Es stellte sich nun heraus, daß das Kind die 20 S der Mutter aus dem Kasten entwendet hatte. Die Mutter war darüber entsetzt und erinnerte sich jetzt, daß ihr schon öfters kleinere Beträge fehlten. Sie erzählte auch, daß das Kind daheim sehr viel lügt. Dies habe ich öfters in der Schule bemerkt. Wenn man ihn der Lüge überführt, schaut er einen oft mit einem so leeren Blick an, so daß man das Gefühl hat, das Kind hat einen geistigen Defekt.

Das Kind sah die Mutter in der Kanzlei weinen, es wurde ihm gut zugeredet. Dann ging er in die Klasse, machte dort Dummheiten und brachte die Klasse zum Lachen. Die Mutter war sehr entsetzt und meinte: Der Mann erschlägt das Kind. Wir redeten ihr zu, dem Manne vorläufig nichts zu sagen. Am nächsten Tage kam der Vater, die Mutter hat ihm alles erzählt, er hat das Kind nicht geschlagen.

Das Kind redete sich auf einen großen Buben aus, der ihn zum Stehlen verleitet hätte. Dieser Bub geht aber in keine Schule. Angeblich sollte er in die Bürgerschule D. gehen.

Dr. A.: Wir hören einzelne Teile deutlich heraus und aus allem die gleiche Melodie. Der Junge ist unordentlich, wahrscheinlich ist immer eine Person dahinter, die Ordnung macht. In der Schule arbeitet er langsam. Sein Stil ist der eines verzärtelten Kindes. Andere Züge laufen auf dasselbe heraus. Er möchte immer eine Person haben, die sich mit ihm beschäftigt. In der Schule möchte er die Aufmerksamkeit auf sich lenken. Es wäre wichtig, zu wissen, wann er die Fehler (Stehlen) meist gezeigt hat. Wir müssen selbst konstruieren.

Seit 2 Jahren ist die Mutter nicht zu Hause. Das Kind ist bei der Großmutter und ist mit ihr scheinbar unzufrieden. Das Kind fühlt sich beraubt, vieles geht ihm ab, was es bei der Mutter hatte. Wir sehen bei ihm den Zug, sich zu bereichern. Das Stehlen ist eine Kompensation, um das Verlorene wieder zu ersetzen. Daß der Junge davon spricht, ein älterer Junge habe ihn verleitet, muß auch in Betracht gezogen werden. Es gibt gar keinen Deliquenten oder Kriminellen, der sich nicht entschuldigen will, der sich nicht eine Rechtfertigung sucht, um seine Tat im milderen Lichte erscheinen zu lassen. Es zeigt uns, daß der Junge sehr wohl weiß, daß er hier vom Wege der Gemeinschaft, des Gemeinschaftsgefühles abgewichen ist. Er hat gestohlen, weil er mehr sein wollte, hat aber keinen anderen Weg gefunden. Er war an die Mutter gewöhnt und gerät in eine schlechtere Situation. Die Großmutter steht ihm nicht so gegenüber wie die Mutter. Sie ist härter wie die Mutter. Er kämpft mit der alten Frau. Es entwickelt sich zwischen den beiden eine Spannung. Ein solches Kind, das sich immer auf einen anderen stützen will, fühlt sich dann wie in einer Falle. Sein Lebensstil ist bereits fixiert, es will immer jemanden, der sich mit ihm beschäftigt. Das hat es zu Hause nicht mehr. Ich glaube, es hat seit dieser Zeit mit dem Stehlen begonnen. Was hätte den Jungen vor diesem Diebstahl bewahren können. Wenn er in der Schule eine geachtete Stellung eingenommen hätte. Das ist bei verzärtelten Kindern außerordentlich schwierig. Wenn so ein Kind sich vornimmt, ich muß alles haben wie bei meiner Mutter, hat es ganz intelligent gehandelt, und es ist nicht schwachsinnig.

Es ist vor dem Lehrer bloßgestellt. Es ist gewöhnt, mit einer verzärtelnden Hand behandelt zu werden. Es ist gelungen, den Vater zu beschwichtigen, und der Junge glaubte, daß dadurch schon alles in Ordnung ist. Jede Entbehrung, jede Beraubung wird von ihm so beantwortet, sich wieder zu bereichern. Ich glaube nicht, daß der Junge nur seit zwei Jahren die Diebstähle begonnen hat. Es greift zurück in die Vergangenheit. Was hat er mit den rätselhaften 2 S begonnen. Ich glaube, er hat irgendwelche Näschereien gekauft. (Lehrerin: Er hat sich eine Wurst gekauft.) Wie kommt er auf die Idee, daß ein anderer die Triebfeder gegeben hat? Wie sollte er wissen, daß ein älterer Junge jemanden verführen kann? Man sollte die Mutter fragen, ob sie nicht gemahnt hat: „Laß dich mit dem nicht ein, der könnte dich verführen." Oder vielleicht war da ein älterer Junge, der ihn zu gewinnen verstanden hat. Wenn er das Geld schon seit längerer Zeit bei sich hatte, dann muß ein anderer Zweck vorhanden sein. Vielleicht wollte er sich eine Stütze, einen Fond verschaffen. Wir müssen über diese Sache mit der Mutter sprechen. Wir müssen auch andere Erscheinungen kennen, Erscheinungen, die wir meistens bei verzärtelten Kindern bemerken können. Er ist vielleicht furchtsam, will nicht allein sein, so können wir verstehen, daß er sich einem Älteren angeschlossen hat. Es muß nicht unbedingt so sein, aber davon können wir schließen. Vielleicht schreit er des Nachts auch auf. Die Mutter könnte das bestätigen oder leugnen, ob der Junge schon früher eine Neigung gehabt hat, sich etwas zu nehmen. Wir werden auch feststellen müssen, daß er kein großes Interesse für andere hat, und daß seine Art, mit anderen umzugehen, nicht die richtige ist. Er kann sich nicht befreunden; — wenn er mit den anderen spielt, will er immer die erste Rolle spielen — er hat die Neigung, mit jüngeren oder mit älteren Kindern sich abzugeben. Bei einzigen Kindern findet man nicht so selten, daß sie Vorliebe für ältere haben, weil sie immer in der Umgebung von älteren Personen waren. Wir müssen uns einigen, wie wir die Mutter beeinflussen können. Den Jungen müssen wir in der Schule auch vorwärtsbringen, seinen Mut heben. Er muß die Hoffnung haben, dort eine Rolle zu spielen, beachtet zu werden. Ich empfehle Ihnen, Ihr Augenmerk zu schärfen für das, was ich den Aktionsradius nenne. Bei schwer erziehbaren Kindern ist dieser Aktionsradius immer eingeengt. So ein Kind hat nicht viel Bewegungsraum. Man muß diesen Bewegungsraum zu erweitern versuchen, es ist nur möglich, wenn er mehr Courage hat, wenn er glaubt, daß er auch etwas leisten kann. Dann wäre die Möglichkeit gegeben, seinen Aktionskreis total zu verändern. In dem engen Aktionskreis bleibt ihm nichts anderes übrig, als sich heimlich zu bereichern und durch Lügen zu verhindern, daß er in seinem Ansehen und in seiner Haltung sinkt.

Lehrerin: Er ist nur im Schreiben und Rechtschreiben schlecht, sonst ist er in der Schule beliebt, die Kinder haben ihn lieb, zurückgesetzt ist er nicht. Daß er unbeliebt ist in der Klasse, das ist nicht der Fall. Durchgefallen ist er noch nie. Er ist ein langsamer Schüler. Sonst lernt er ganz gut.

Dr. A.: Wir suchen nach Gründen, warum der Junge in der Schule nicht zufrieden ist. Natürlich spielt es eine große Rolle, daß er immer im Mittelpunkt stehen will. Solche Kinder wollen das so machen, daß sie einen Clown spielen oder die anderen mit Freundlichkeit behandeln. Es kommt ihnen immer auf ihre eigene Person an. Unser Junge sucht auf eine listige Art alles zu erreichen, was er will. Nicht so wie die, die den „wilden Mann" spielen, um etwas zu bekommen. Er will auf liebe Weise alles haben, was ihm begehrenswert erscheint, er wurde darauf trainiert durch die Verzärtelung der Mutter.

Ein Lehrer: Ich habe einen Schüler gehabt, der auch gestohlen hat. Ich habe ihn erwischt, wie er von einem Schüler 50 Groschen gestohlen hat. Er sagte, andere Kinder haben alles, sein Vater gibt ihm nichts, weil er kein Geld hat. Er möchte auch alles so haben wie die anderen Kinder. Ich habe ihm 20—30 Groschen gegeben, damit er sich auch etwas kaufen kann. Das habe ich öfters getan, und seit dieser Zeit habe ich nie gehört, daß er etwas gestohlen hat.

Dr. A.: Wir haben keine Regeln, wie wir ein Kind bessern sollen. Unsere Maßnahmen wirken auf jedes Kind anders. Jedes Mittel ist nicht immer wieder anwendbar. Außer den 20—30 Gr. bekommt so ein Kind ein Gefühl der Zugehörigkeit, und dadurch wird es vielmehr gestärkt. Ich möchte mich nicht wundern, wenn mir jemand erzählen würde, ich habe ihn geprügelt, dann hat er nicht mehr gestohlen. Alle diese Dinge sind kompliziert, so daß man nicht auf einmal darüber urteilen kann. Wir wollen erst verstehen. Unser Kind lebt in der Idee, daß es Recht hat auf alles, und zwar ohne zu warten, ohne zu streben. Das ist ein Irrtum, und wir wollen es dem Kinde klarmachen und beheben.

Lehrerin: Das Kind ist gut situiert.

Dr. A.: Finden Sie auch in Ihrer Schule, daß in den langsamen Klassenzügen die armen Kinder sind und in den schnelleren die bessersituierten?

Lehrerin (bejaht diese Frage).

Dr. A.: Wenn Sie so scharf zuschauen, so werden Sie nicht einmal einen Menschen finden, der nicht etwas im Leben gestohlen hat. Obst, Kleinigkeiten, Näschereien usw. Bei meinen Untersuchungen habe ich das fast regelmäßig gefunden.

Dr. A. (zu den Eltern): Ich möchte mit dem Buben sprechen. Man kann seine Fehler beheben. Er scheint in mancher Hinsicht ein eigenartiges Kind zu sein. Haben Sie nicht gefunden, daß er sich nach Zärtlichkeit sehnt? Er gibt Ihnen immer was auf, damit er mit Ihnen zusammensein kann. Er wartet immer, daß jemand anderes etwas für ihn macht. Macht er beim Essen Schwierigkeiten?

(Die Mutter erzählt, daß er früher beim Essen Schwierigkeiten gemacht hat, aber seit vorigem Jahr ißt er ordentlich.)

Dr. A.: War er krank? Hat er das Bett genäßt?

Mutter: Er hat immer schlecht ausgeschaut, er hat immer mit dem Magen etwas gehabt.

Dr. A.: Hat er sich gefürchtet? Wollte er nicht allein bleiben? Ist er in den Kindergarten gegangen? Was für eine Rolle spielt er? Hat er Freunde?

Vater: Wir wissen nichts davon. Gefürchtet hat er sich nicht. Aber er stellt oft sehr dumme Fragen. Er fragt: „Mutter, was ist das oder das?“ Er weiß ganz genau, was das ist, er will nur die Mutter ärgern.

Dr. A.: Wie ist es mit seinen Aufgaben? Macht er die allein, oder muß jemand hinter ihm stehen?

Vater: Wenn jemand hinter ihm steht, dann geht es großartig. Er schreibt nicht gerne die Kurrentschrift, er schreibt lieber Latein. Er ist mehr mit den Großen, sie sind freundlicher mit ihm.

Dr. A.: Kann er schwimmen? Hat er keine Angstträume? Ist er nicht abergläubisch? Turnt er?

Vater: Er hat einen Riesenrespekt vor dem Schwimmen. Einmal ist er sehr erschrocken, und seitdem will er nicht mehr schwimmen. Turnen geht er ganz gerne, voriges Jahr hat er alles mitgemacht.

Er hat keine Angstträume, ängstlich ist er auch nicht. Vor mir fürchtet er sich ein wenig, weil ich sehr nervös bin.

Dr. A.: Sind Sie ein bißchen freundlich mit ihm, gehen Sie aus mit ihm ohne die Frau, damit er sich mit Ihnen befreunden kann und damit er aus Liebe und Freundschaft tut was sie wollen, nicht aus Angst.

Dr. A.: Er hat nur im Schreiben und Rechtschreiben Schwierigkeiten? Haben Sie ihn untersucht, ob er nicht Linkshänder ist? Vielleicht ist er als Linkshänder geboren.

(Die Eltern wissen nicht, ob das Kind Linkshänder ist. Die Linkshändigkeit der Mutter wird festgestellt.)

Die Mutter beklagt sich noch, daß der Junge nicht verraten will, wer ihn zum Stehlen verleitet hat und einen falschen Namen gesagt habe.

Dr. A.: Er selbst besucht keine anderen Kinder? Wie ist es mit dem Anziehen, Waschen, Kämmen?

Vater: Er hat einen Freund gehabt, den er früher besucht hat, der ist aber gestorben.

Mutter: Beim Anziehen muß ich hundertmal reden, bis er fertig wird.

Dr. A.: Man braucht ihm nicht zureden, man muß ihn schön langsam, freundlich, selbständig machen. Wenn es Ihnen recht ist, möchte ich auf ihn einwirken. Geht er gerne in die Schule? Sagt er, was er werden will? Ist er eitel? Wie liegt er? Beißt er die Nägel? Nasenbohren?

(Die Eltern erzählen, daß er sehr eitel ist, Tischler werden will, früher hat er die Nägel gebissen, sonst haben sie nichts besonderes bei ihm bemerkt. In die Schule geht er ganz gerne.)

Dr. A.: Machen Sie ihn mehr selbständig, daß er für die Schule noch mehr Interesse bekommt und sich dort eine Position verschafft. Das wird ihn ablenken von solchen Sachen. Drohen Sie ihm nicht und sprechen Sie überhaupt nicht mit ihm über diese Sache. Es ist sehr interessant, daß der Bursch, der so viel am Magen gelitten hat, sich solche Sachen kauft, wie Wurst. Machen Sie ihm keine Vorwürfe und probieren Sie, ihn selbständig zu machen.

Dr. A.: Wir haben nicht das reine Bild eines verzärtelten Kindes, die Reinheit ist dadurch verwischt, daß der Junge auf Freiheit dressiert ist. Es ist ein großer Unterschied zwischen einem Kind, das überwacht ist, und einem, das gewöhnt ist, allein zu sein.

(Der Knabe ist inzwischen eingetreten, und Herr Dr. Adler wendet sich an ihn.)

Was willst du werden?

Kind: Tischler.

Dr. A.: Was willst du machen, wenn du Tischler bist?

Kind: Hobeln.

Dr. A.: Wieviel Freunde hast du denn?

Kind: Drei.

Dr. A.: Was machen die?

Kind: Stehlen.

Dr. A.: Ich würde ihnen sagen: „Was wird aus euch werden, wenn ihr das macht!" Folgst du gerne?

Kind: Nein.

Dr. A.: Warum folgst du denn den Buben? Ich glaube, du hast geglaubt, es wird niemand bemerken und du kannst etwas dafür kaufen. Fürchtest du dich? Du bist couragiert, du mußt auch in der Schule Mut haben. Du bist schon ein großer Junge, mußt schon alles selbst machen, du kannst dich schon selber anziehen, waschen, tust du es auch? Oder muß dir die Mutter helfen? — Du willst ihr eine Aufgabe geben. Du kannst schon alles selbst machen, warte nicht, bis die Mutter hilft. Wie geht es mit dem Schreiben? Mache eine Fleißaufgabe, dann wird es besser gehen.

(Das Kind ist auch ein Linkshänder.)

Denke nicht an solche Dummheiten, daß man dich verleitet hat. Man darf sich nicht verleiten lassen. Komm in einem Monat wieder und erzähle mir dann, ob du alles selbst machst, ob du dich im Schreiben übst und ob du dich verleiten läßt. (Verabschiedet sich von dem Kind.) Die linkshändigen Kinder bekommen den Eindruck, als ob sie den Aufgaben nicht so gewachsen wären wie die anderen. Sie bemühen sich, mit der rechten Hand zu arbeiten, wenn sie dann sehen, es geht nicht, dann glauben sie: bei mir wird es immer schief gehen. Man kann die Linkshändigkeit an vielen Zeichen feststellen. Wenn ein Kind Schwierigkeiten im Lesen, Schreiben usw. hat, dann muß man daran denken, daß es vielleicht ein Linkshänder ist. Meistens ist die linke Gesichtshälfte auch besser entwickelt als die rechte. Eine Anzahl von Linkshändern haben Schwierigkeiten, und eine große Zahl von ihnen hört auf, vorwärts zu streben, die haben im ganzen Leben eine schlechte Schrift. Eine Anzahl dagegen bemüht sich sehr, hat eine sehr schöne Schrift wie die Rechtshänder. Das sind die, die die Linkshändigkeit überwunden haben, die in Überwindung eine große Fähigkeit erworben haben, sie werden Künstler usw. — Wenn Sie eine sehr schöne Schrift sehen, die einer mit der rechten Hand geschrieben hat, dann müssen Sie auch daran denken, daß er vielleicht ein Linkshänder ist. In Wien sind vielleicht 35—50% Linkshänder. Sie wissen es nicht, aber erleben es. Sie werden unter den besten und den schlechtesten, unter allen problematischen Menschen — angefangen vom Künstler bis zum schwer erziehbaren Kinde — eine große Anzahl von Linkshändern finden.

In unserem Falle ist der Junge kränklich, ein einziges Kind, von der Mutter verzärtelt, von dem Vater streng behandelt. so daß er noch mehr zu der Mutter flüchtet. Der Vater muß sich mit der Mutter bezüglich einer einheitlichen Erziehung einigen. Jetzt kommt eine neue Situation, er ist nicht vorbereitet. Er kommt zu der Großmutter, mit der kann er sich nicht vertragen. Sie will ihre Ruhe haben. In der Schule kommt er gut vorwärts, aber er bricht aus. Er geht dort vorwärts, weil er vorwärts kommt. Er sucht einen Ersatz: stört den Unterricht, bringt die Kinder zum Lachen. Er gibt sich damit nicht zufrieden, er bekommt den Wunsch, zu stehlen. Nehmen wir an, daß er sich hat verleiten lassen. Es hat ihm in den Kram gepaßt. Zum Rechtschreibenüben hat er sich nicht verleiten lassen. Er hat das Gefühl, daß man ihn nicht mehr so warm behandelt, wie er von früher her gewohnt war. Vielleicht ist er jetzt in einer günstigeren Situation, aber nicht im Besitz seiner Courage. Vielleicht ist er früher nicht so freundlich in der Schule aufgenommen worden, wie heute. Man müßte überlegen, ob man ihm nicht mehr Mut machen muß. Man soll dem Jungen Zeit lassen, man soll warten, ihm eine Schonzeit geben. Man soll ihm vielleicht sagen: „Ich sehe, es wird ganz gut gehen! Ich sehe, du kommst unter die Besten." Er hat immer den Wunsch, daß die Lehrerin sich mit ihm beschäftigen soll. Ich möchte in diesem Falle eine humorvolle Wendung suchen. Wenn er sich wieder auffällig benimmt, möchte ich ihm sagen: „Es ist nicht einmal notwendig, wir beschäftigen uns alle nur mit dir." Vielleicht macht so eine Äußerung auf ihn Eindruck. Wie man so etwas macht, hängt von der Individualität ab. Ich möchte es vielleicht so „leicht frotzelnd" machen.

VII. Kapitel.

Entmutigter Jüngster.

„Emil ist 14 Jahre alt.“

Das ist die Zeit der Pubertät. Wir wissen, daß dieses Problem von verschiedenen Autoren verschieden betrachtet wird. Unter anderem so, als ob in dieser Zeit alle Teufel in das Kind fahren würden, als ob sich ein Gift in ihm entwickeln würde. Wir wissen: Es kann sich auch jetzt nichts anderes äußern, was nicht schon früher dagewesen ist. Ein Faktor ist sehr wesentlich, daß ein solches Kind um die Zeit der Pubertät bestrebt ist, zu beweisen, daß es nicht mehr ein Kind ist, daß es erwachsen ist. Wenn ich beweisen will, daß ich nicht mehr ein Kind bin, dann werde ich immer zu weit gehen, dann werde ich vergrößerte Bewegungen machen und die erwachsenen Menschen in jeder Beziehung zu imitieren versuchen. Die Annahme von Psychologen (die keine Ärzte sind), daß die Sexualdrüsen sich erst in der Pubertätszeit entwickeln, ist abzuweisen.

„Er ist der Jüngste von fünf Geschwistern im Alter von 26 bis 17 Jahren. Er war in der Volksschule immer unter den Ersten und zeigt seit dem Eintritt in die Mittelschule einen Abfall, es droht ihm die Ausschulung.“

Das siegreiche Streben des Jüngsten, solange er in einer angenehmen Situation ist. Fällt er von dieser heraus, dann werden wir erst sehen, daß er nicht richtig vorbereitet ist. Er kann sich nur einfügen, wenn er unter den Ersten sein kann.

„Die erste Klasse mußte er repetieren und kommt seitdem nur mit schwerer Mühe fort.“

Der Unfug hat offenbar schon früher begonnen, und zwar in der ersten Klasse. Den Abfall kann er nicht vertragen. Das ist die neue Situation: Das Realgymnasium mit seinen Anforderungen, neuen Lehrern, die den alten Pharao noch nicht kennen, ihn nicht so zärtlich behandeln; er ist gekränkt und in den Hintergrund gedrückt. In der Volksschule hat er es leicht gehabt, hat in gutem Ansehen gestanden, — jetzt stößt er auf Schwierigkeiten und geht nicht mehr mit.

„Er gibt an, daß ihn die Schule nicht mehr freut, weil er dort mehr Leid als Freude hat.“

Er drückt sich anders aus, aber das bedeutet für uns dasselbe: Er fühlt sich nur wohl, wenn er Freude hat, wenn er der Erste sein kann.

„Besonders verhaßt ist ihm die Schule, seit einer seiner ehemaligen Mitschüler aus der Volksschule, der dort keine besonderen Erfolge aufzuweisen hatte, nicht wiederholen mußte und ihm jetzt um ein Jahr voraus ist."

Ein jüngstes Kind verträgt es nicht, daß ein anderes ihm voraus ist. Es hat einen weiten Weg, bis es den anderen überflügelt, es wird ihm vieles schwer.

„Er beklagt sich über die schlechte Behandlung, die ihm in der Schule zuteil wird, und schiebt den größten Teil der Schuld auf einen Lehrer, seinen Klassenvorstand, der ihm angeblich mit seinen Seckaturen das Leben sauer macht."

Man braucht ihn nur nicht verzärteln, dann zeigt er schon eine saure Gärung.

„Die Mutter gibt an, daß er sich seit seinem Eintritt in die Mittelschule in jeder Beziehung zu seinem Nachteil verändert hat."

Unsere Hauptfrage lautet immer dahin: In welcher Situation sind die Klagen entstanden, sind die Verfehlungen deutlich geworden? Die Mittelschule kann als eine Trostprüfung betrachtet werden. Daß er sich seit seinem Eintritt in die Mittelschule verändert hat, ist ein Zeichen, daß er für diese Situation nicht richtig vorbereitet war. Die zweite Frage ist: Wieso kommt es, daß dieser Junge eine mangelhafte Vorbereitung zeigt? Wir wissen, er ist der Jüngste, und jüngste Kinder sind meistens verzärtelt. Wir müssen weiter forschen, ob sich diese Vermutung, daß wir es mit einem verzärtelten Kinde zu tun haben, beweisen läßt.

„Er ist nervös und reizbar,"

Wie einer, dem der Platz eingeengt ist, der sich in einer Situation bedrückt fühlt.

„sehr aufgeregt und folgt gewöhnlich nicht."

Wir verstehen, warum sein Benehmen im Hause so schlecht ist. Solange ein Mensch auf einer Seite Erfolg hat, siegreich ist, merkt man das auch in anderer Richtung. Wenn dieser Junge in der Schule einen Erfolg hätte, würde dies auch im Hause zum Ausdruck kommen, sich geltend machen. Wir können sein Verhalten mit dem eines untergeordneten Beamten vergleichen, der in seinem Amte Verdrießlichkeiten hat, Beschimpfungen ausgesetzt ist, getadelt wird, dann nach Hause kommt und mit Frau und Kindern schimpft. Das ist das Gewöhnliche. Er möchte wenigstens zu Hause der Größte sein, und das drückt sich darin aus, daß er nicht folgt.

„Nach der Angabe der Mutter ist er aber gutherzig und weiß

seine Umgebung durch Liebenswürdigkeit und Zärtlichkeit zu gewinnen."

Sie werden oft verzärtelte Kinder finden mit einem guten Training, die Menschen für sich zu gewinnen, Zärtlichkeiten auf sich zu lenken. Man gewinnt oft den Eindruck einer besonderen Liebenswürdigkeit.

„Er tut der Mutter alles zuliebe, wenn er sieht, daß sie weint oder leidet."

Da ist der Gebende, da er schon alles erreicht hat, was er wollte: Seine Tyrannei auszuüben, die Mutter zu beherrschen. Dann kann er schon seine Zärtlichkeit beweisen. Er handelt hier auch intelligent. Wenn er sich hartherzig benehmen würde, würde man ihn vielleicht aus dem Haus geben, um neben seinen schlechten Schulleistungen nicht noch seine Hartherzigkeit dulden zu müssen, und er hätte das Spiel verloren. Wir sehen, daß der Junge noch Hoffnung hat. Hätte er keine Hoffnung mehr, dann möchte er nicht seine Gutherzigkeit, sein Gefühl zeigen. Er muß doch daran denken, die Mutter für sich zu behalten, an ihr eine Stütze zu finden. Wir werden ihm seine Gutherzigkeit nicht als Tugend anrechnen, sondern als einen guten Trick, die Saiten nicht zu überspannen.

„Der Vater ist seit drei Jahren nicht in Wien."

Seine Veränderung in der Schule können wir vielleicht auf diesen Umstand zurückführen. Die Abreise des Vaters kann vielleicht in die Vorbereitungszeit gefallen sein und wurde von ihm wahrscheinlich schwer empfunden. Vielleicht wollte er mit dem Vater fahren, vielleicht beginnt für ihn hier die neue Situation. Der Vater, der ihn liebte, der aber auch für ihn eine Schranke gebildet hat, ist jetzt weg, jetzt möchte er gern den großen Herrn spielen.

„So fehlt nach der Meinung der Mutter die ‚feste Hand'."

Daraus sehen wir viel bezüglich des Lebensstiles der Mutter, die offenbar in der Überzeugung lebt, daß hier nur ein Mann etwas ausrichten kann und eine Frau viel zu schwach ist. Wenn ich hier behaupten würde, daß diese Mutter mit dieser Äußerung ihr Minderwertigkeitsgefühl deutlich verrät, würden es viele vielleicht nicht verstehen. Mit den Worten: „Dem Buben fehlt die feste Hand", sagt sie zugleich: „Ich bin zu schwach, ich kann das nicht leisten". Es steht ihr also nichts zu Gebote, als ihr Leiden zu zeigen.

„Sie ist angeblich nicht imstande, mit dem Jungen fertig zu werden."

„Seit einem halben Jahr schläft er im Zimmer der Mutter."

Vielleicht hat er es durchgesetzt, vielleicht war es das Bedürfnis der Mutter. Jedenfalls zeigt das eine starke Beziehung, die zu weit geht, wenn wir in Betracht ziehen, daß der Junge schon 14 Jahre alt ist.

„Zum Essen muß er immer genötigt werden."

Eines der gewöhnlichsten Zeichen bei verzärtelten Kindern, daß sie beim Essen Schwierigkeiten haben.

„Fügt sich auch sonst nicht den Weisungen, die man ihm gibt. Es kommt häufig vor, daß er bis 9 Uhr im Bett liegen bleibt und dann erst zur Schule geht."

Es ist deshalb so, weil er zur Schule in einer größeren Distanz steht. Wenn Kinder zu spät zur Schule kommen, ist das immer ein Zeichen, daß sie mit der Schule auf schlechtem Fuß stehen.

„Frühstück läßt er in solchen Fällen oft stehen und bringt auch oft sein Gabelfrühstück wieder nach Haus."

Das ist der wunde Punkt der Mutter; mit scharfem Blick hat er diesen wunden Punkt der Mutter herausgefunden und quält sie damit. Die Mutter hat die Wichtigkeit des Essens überbetont, stark überschätzt, dem Jungen ihre wunde Stelle zu deutlich gezeigt, nun läßt er nicht los.

„Lügen kommen nach Angabe der Mutter nicht vor, nur Notlügen in Geldsachen."

Das ist natürlich von der Mutter nicht ganz verständlich ausgedrückt, es werden doch Lügen sein.

„Sein Ehrgeiz scheint sich auf anderen Gebieten Luft zu machen."

Es bestätigt sich hier, was ich an einer kleinen Stelle zu sehen geglaubt habe. Er möchte irgendwo der Erste sein, er gibt die Hoffnung nicht auf und schaut herum, wie er das erreichen könnte.

„Er ist erster Solist im Chor eines großen jüdischen Tempels."

Wie wir sehen, da ist es ihm doch gelungen, der Erste zu sein. Es ist jetzt die Frage, warum begnügt er sich nicht damit? (Der Bruder ist ein ausgezeichneter Sänger, gibt Konzerte.) Es ist offenbar, daß ihm dieser Triumph, erster Solist im Chor eines großen jüdischen Tempels zu sein, nicht genügt. Es befriedigt seinen Ehrgeiz noch nicht genügend. Er will vielleicht noch mehr erreichen. Man sollte ihm auch an anderer Stelle eine Chance geben. Vielleicht würde er sich dann in der Schule auch ganz anständig benehmen. Er hat den Mut nicht ganz verloren, er gibt das Rennen nicht ganz auf. Was könnten wir von diesem Jungen erwarten, wenn er seinen Mut ganz verlieren würde. Er könnte entweder ein Verbrechen begehen oder eine Neurose bekommen. Wenn wir ausgerüstet mit dem Material, das wir bisher haben, diese Frage erörtern wollen, so sind wir in einigermaßen schwieriger Lage. Wir sehen kein weiteres Zeichen, daß der Junge irgendwelche Unsicherheit hätte. Wir finden nicht, daß er aggressiv ist, deshalb liegt die Wahrscheinlichkeit näher, daß er neurotisch wird. Würde er aktiv sein, daß er auch eine Neigung hätte, anderen einen Schaden zuzufügen, aggressiv vorzugehen, dann würden wir vermuten können, daß er auch die Verbrecherlaufbahn ergreifen könnte. Daß er in Geldsachen lügt, sagt uns zu wenig. Es ist eher anzunehmen, daß er neurotisch werden kann, wenn er seine Hoffnung verliert.

„Er tut sich seit einiger Zeit im Radfahren hervor."

Der Jüngste! Daß er sich auch im Radfahren hervortut, läßt darauf schließen, daß er sich später vielleicht im Wettradfahren betätigen wird.

„Sein sehnlichster Wunsch ist momentan ein eigenes Rad. Auch sonst ist er nach den Angaben der Mutter verschwenderisch."

Wenn sich das wirklich bestätigt, dann wäre hier eine Möglichkeit gegeben, daran zu denken, daß er, wenn er die Hoffnung verliert, Diebstähle begehen würde.

„Er verfügt angeblich über ziemlich viel Geld."

Diese Behauptung dürfte vielleicht ein wenig übertrieben sein.

„Er hat einige Freunde aus der B ü r g e r s c h u l e, die aber der Mutter nicht zusagen."

Es ist interessant, daß er dort, wo er Niederlagen erlitten hat, keine Freunde sucht, sondern sich diese aus der Zeit aussucht, wo er noch im Glanz gestanden ist.

„Wohl fühlte er sich bei einem Aufenthalt beim Vater in England (April—Oktober 1927),"

Dort wird sein Betragen gewiß ein sehr nettes und anständiges gewesen sein, weil er in einer angenehmen Situation ist, weil man ihm die Bürde der Schule abgenommen hat.

„wohl deshalb, weil ihm dort der Schulbesuch erspart blieb."

„Seit einiger Zeit soll sich seine Schlamperei gebessert haben." (Behandlung von Dr. V.)

Ein Zeichen der verzärtelten Kinder.

„Eine Nachfrage in der Schule ergibt, daß wohl die ganze Familie an der Vernachlässigung des Jungen Schuld trägt."

„Sie liegen alle bis 12 im Bett."

Ich möchte Ihnen eine Beobachtung mitteilen, die mir sehr wichtig erscheint. In unserer Zeit, wo ja durch die Notwendigkeit der intensiven Arbeit des Vaters, meistens auch der Mutter, nicht allzuviel Gelegenheit gegeben ist, den Zusammenschluß in der Familie gründlich auszugestalten, ist es für das weitere Leben des Kindes sehr wichtig (immer berechnet auf unsere Schulverhältnisse), daß die ganze Familie um 7 Uhr gemeinsam fertig beim Frühstück sitzt. Sie werden finden, wo das nicht der Fall ist, dort reißen immer eine Anzahl von Unsitten ein. Wenn das von frühester Kindheit nicht geübt wird, wie eine Familie bei gemeinsamem Tisch sich zu benehmen hat, so wird die Wurzel einer richtigen sozialen Entwicklung diesen Kindern fehlen. Man sollte bei Tisch eine heitere, fröhliche Stimmung erzeugen, sich aneinander anschließen, mit Offenheit miteinander sprechen, nicht über tadelnswerte Dinge, schlechte Schulleistungen usw. Das muß man für eine andere Zeit aufbewahren. Sie können den Vorteil, die Familie um 7 Uhr gemeinsam beim Frühstück zu sehen, nicht hoch genug einschätzen. Ich propagiere diese Forderung seit 20 Jahren. Die Antwort ist oft ein ungläubiges Lächeln, viele wehren sich dagegen. Ich kann doch feststellen, daß ich gewisse Fehler nur dort gefunden habe, wo dieses Verhalten nicht durchgeführt worden ist. Es ist ganz natürlich, daß jemand, der den ganzen Vormittag im Bett bleibt, am Abend nicht einschlafen kann, die natürliche Müdigkeit tritt des Abends nicht ein; wenn wir Klagen hören, daß Kinder aus dem Haus flüchten und ihre Abende in einer Bar, in einem Kino usw. usw. verbringen, können wir das auf den genannten Umstand zurückführen. Durch dieses einfache, leichte Auskunftsmittel könnte man vieles verhüten.

„Nach den Angaben des Klassenvorstandes ist die ganze Familie verlogen, und faktisch scheint es geboten, ihren Behauptungen mit einigem Mißtrauen entgegenzukommen, da besonders die Mutter aus Großsprecherei nicht die Wahrheit zu sagen scheint."

Wenn wir das Bisherige überblicken, dann können wir von der Großsprecherei der Mutter nicht viel finden. Wir können nicht leugnen, daß der Junge intelligent ist und eine schöne Stimme hat, was für die Mutter wahrscheinlich sehr viel bedeutet, aber ich möchte das noch nicht als Großsprecherei ansehen.

„Der Knabe wird fast von allen Professoren als verlogen, unaufmerksam, faul und tückisch geschildert."

Das ist hart. Nehmen wir an, daß das richtig ist. Das muß man schon als eine derbe Kritik auffassen. Der Junge scheint in allen Professoren Feinde zu sehen. Diese Eigenschaften sind Kampferscheinungen, die einem dauernden Kampf entsprechen.

„Sie sind jedoch alle davon überzeugt, daß er durchaus nicht dumm ist und unter besseren Verhältnissen den Anforderungen der Schule wohl entsprechen könnte, denen er jetzt durchaus nicht gewachsen ist.“

Sobald dieser Junge, der immer an der Spitze stehen will, in eine schlechtere Situation kommt, kann er den Anforderungen der Schule nicht entsprechen. Man wird hier die Charakterzüge eines Kämpfers gegen einen Mächtigen sehen.

„Er steht in ungefähr fünf Gegenständen, darunter Mathematik, Geschichte, Geographie, Religion, auf Nichtgenügend.“

Auffällig ist, daß er auch in Religion auf Nichtgenügend steht; es könnte auch sein, daß er auch mit dem Religionslehrer auf schlechtem Fuß steht. Es ist interessant, daß er auf eine so niedrige Stufe gekommen ist. Was die Mathematik anbelangt, so werden Sie bei verzärtelten Kindern meistens finden, daß sie Schwierigkeiten in diesem Gegenstand haben. Es ist auch möglich, daß er auch mit diesem Lehrer im Kampf steht. Ich kann diese Schwierigkeit, die Kinder in Mathematik haben, nur so erklären, daß diese im Gegensatz zu anderen Gegenständen aller Regeln bar ist. Die Mathematik schwebt, da sie keine Regeln hat, im freien Raum, man muß aus eigener Kraft zu einem Schluß kommen, kombinieren. Das können verzärtelte Kinder nicht, sie möchten sich anhalten, eine Stütze haben. Diese Stütze können sie eventuell in den Regeln einer Sprache finden, aber in der Mathematik nicht, daher das häufige Versagen der verzärtelten Kinder in diesem Gegenstand.

Damit dürfte die letztens vorgenommene, aber nicht zu Ende geführte Intelligenzprüfung übereinstimmen.

„I.Q. dürfte gleich 1 sein.“

Wir sind überzeugt, daß dieser Junge intelligent ist. Wir fragen jetzt, was wir hier zu tun haben. Die Therapie ergibt sich von selbst. Die erste Aufgabe wäre, jemanden zu finden, der diesen Jungen gewinnen könnte. Derjenige könnte ihn auch ermutigen und sein Interesse für Kameraden, Lehrgegenstände usw. erweitern. Er könnte sich mit ihm aussprechen, und ihm erklären, was er bisher nur unklar in seinem Sinne hatte. Wenn er das aussprechen kann, dann wird er es auf niedrigeres Maß reduzieren. Man könnte ihn aufmerksam machen, daß man Schwierigkeiten hat und daß man diesen Schwierigkeiten gegenüber stark sein muß. Das wird nur demjenigen gelingen, zu dem er Zutrauen hat. Das würde einem Manne eher gelingen, weil er die Frauen wahrscheinlich so einschätzt wie seine

Mutter, und weil wir wissen, daß er sich dem Vater gegenüber ganz anders benimmt, und daß er sich seit dem Zeitpunkte verschlimmerte, wo der Vater sich schon nicht um ihn bekümmern konnte. Er müßte einen großen Bruder haben, der ihn vor allem gewinnt, der die ganze Sachlage durchschaut, der die Zusammenhänge erfaßt hat, der nicht kritisiert, der ihm ein ganz neues Leben proponiert, ein Vergessen all der alten Dinge, der hinter das Geheimnis kommt, daß er sich als Sänger ausbilden wollte und das zeigen will. Daß er vielleicht sein Interesse an der Schule verloren hat, weil er glaubt, nur als ein Sänger eine große Rolle spielen zu können. Derjenige sollte auch von den Professoren für den Jungen eine gewisse Schonzeit erbitten, denn wenn es ihm auch gelingt, den Jungen gerade zu richten und er unerwartet in der Schule eine schlechte Note bekommt, dann ist das eine schlechte Sache. Seine bisherigen schlechten Leistungen kommen auf das Konto seiner Widersetzlichkeit der Schule gegenüber.

VIII. Kapitel.

Schwachsinnig oder schwer erziehbar?

Für uns ist es sehr wichtig, ein genaues Bild zu gewinnen, bevor wir noch die Mutter und das Kind sehen. Ich will Ihnen diese Krankengeschichte vorlesen, und Sie werden sehen, wie ich aus jeder Mitteilung Schlüsse zu ziehen bestrebt bin:

„Als Bertie im Herbst 1925 in den Kindergarten kam, war er das verwahrloseste und körperlich und geistig zurückgebliebenste Kind, das man sich denken kann."

Was wir hier schließen können, ist, daß sich niemand um ihn gekümmert hat. Zur geistigen Entwicklung gehört, daß es im Zusammenhang steht mit jemandem, daß es seinen Geist üben kann.

„Er war unterernährt, äußerst schlecht gehalten, hatte mangelhafte Kleidung und bis in den Winter hinein keine Schuhe."

Offenbar ein armes Kind, schlechte Situation.

„Auch geistig war er sehr zurückgeblieben und konnte kaum sprechen."

Die Sprachentwicklung eines Kindes kann nur im sozialen Zusammenhang entstehen. Wenn ein Kind diesen sozialen Zusammenhang nicht hat, kann sich seine Sprache nicht entwickeln. Wir müssen auch daran denken, ob dieses Kind nicht schwachsinnig ist. Es ist nur eine Vermutung, und wir müssen vorsichtig sein und weiter forschen, weil, wenn wir diese Diagnose aussprechen, das Schicksal dieses Kindes entschieden ist. Es ist ein unverzeihlicher Fehler, ein Kind schwachsinnig zu nennen, das nicht schwachsinnig ist.

„Wenn man etwas zu ihm sprach, verkroch er sich und begann zu schreien, umsichzuschlagen."

Wenn einer sich mit ihm verbinden will, wehrt er es ab. Er macht den Eindruck, als ob er zu dem dritten Typus gehören sollte, zu den Nichtgewünschten, Illegitimen und Krüppeln. Sie sehen, daß er seine Umgebung mit einer Feindseligkeit betrachtet.

„Er war sehr feige..."

Mut ist nur dort, wo einer sich heimisch fühlt.

„griff die Kinder an und fürchtete immer dabei, daß sie ihm etwas tun könnten."

„Er war unselbständig beim Essen, wartete immer aufs Füttern,"

Das ist vorsichtig aufzunehmen. Eßschwierigkeiten haben meistens verzärtelte Kinder. Es ist aber möglich, daß er auch hier eine feindselige Handlung erwartet. Es kann sein, daß ein nicht geliebtes Kind immer gefüttert wird, damit man schnell mit ihm fertig wird. Es lernt auch nicht essen.

„— doch weigerte er sich oft, die Nahrung zu sich zu nehmen, obwohl er hungrig war."

Dieses Kind benimmt sich wie in Feindesland. Aber wir müssen darauf achten, ob wir nicht Zeichen von Schwachsinn finden.

„Erst nachdem er eine Szene gemacht hatte und nach Nichtbeachtung zur Ruhe kam, verschlang er das Essen mit sichtlicher Gier."

Dann wird er wahrscheinlich doch nicht so schlecht gegessen haben.

„Er ist ein eheliches Kind. Sein Gehen und Sprechen wurde sehr verspätet, das Sprechen ist bis heute noch nicht fehlerlos erlernt."

Daß er mit dem Sprechen Schwierigkeiten hat, verstehen wir. Das Gehen ist nicht so verständlich. Wir können beobachten, daß Kinder, um die man sich bemüht, leichter gehen können. Hier müssen wir an organische Hindernisse denken. Vielleicht hat er Rachitis gehabt, vielleicht hat er auch die Zähne später bekommen, das gehört auch zu dieser Krankheit.

„Zu schaffen machte er sehr viel,"

Zu schaffen kann er nur machen, wenn er jemanden zur Verfügung hat. Das ist überraschend. Vielleicht ist diese Verwahrlosung infolge der Hoffnungslosigkeit der Eltern entstanden, und vielleicht war doch eine Person um ihn herum, die sich seiner angenommen hatte. Vielleicht eine Großmutter, eine Tante, eine ältere Schwester, über die er doch bis zu einem gewissen Grade verfügen konnte. Da können wir Schlüsse ziehen, warum er im Kindergarten sich so benimmt. Unsere Auffassung wird nicht bestätigt, wir sind geneigt, sie zu korrigieren.

„trotzte bei jeder kleinen Sache,"

Seine Umgebung hat ihn offenbar nicht mit großer Härte behandelt. Trotz ist ein Kampf, und gegen eine viel stärkere Umgebung lehnt sich ein Kind nicht auf. Vielleicht war er früher in einer Umgebung, wo er Wärme bekommen hat, und später nicht mehr. Das müssen wir auch im Auge halten, um weiter sehen zu können.

„stieß mit den Füßen, wälzte sich am Boden, brüllte und schlug alles, was ihm in die Nähe kam."

Das spricht auch für eine zum Schlechten geänderte Umgebung. Es muß da eine Änderung in seiner Situation eingetreten sein. Unsere beiden Auffassungen sind richtig: erst verzärtelt, wurde er dann vernachlässigt, wo er wild und kämpfend geworden ist.

„Er machte sich immerfort naß,"

Es spricht dafür, daß er jemanden zu schaffen geben will und bestrebt ist, sich unangenehm bemerkbar zu machen.

„— biß Nägel,"

Bei trotzigen Kindern finden Sie diese Gewohnheit. Man sagt ihnen immer, sie sollen nicht die Nägel beißen, wenn sie es trotzdem tun, ist das ein Zeichen von Trotz.

„war so gierig beim Essen, daß er den Kindern manchmal etwas vom Gabelfrühstück wegnahm."

Er hat nicht viel Gemeinschaftsgefühl, und diese Tatsache äußert sich in diesem Punkt.

„Er war stark rachitisch und geistig sehr zurück."

Das ist eine Bestätigung.

„Er war sehr unverträglich,"

Das stimmt für ein verzärteltes und für ein gehaßtes Kind.

„— und quälte Mensch und Tier."

Das finden Sie auch bei beiden Typen. Sie wollen ihre Macht zeigen.

„Zerdrückte z. B. mit größtem Behagen Fliegen."

Sie sehen: stark gegenüber dem schwachen Geschöpf.

„Immer nur wollte er der Erste sein,"

Unsere Auffassung, daß er ursprünglich verzärtelt worden ist, bestätigt sich. Vielleicht sind seine Eltern früher in einer besseren Situation gewesen und jetzt nicht. Es fehlt ihm die Liebe und Wärme.

„— immer nur das große Wort führen. Gelang es ihm nicht, schlug er seine Kameraden, warf Tisch und Sessel um, warf sich auf den Boden und hörte auf keinen guten Zuspruch."

Charakterzüge eines verzärtelten Kindes, das immer im Mittelpunkt stehen will.

„Jetzt geht er gern in den Kindergarten, bemüht sich, das Taschentuch, das ich ihm einmal mitgegeben hatte, immer zu haben."

Er beginnt nun, sich einzugliedern, — ein Zeichen, woraus wir schließen können, daß er sich bereits der Kindergärtnerin angeschlossen hat. Wir sehen daraus, daß es der Kindergärtnerin gelungen ist, ihn zu gewinnen, die Situation zu erneuern, in der er verzärtelt ist. Er hat den Eindruck: Du bist in der angenehmen Situation, nach der du dich immer sehnst. Man muß nun sein Interesse auch für andere erwecken, was bisher nicht gelungen war.

„Er hat Interesse für das, was ihm hier geboten wird und ist glücklich, wenn er recht viel zu tun bekommt, z. B. einen Vogel zu füttern, Blumen zu begießen, auszukehren, den Kindern Schuhe anzuziehen usw."

Unsere Vermutung, daß er schwachsinnig sein könnte, fängt an zu schwanken. Er fügt sich offenbar ein, schließt sich der Kindergärtnerin an, handelt vernünftig. Ich würde die Diagnose vom Schwachsinn ganz schwach begründet hinstellen, sie ist fast gar nicht mehr zu halten.

„Seine häuslichen Verhältnisse sind die denkbar traurigsten. Sein Vater starb an Tuberkulose am 19. XII. 1924. Die Mutter ist Hilfsarbeiterin und kümmert sich um die Erziehung gar nicht."

Wo ist die verzärtelnde Person? Vielleicht hat der Vater ihn früher verzärtelt.

„Sie verkaufte oft die Sachen des Kindes, wie Wintermantel, Schuhe usw., die er von uns bekam, und schickte das Kind wieder in Lumpen hierher."

Die Situation des gehaßten, ohne Liebe, ohne Wärme erzogenen Kindes, beinahe wörtlich zu nehmen, da sie seinen Wintermantel verkauft.

„Er ist der Jüngste, die anderen Geschwister sind Knaben, 10, 15, 19 Jahre alt."

Das gibt uns zu denken, daß vielleicht unter diesen Kindern eines sich seiner viel mehr angenommen hat. Bezüglich des Aufwachsens eines jüngsten Kindes, müssen wir seine Situation in Rücksicht ziehen. Wenn wir festhalten, daß er verzärtelt wurde, dann ist es sicher, daß er als Jüngster über eine gewisse Macht verfügt hat. Er hat drei Vordermänner und will es ihnen gleich tun. Er will nicht, daß die anderen mehr Macht haben, er möchte im Vordergrund stehen. Er möchte mehr sein wie die anderen. Er möchte an die Spitze kommen.

„Er weint sehr häufig, aber nur aus Trotz und Zorn."

Weinen ist eine außerordentlich wirkungsvolle Waffe. Wenn das Weinen keinen Eindruck macht, dann weinen die Kinder nicht. Er benützt es als Mittel, zur Geltung zu kommen. Ein taubstummes Ehepaar hatte einen Jungen, der gut sprach und hörte. Wenn er sich verletzte, so weinte er, aber ohne Laut. Die Tränen liefen ihm über sein Gesicht, aber man hörte keinen Laut. Wir finden das ganz begreiflich, weil der Junge wußte, daß der Laut auf seine Eltern keine Wirkung hätte. Immer finden wir den Abdruck der Umgebung.

„Seine Lieblingsspiele sind Turnen und Bauen."

Es muß ein Kind sein, welches gar nicht so ungeschickt und zurückgeblieben ist.

„Die Lieblingsgeschichten: ‚Rumpelstilzchen' und ‚Dornröschen'."

Es ist eine dankbare Aufgabe, aus solchen Geschichten Schlüsse zu ziehen. Es handelt sich in der ersten Geschichte um Schlauheit, die durch eine andere Schlauheit besiegt wird. Die Wahl des „Dornröschen" verstehen wir besser. — Er liebt diese Geschichte wahrscheinlich, weil sie irgendwie die Hoffnung, durch besondere Kühnheit irgendeinen Erfolg zu sichern, ausdrückt. Ich glaube, diese Materie muß noch gründlich untersucht werden, um ausfindig machen zu können, welche Momente auf Kinder bei Geschichten Eindruck machen. Wenn wir das Kind genau kennen, werden wir besser verstehen können, warum es diese zwei Märchen ausgesucht hat.

„Er träumt oft in den Tag hinein,"

Wenn ich das so auffassen darf, daß er irgendwelche Phantasien sich zurecht legt, dann könnte diese Bewegung uns an das „Dornröschen" erinnern, das auch schläft. Vielleicht hätten wir hier einen Faden, der uns zum Verständnis helfen könnte.

„— schlief in früheren Zeiten vor Schwäche ein, daß man oft Angst hatte, daß er nicht mehr aufwache."

Vielleicht ist diese seine Schwäche mit der Idee des „Dornröschen" in irgendwelchem Zusammenhang. Ich kann mir vorstellen, daß ein solches Kind, das ein solches Erlebnis hat, wie die Geschichte des „Dornröschens", dadurch am Schlafen mehr interessiert sein wird als andere.

„Dem Anschein nach ein verprügeltes Kind."

Wahrscheinlich ist die Mutter mit dem Prügeln nicht sparsam.

„Er fühlt sich überall zurückgesetzt und heischt Aufmerksamkeit."

Das kommt bei einem gehaßten Kind nicht vor, es drückt sich, es will immer entwischen. Ein verzärteltes Kind will immer Aufmerksamkeit.

„Lob ist ihm alles. Sagt man: ‚No, Bertl, bist ja mein braver Bub!' da leuchten seine Augen, und es ist wieder auf eine Weile alles gut."

Das ist der Charakter eines verzärtelten Kindes. Das ist eine Situation, in der es sich wohlfühlt, das ist das Ziel seines Lebens, seines Strebens.

„Hat er eine Beschäftigung begonnen, so führt er sie auch zu Ende, wird er dann gelobt, so möchte er gleich wieder von vorne anfangen."

Hier haben Sie den Faden, an dem man den Jungen ziehen kann. Anfangs arbeitet er, weil er in die Situation des Gelobt- und Geliebtwerdens kommt. Man muß deshalb diese Situation benützen, und ihm weiter klar machen, daß er sich nützlich zu machen hat und auf das sofortige Gelobtwerden verzichten muß. Man muß ihn nicht gleich loben, es genügt, ihm zu sagen: Wenn du es so und so machen wirst, dann wird es wirklich sehr schön werden.

„Er benimmt sich wie ein Zweijähriger, macht sich gern recht dumm und kindisch, damit man ihn recht liebkosen und verzärteln soll."

Sie werden es oft finden, daß verzärtelte Kinder oder Erwachsene sich wie ein Baby benehmen. Sie sprechen, lispeln oft wie ein kleines Kind. Sie sehnen sich in eine Situation zurück, sie wollen die Zeit fixieren, in der sie sich so gut gefühlt haben wie im Paradies. Während seiner Krankheit hat man ihn wahrscheinlich auch verzärtelt. Es gibt bei dieser Krankheit schwere Erscheinungen, wo kaum anderes übrig bleibt, als das Kind zu verzärteln. Daher seine Wünsche nach Verzärtelung, seine Bestrebungen gelobt, geliebt zu werden. Er weiß es nicht, aber er lebt so. Deshalb kann man mit Erklärungen alles erreichen.

„Er spricht sehr schlecht, ist gut gewachsen, hat ab und zu Ausfluß aus den Ohren."

Offenbar eine Mittelohrentzündung, die auch heute noch nicht ausgeheilt ist. Wenn er durch diese Krankheit nicht schweren Schaden erlitten hat, dann ist es nicht ausgeschlossen, daß dieses Kind für Zuhören, Musik usw. ein stärkeres Empfinden hat als andere, weil sein Gehörorgan wahrscheinlich empfindlicher ist als beim Durchschnitt, was durch frühzeitige schwere Erkrankung erwiesen ist. Nicht jedes Kind kann eine Mittelohrentzündung bekommen. Wir können durch eine Probe vielleicht wieder ein neues Gebiet für ihn gewinnen. Man kann ihn der Gemeinschaft durch gemeinsames Singen, Musizieren näherbringen.

„Geistig ist er zurückgeblieben, ist eigentlich wie ein Dreijähriger."

Ein Kind, das immer den Dreijährigen spielen will, unintelligent ausschaut, wenn es schon 5 Jahre alt ist, macht vielleicht den Eindruck eines Schwachsinnigen, aber man muß starke Proben machen, bevor man sich entscheidet.

„Er reagiert überhaupt nur auf Behandlung von Personen, an die er gewöhnt ist."

Das ist der Charakter eines verzärtelten Kindes.

„Seine positiven Leistungen sind nur auf körperliche zurückzuführen, denn Gymnastik und Rhythmik ist ihm das liebste, da treten Spitzenleistungen zutage."

Ich würde die Entscheidung noch nicht wagen. Wenn wir von Gymnastik, Rhythmik hören, ist das etwas, was wir von schwachsinnigen Kindern selten hören. Eine systematische Turnbewegung zu machen und dabei eine Spitzenleistung zu zeigen, ist ein Zeichen von einer Kombinationsgabe, die ein schwachsinniges Kind nicht haben kann.

IX. Kapitel.

Irregeleiteter Ehrgeiz.

Die Klassenlehrerin berichtet:

Martha ist 9 Jahre alt und besucht die vierte Klasse. Sie ist die Jüngste von 5 Geschwistern. Die Brüder und Schwestern sind 25, 23, 15 und 14 Jahre alt. Die älteste Schwester ist schon verheiratet und hat ein einige Wochen altes Kind. Martha wurde als Jüngste, und da sie ein hübsches, herziges Kind ist, seit jeher von Eltern und Geschwistern sehr verwöhnt. Ihre Erziehung und Beaufsichtigung war größtenteils den Geschwistern anvertraut, da beide Eltern tagsüber beschäftigt sind. Der Vater ist Handelsangestellter, geht um 7 Uhr früh fort und kommt um ½7 Uhr abends erst nach Hause. Die Mutter besitzt ein Miedergeschäft und hat den ganzen Tag dort zu tun. Als das Kind in die Schule eintrat, machte es sich durch seine übergroße Lebhaftigkeit, sein schwätzerisches, vorlautes Benehmen, seine Unverträglichkeit, Streitsucht und Wildheit in der Klasse unangenehm bemerkbar. Seine Lehrerin in der ersten Klasse bezeichnete es häufig als ein „schreckliches" Kind, aber als sehr gescheit und je nach Laune entweder sehr fleißig oder sehr faul.

Ich, die das Kind seit der zweiten Klasse kenne, kann über Faulheit nichts sagen. Im Gegenteil, sie arbeitet fleißig mit, leistet Gutes im Aufsatz, hat rege Phantasie, guten sprachlichen Ausdruck, einen schönen Vortrag beim Lesen und Aufsagen, besitzt eine hübsche Schrift und hält auf Nettigkeit, wozu freilich ihre Eitelkeit beiträgt. Sie läßt sich gerne bewundern, wenn sie eine Aufgabe besonders gut geschrieben hat, kommt sie gewiß schon vor dem Unterrichte mit dem Heft zu mir und bemerkt stolz: „Bitte, das habe ich geschrieben." Sie zeigt Freude, wenn sie belobt wird. Sie faßt jede Arbeit geschickt und mutig an, ist eine gute, ja waghalsige Turnerin, hat sich allein Schwimmen und Radfahren gelernt und wünscht sich jetzt Schlittschuhe, um heuer das Eislaufen zu lernen. Dies ihre guten Eigenschaften.

Aber ihr Geltungsbestreben ist überstark, sie will immer beachtet werden, was in einer Gemeinschaft von über 30 Kindern nicht möglich ist. Sie stört dann durch fortwährendes Dreinsprechen den Unterricht und kann sich in dieser Beziehung nicht beherrschen, obwohl ihr schon oft darüber Vorstellungen gemacht wurden. Auch ihre Neugierde kann sie nicht bezähmen. Wenn ich einer anderen Schülerin im Heft einen Fehler ausstelle, läuft sie von ihrem Platz, um auch Einblick in das Heft ihrer Mitschülerin zu nehmen. Verbotenes hat für sie einen besonderen Reiz. Voriges Jahr kam vor dem Krampustag die Frau Oberlehrerin in die Klasse und verbot jede Verkleidung, da sich die Kinder der ersten Klasse, die nebenan war, schrecken könnten. Nächsten Tag, als es zur Pause läutete, beeilte sich Martha, als erste aufs Klosett zu kommen und sprang nach wenigen Minuten als Krampus verkleidet, eine Rute schwingend in die Klasse und trieb die Kinder unter Gebrüll durcheinander. Auf mein Vorhalten, ob sie denn das Verbot nicht gehört habe gab sie keine Antwort. So macht sie es immer, wenn sie zur Rede gestellt wird. Auffällig ist, daß sie niemandem in die Augen schauen kann. Sie wird in größte Unruhe versetzt, wenn ich während des Unterrichtes längere Zeit zu ihr hinsehe. Sie rollt dann die Augen verlegen im Raume umher, dazwischen hin und wieder einen scheuen Blick auf mich werfend, ob sie noch angesehen wird. Unehrlich ist sie aber, nebenbei bemerkt, nicht. Auch die Mutter sagt, daß das Kind nie lüge. Geradezu offensichtlich wird ihr überstarkes Geltungsstreben durch folgende Begebenheit: Die Frau Inspektorin hospitierte voriges Jahr einmal im Singspielkurs, den meine Klasse mitmacht. Martha war wegen Schwätzen und fortwährender Störung schon mehrere Male strafweise vom Singspielkurs ausgeschlossen worden. Diesmal durfte sie wieder mittun. Als weniger Geübte konnte sie nun natürlich nicht glänzen. Aber bloß in der Reihe zu sein und dasselbe zu machen wie alle anderen, ohne bemerkt zu werden, das vertrug sie nicht. Also trat sie in einer Ruhepause, während die Frau Inspektorin mit der Lehrerin sprach, vor und schlug unmittelbar neben der Frau Inspektorin einen Purzelbaum. Denn Turnen ist ihre starke Seite. Possenstreiche macht sie auch sehr gerne. So erzählte sie mir, daß sie dem Hausherrn den Vogel ausgelassen hat, als der Käfig einmal im Hofe stand. Sie freute sich, daß der Hausherr nun nicht wisse, wer es getan hat. Sie behauptet, daß ihr der Vogel leid getan hätte, weil er geschrien hat. In den Ferien vergnügte sie sich auf der Gasse damit, dem Fleischhauer gegenüber den Rollbalken ganz herabzuziehen. Als die Fleischhauerin daraufhin aus dem Geschäfte kam und Martha durchhaute, eilte die Mutter aus ihrem Geschäfte und versetzte der Fleischhauerin eine Ohrfeige, was ihr einen Prozeß und eine Bestrafung von 10 Schilling eintrug. Die Mutter bittet aber mich, mit der Kleinen recht strenge zu sein, da sie es mit ihr zu Hause nicht mehr aushalte. Das Kind sei eigensinnig, wenn sie ihr etwas befiehlt, antwortet es: „Ich gehe nicht, ich will nicht!" und weicht schließlich nur der Gewalt. Die Mutter möchte, wenn sie nur die nötigen Mittel dazu hätte, das Kind gerne aus dem Hause geben, damit es unter fremden Leuten eine ordentliche Erziehung genießt, denn die Eltern können sich wegen des Geschäftes wenig um das Kind kümmern. Die Geschwister stößt sie von sich, obwohl diese sie sehr gern haben und mit ihr sogar zärtlich sind. Auch in der Schule macht sie es so. Es vergeht fast kein Tag, wo sie nicht eine Mitschülerin schlägt oder im Vorübergehen grundlos niederwirft. Schon zweimal haben sich die Mädchen durch Anfallen an die

Wand bezw. an die Ecke einer Bank empfindlich weh getan. Auf dem Schulweg reißt sie die Mitschülerinnen an den Haaren, oder sie droht ihnen bereits in der Schule, sie nach dem Unterrichte auf der Gasse zu hauen. Sie ist deshalb schon gefürchtet und unbeliebt in der Klasse. Wird sie während des Unterrichtes von einer Nachbarin zur Ruhe ermahnt, so boxt oder zwickt sie, oder stößt unter der Bank mit den Füßen. Vorladen der Eltern hatte bis jetzt keinen Erfolg. Es kam immer nur die Mutter, und diese redet sich auf den Vater aus, der das Kind am meisten verziehe. Mit dem Vater habe ich noch nie persönlich reden können, aber die Mutter hat versprochen, ihn heute mitzubringen.

Dr. A.: In dieser ausreichenden Beschreibung eines Kindes ist der Zentralpunkt seiner ganzen Entwicklung mit Schärfe hervorgehoben. Ein außerordentlich großes, irregeleitetes Geltungsstreben. Wir hören, sie ist die Jüngste, daß sie verzärtelt worden ist, das könnte erklären, daß ihr Geltungsstreben ein großes ist. Als Jüngste will sie allen anderen über den Kopf wachsen. Neben ihren guten Leistungen zeigen sich Leistungen auf der unnützlichen Seite in so einer Fülle, daß man erstaunt sein muß. Es wird uns klar, warum diese Verschlimmerung des Kindes im Steigen begriffen ist. Das Kind benimmt sich wie in einer Falle, sie kann ihrem Schicksal nicht entkommen, sie möchte gerne der Mittelpunkt sein, hat sich aber schon so weit verfehlt, daß sie überall auf Widerstand stößt. Es reizt sie aber, noch weiter zu gehen. Ich möchte kurz wiederholen, was mir in dieser ausgezeichneten Schilderung dieses Kindes als seine Bewegungslinie aufgefallen ist.

Sie strebt mehr zu sein als alle anderen. Sie hat in der Schule nur einen teilweisen Erfolg, und sie trachtet, den anderen Teil des Erfolges durch Störung der anderen, durch Angriffe, durch Schwierigkeiten, die sie der Mutter bereitet, zu ergänzen. Wir könnten dem Gedanken Raum geben, wenn sie die Beste der Klasse wäre, dann würde ihr Verhalten sich ganz ändern. Sie würde nicht eine andere sein, nur ihre Situation wäre besser. Ihr Geltungsstreben kann das Leben nicht dulden, Haus, Schule, Kameraden stehen im Kampf mit ihr. Sie will in diesem Kampf siegreich werden. Es ist unmöglich, durch Schläge, durch Strafen dieses Kind von seinem Weg abzubringen. Es könnte sein, daß sie sich nicht mehr traut, offen Schaden zu stiften, sie möchte es in heimlicher Weise tun. Man würde dadurch das Kind zum Lügen erziehen. Wie ich glaube, ist der wahre Beweggrund, den Vogel freizulassen, nicht — wie es bemerkte —

Mitleid, sondern vielleicht ein Angriff gegen ein fremdes Gut, der ihr Schadenfreude gewährt. Aus demselben Grunde, Schadenfreude zu genießen, schaut sie auch die Hefte ihrer Mitschülerinnen an. In ihrer Schadenfreude erlebt sie ihre Überlegenheit, mehr und größer zu sein als die anderen. Wenn es ihr gelingen würde, daß sie tatsächlich immer triumphiert, dann wäre für ihr Leben noch nichts getan. Sie wird kaum Menschen finden, die ihr diese Möglichkeiten darbieten. Man muß eingreifen, um das Übel an der Wurzel zu fassen. Man muß dem Kinde den Irrtum klarmachen, in dem es sich befindet. Man muß ihr zeigen, daß in ihr ein maßloser Hang besteht, immer an der Spitze zu stehen, und wenn es ihr auf der nützlichen Seite nicht gelingt, dann trachtet sie, sich auf der unnützlichen Seite geltend zu machen (andere zu molestieren, tyrannisieren usw.). Diese Erklärung soll man nicht mit Vorwurf machen, denn dann wird sie wieder kämpfen. Solche Kinder haben am Schlusse einer derartigen Unterredung eine Stimmung: „Jetzt mache ich es justament doch!" Sie wollen zeigen, daß sie doch die stärkeren sind. Ich glaube nicht, daß man ihre Fehler mit einer Unterredung beseitigen kann. Ein fremder, von ihr ganz unabhängiger Mensch sollte ihr einmal freundlich einen Wink geben und ihr zeigen, was in ihr vorgeht. Sie weiß, daß die Mutter sie verteidigt und nimmt die Drohungen, sie aus dem Haus zu geben, nicht ernst. Als gescheites Kind kennt sie die Grenzen, die einem Lehrer gezogen sind und weiß, daß man nicht bis zum äußersten gehen wird.

Wir hören, daß die Eltern und Geschwister sie gerne haben, trotzdem quält sie dieselben und ist durchaus nicht freundlich. Sie will die anderen unterwerfen, das gelingt aber bei den Geschwistern nicht ganz, und sie ersetzt das durch ihre Angriffslust. In allen Punkten finden wir denselben Rhythmus und denselben Aufbau. Drohungen der Mutter sind ganz verfehlt, mit Barschheit kommt man bei diesem Kinde nicht zum Ziel. Sie weiß, daß der Vater unter allen Umständen auf ihrer Seite steht. Der Vater wird an ihrer Verzärtelung nicht allein schuld sein, denn immer wird die Schuld von einem Familienmitglied auf das andere geschoben. Es ist notwendig, daß man den Eltern Winke gibt, daß das Kind eigentlich unschuldig ist, da das Kind heute ein fertiger Mensch ist und ihr Lebensstil schon in der frühesten Kindheit fixiert wurde. Eine Änderung ist nicht zu erwarten, solange sie an ihrem Ziele festhält, immer die Erste zu sein, immer im Mittelpunkt zu stehen.

Der beste Weg ist, dem Kinde einmal ein Licht aufzustecken

und auch der Mutter einen Wink zu geben, daß sie gelegentlich das Kind darauf hinweist, daß es bei jüngsten Kindern oft vorkommt, daß sie immer im Vordergrund sein wollen.

Dr. A. (Rat an die Eltern): Sich nicht mit dem Kinde in einen Kampf einzulassen, denn man zahlt gewöhnlich drauf, weil die Kinder die Stärkeren sind. Man möge nur freundlich mit ihr reden und ihr, wenn sie wieder herrschen will, sagen, das komme bei jüngsten Kindern häufig vor und sei nichts Besonderes. Man sollte dem Kinde erklären, woher das kommt bei ihr, daß sie einen ihr selbst unbekannten Drang hat, immer im Mittelpunkt zu stehen.

Rat an die Lehrerin: Mit einem verständnisvollen Lächeln die etwaigen Rückfälle zu bemerken und das Kind aufmerksam zu machen: „Ich glaube, du willst wieder im Mittelpunkt stehen."

Dr. A. zu dem Kinde (das Kind weint fortwährend): Möchtest du die beste Schülerin sein? Du machst ja vieles sehr gut. Du bist ja ein gescheites Mädchen. Das eine mußt du dir nur abgewöhnen, daß du immer willst, daß man sich mit dir beschäftigt. Du bist die Jüngste und willst immer zeigen, daß du der Herr sein willst. Das kommt bei jüngsten Kindern oft vor, du kannst nichts dafür, das kennen wir schon. Schau, du schreibst gut, kannst gut turnen, mußt du denn mit den Mäderln herumkutschieren? Du hast ja einen guten Vater, eine gute Mutter, du könntest doch zufrieden sein, mußt du denn alleweil deine Nase vorstrecken? Ich sage dir, das Weinen ist ganz überflüssig, du bist doch nicht zur Strafe hier, sondern damit du weißt, wo deine Fehler stecken. Du willst immer zeigen, daß du der Herr im Hause bist. Das ist nicht notwendig. Du weißt doch gerade so viel wie die anderen. Du solltest den Menschen in die Augen schauen, das zeigt, daß du ein gutes Gewissen hast. Sage: Ich will nicht regieren, ich will nicht unangenehm sein, ich will der Mutter keine Fleißaufgabe geben, daß sie sich immer mit mir beschäftigen muß. Schau, daß sie eine Freude hat, es wird schon gehen, du wirst dann denken, wenn ich auch die Kleinste bin, hat mich doch ein jeder gerne. Was glaubst du, wirst du das zusammenbringen, oder willst du auch weiter immer zeigen: Da bin ich!

Komme in einem Monat wieder!

X. Kapitel.

Gehaßtes Kind.

„Hans ist ein Achtmonatekind, unehelich."

Mit der ersten Behauptung muß man vorsichtig sein. Ein Achtmonatekind ist von einem Neunmonatekind nicht ganz leicht zu unterscheiden, und es ist nicht immer sicher, ob diese Diagnose zutrifft. Ich möchte vermeiden, daß das Kind etwas davon erfährt. In Wirklichkeit macht es gar nichts aus.

„Mit neun Monaten ist er schon gelaufen und mit einem Jahr begann er zu plappern. Die ersten Zähne kamen mit zwölf Monaten."

Die sollten schon im sechsten Monat kommen.

Die folgenden regelrecht. Bisher hatte er Masern. Sonst kann die Mutter keine Auskunft geben, denn er war in Pflege. Der Kindesvater war damals Kellner, lebt jetzt außerhalb Wiens und zahlt den Pflegeeltern Alimente. Näheres über seine Verhältnisse weiß die Mutter nicht. Der Vater war grob und roh, Alkoholiker. Die Kindesmutter hat Lungenspitzenkatarrh, sonst ist, laut Aussage der Mutter, keine erbliche Krankheit in der Familie."

Wir wissen, daß die Hereditätsverhältnisse bezüglich geistiger Eigenschaften nicht ernst zu nehmen sind.

„Die Kindesmutter ist mit einem Hilfsarbeiter verheiratet. Sie führen angeblich ein gutes Eheleben. Aus dieser Ehe stammen zwei Kinder, von denen eines einjährig gestorben ist, das andere, ein dreijähriger Junge, lebt.

Hans kam zu Pflegeeltern nach K. Der Pflegevater ist Installateur der Gaswerke, Alkoholiker und roh bis zum Exzeß. Die Pflegeeltern haben einen jetzt 17 jährigen Sohn und ein 2 jähriges Mäderl. Ersterer lebte mit Hans nicht gut, neckte, reizte, höhnte, puffte und prügelte ihn bei jeder Gelegenheit. Der Kleine hat das schlechteste Beispiel, besonders wenn der Pflegevater betrunken ist, geht es wüst zu. Er verprügelt Frau und Kinder, — den Kleinen soll er wie einen Ball herumgeworfen haben."

Sie wissen, was es heißt, „gehaßtes Kind" zu sein.

„Daß diese Eindrücke beim Kind tief eingeprägt sind, konnte ich mich gelegentlich selbst überzeugen. Ich ermahnte einen Jungen in der Sandkiste: Gib auf deine Hose acht, sonst schimpft deine Mutter. Antwortet der Hans: Der Pflegevater hat auch immer die

Pflegemutter und mich geschimpft, geschlagen hat er uns auch, manchmal mit dem Riemen und dann hat die Mutter geweint."

„In Trunkenheit spielen sich auch alle Intimitäten des Ehelebens vor Hans ab. Im Zusammenhang damit steht die Aussage der Mutter, daß der Kleine mit seinem Glied spielt."

Das sind Erscheinungen, die bei Kindern außerordentlich häufig vorkommen.

„Die Mutter schilderte mir eine Szene, wie sie ihn mit dem dreijährigen Bruder im Bett findet, mit seinem und des Bruders Glied spielend, Hans keuchend und in größter Erregung. Auch seine Ausdrücke in dieser Richtung sind erschreckend. Ich habe beobachtet, daß Hans zur Tierquälerei neigt: Er sucht auf den Fenstern eifrig nach Fliegen und Käfern, um sie zu zerdrücken. Einmal finde ich Hans, wie er ruhig sitzt und sich etwas eifrig um den Finger wickelt. Bei näherem Zusehen merke ich, daß es ein Regenwurm ist, den er schon übel zugerichtet hat und gar nicht hergeben will."

Die Tierquälerei ist bei ihm eine feindliche Stellungnahme zu schwachen Lebewesen. Er sieht die Welt als eine feindliche.

„Seit April laufenden Jahres ist der Kleine bei der Kindesmutter, hat aber unterdessen seine Umgebung geändert. Während die Mutter vier Wochen im Spital war, befand sich Hans in der Übernahmestelle in G. und zwei Tage in Privatpflege. Am 25. IX. tritt er in den Kindergarten ein. Er ist körperlich verwahrlost, ist sehr schmächtig, zeigt sonst keine körperlichen Abnormitäten, sein Körper war mit Ausschlag bedeckt, der Kopf voll Ungeziefer. Der Kleine wird vom Kindergarten aus auf die Klinik geführt, der Mutter eine Behandlungsmethode vorgeschrieben, die sie nicht genau einhält; daher macht die Heilung geringe Fortschritte. Die Mutter macht kein Hehl daraus, daß sie den Kleinen nicht gern hat."

Ein gehaßtes Kind: Illegitim.

„Bei meiner ersten Aussprache mit ihr sagte sie: seien Sie nur streng mit ihm, ich strafe und schlage ihn auch, und scharf muß man ihn anschreien, sonst folgt er gar nicht; er ist das gewöhnt, so hat man es bis jetzt mit ihm gemacht, und dann ist er ja unehelich, ich hatte ihn bis jetzt außer Haus."

Es klingt so, als ob er daran schuld wäre, daß er illegitim ist.

„Vor mir hat er Respekt, meinen Mann hat er viel lieber wie mich, wenn ich in die Nähe komme, fängt er gleich zu weinen an. Das Kind macht mir fast ununterbrochen zu schaffen, er ist unstet und unruhig und stört den ganzen Betrieb. Die Stille beim Arbeiten oder Essen wirkt auf Hans besonders aufreizend. Er stößt kurze Schreie aus, klopft mit den Füßen, schiebt den Sessel lärmend herum oder haut auf den Tisch, um die Aufmerksamkeit auf sich zu lenken."

Das ist beinahe unwahrscheinlich. Es wäre nur in einem Fall denkbar, wenn er bei dem Geschlagenwerden oder wenn er Angst hat, sexuelle Erregungen hat. Solche Kinder lenken absichtlich Schläge auf sich. Wir wissen, daß der Junge sexuell irritiert ist, so könnte es der Fall sein, daß er zu solch einem Typus gehört.

„Wenn ich ihn zur Ruhe mahne, lacht er mich an und macht weiter Lärm. Wenn ich ihm keine Beachtung schenke, so stachelt es ihn an, den Unfug um so ärger zu treiben. Er wirft sich ohne Anlaß zu Boden und weint manchmal ohne Grund."

Es scheint so, wie wenn er provozieren wollte; er weiß doch ganz gut, was er bekommt.

„Seine Widersetzlichkeit gibt in der Gruppe ein schlechtes Beispiel. Z. B.: Ich gebe an alle Kinder einen Befehl, der selbstverständlich ist, da schreit Hans laut: Nein, oder I tu's nicht."

Das ist die kämpferische Stellung, er weiß nicht, daß es auch Menschen gibt, die freundlich zu ihm stehen.

„Ich behandle sein Revoltieren anders als bei andern, aber es sind Elemente darunter, die sich das zunutze machen und glauben, dasselbe tun zu können."

So ein Benehmen wirkt manchmal ansteckend. Besonders wenn es Kinder sind, die ein starkes Minderwertigkeitsgefühl haben und nach Geltung streben. Die Kinder streben nach Gleichheit. Sie haben wahrscheinlich schon beobachtet, daß, wenn in einer Schule ein Kind ohnmächtig geworden ist, dann auch drei andere ohnmächtig werden.

„Gemeinschaftsgefühl ist nicht vorhanden. Er reizt die anderen Kinder, nimmt ihnen Spiel- und Beschäftigungsmaterial weg, obwohl er das gleiche hat. Er stößt, kratzt, schlägt die anderen ohne Anlaß."

Er benimmt sich wie ein Feind.

„Die Begriffe dein und mein sind dem Kinde ganz unklar."

Diese Begriffe können nur klar sein, wenn man Interesse für die anderen hat.

„Ein Beispiel: Hans nimmt dem Rudi ein Pfeifchen weg; Rudi kommt klagen. Ich lenke ein und rede ihm gut zu, dem Hans das Pfeifchen ein wenig zu leihen. Schließlich besteht der Rudi doch auf seinem Recht. Ich winke den Hans zu mir, aber er läuft in den äußersten Winkel des Gartens. Wie er dann doch in meine Nähe kommt, wirft er sich auf den Boden; ich sage ihm ruhig: steh auf und gib das Pfeifchen zurück, jetzt will der Rudi auch ein bißchen pfeifen, später wird er es dir leihen. Meine Worte bewirken, daß er zu schreien und zu strampeln beginnt und nach mir schlagen will. Da sich das Ganze im Garten abspielt, hat sich eine Menge Kinder auch von anderen Gruppen angesammelt. Da mein Zureden nichts hilft, hebe ich ihn auf und trage ihn hinein. Nach einiger Zeit beruhigt er sich, und ich bemühe mich, ihm klarzumachen, daß es ihm auch nicht recht wäre, wenn ihm etwas weggenommen würde. Die Reaktion der Szene war ganz unerwartet: seine Zähne klapperten wie im Schüttelfrost, er wich mir die restliche Zeit des Betriebes nicht mehr von der Seite, nahm mich zutraulich bei der Hand, die er mir einige Male küßte. Nachträglich erfuhr ich gesprächsweise von der Mutter, daß die Pflegeeltern dem Kind jedes Geschenk weggenommen haben und er nichts zurückbekommen hat."

Diese Szene ist sehr auffällig, daß er sich hier so untertänig, so dankbar benimmt. Das Pfeifchen wurde ihm doch weggenommen, es ist nicht einzusehen, wofür der Junge dankbar sein sollte. Vielleicht war er auch in dieser Szene sexuell erregt. Oder vielleicht war er dankbar, daß er nicht geschlagen wurde.

„Eine der größten Schwierigkeiten, worunter auch die kleinen Kameraden sehr leiden, ist die Ruhestunde. In der Stille wird er ganz unmotiviert aufschreien, aufspringen, mit dem Bettchen klopfen und laute Selbstgespräche führen. Dadurch werden Kinder, die im Begriff sind, einzuschlafen oder schon schlummern, wieder geweckt."

Er benimmt sich wie der böse Feind.

„Die Mutter gibt darüber folgende Auskunft: Bettgenäßt hat der Hans nie, schnarchen tut er selten. Er schläft mit dem Vater und liegt gern bei ihm."

Das würde die Vermutung bestätigen, daß er sexuelle Irritation hat.

„Um 8 Uhr kommt Hans ins Bett. Er schläft unruhig, keucht und atmet zeitweise schwer. Um 1 Uhr erwacht er regelmäßig und will nicht mehr schlafen. Die Eltern wenden alles mögliche, meist Schläge, an, um ihn wieder zum Schlafen zu bringen. Wenn er mittags zu Hause ist, liegt er mit dem Bruder, jeder nach einer anderen Stelle, im Bett, und nach ein paar Hieben schläft er ein. Das ist wieder ein Beweis, wie verprügelt das Kind ist und auf keine Weise zugänglich. Ich habe versucht, das Kind durch Lob seiner kleinsten guten Leistung günstig zu beeinflussen. Er reagiert momentan darauf, aber es spornt ihn nicht an, seine Leistung zu verbessern.

In den ersten Tagen seiner Anwesenheit im Kindergarten habe ich beobachtet, daß er, trotzdem er in einiger Entfernung gestanden ist, sein Spiel unterbrochen hat, als ich ein anderes Kind liebkost habe."

Wir müssen nicht vergessen, daß er in einer Situation ist, die er schon öfters erlebt hat, mit seinem jüngeren Bruder, der besser behandelt wird als er.

„Er ist wie erstarrt gestanden und hat kein Auge von mir gewandt. Am nächsten Tage habe ich in seiner Nähe dasselbe absichtlich wiederholt; wieder steht Hans wie gelähmt und starrt uns an, und ich sehe, welch tiefen Eindruck das auf ihn macht. Meine Bemühungen, seine Liebe zu erringen, haben wenig Erfolg. Dies hängt vielleicht mit seiner Konzentrationsunfähigkeit zusammen. Der Mangel an Konzentration zeigt sich in seinem ganzen Handeln."

Sie sehen wieder, daß seine Funktionen mangelhaft entwickelt sind, weil er die Verbindung nicht sucht.

„Er ist sprunghaft und zerfahren in seinen Reden; er kehrt aus, nach einigen Besenstrichen dreht er sich um und beginnt die Puppen aus dem Puppentheater herauszuschlagen; selbst beim Essen machte sich dies anfangs sehr bemerkbar, eine regelrechte Mahlzeit, sitzend und in Ruhe eingenommen, ist ihm ungewohnt. Beim An- und Auskleiden ist er unselbständig. In den letzten Tagen bemerke ich, daß er zwischen Recht und Unrecht unterscheiden lernt, denn er kommt diejenigen Kinder verklagen, die sich in irgend einer Weise verfehlen."

Er sucht den Zugang zu der Lehrerin.

„Ich bin mir nicht ganz klar darüber, ob dem Vertratschen die Absicht nicht zugrunde liegt, das Kind bestraft zu sehen.

Hans geht gern in den Kindergarten. Die Mutter sagt, daß er an Sonntagen immer in den Kindergarten verlangt. Eine besondere Aufregung vorher zeigt sich nicht. In den ersten Tagen wollte er nicht nach Hause gehen."

Ein Zeichen, daß er sich im Kindergarten besser fühlt. Ich zweifle nicht, daß er auf diesem Wege Fortschritte erreicht.

„Er weinte laut und warf sich in der Garderobe nieder, und nur durch gütiges Zureden und die Aussicht, daß er morgen wiederkommt, konnte ich ihn bewegen, aufzustehen und mit einem Mädchen aus der Nachbarschaft, deren Bruder auch im Kindergarten ist, nach

Hause zu gehen. Die Angst vor ‚zu Hause' äußert sich jetzt nicht mehr so kraß, aber wenn die Zeit des Abholens kommt, ist er unruhig und sieht verstört aus."

„Hans macht den Eindruck eines aufgeweckten Jungen. Er faßt in seiner Art gut auf, und der Wille zur Betätigung ist vorhanden. Er ist freigebig, z. B. er gibt mir von seinem Gabelfrühstück eine Pflaume, bald darauf kommt er, er gibt mir eine zweite und sagt: da hast noch eine, damit du zwei hast. Auch sonst möchte er von dem, was er hat, gerne geben."

Das sind Zeichen, daß er anfängt, Gemeinschaftsgefühl zu bekommen. Es dauert eine Zeitlang, bis so ein Kind warm wird, es geht nicht sofort, man muß Geduld haben, und dann kann man weitere Schwierigkeiten überwinden. Ich möchte die Mutter fragen, ob er die Prügel nicht provoziert. Ich darf das selbstverständlich ihr nicht suggerieren. Ich werde versuchen, ihr freundlich nahezulegen, daß sie dem Kind ein Gefühl der Gleichwertigkeit beizubringen hat.

XI. Kapitel.

„Einziges Kind, das eine Rolle spielen will".

Lehrer S. berichtet über einen 11 jährigen Jungen, „der sehr unverträglich ist, den Unterricht fortwährend stört. Er hat seiner Mutter 50 Gr. weggenommen. Die Hauptklage besteht darin, daß er mit anderen Kindern nur zusammen sein kann, wenn er sich mit ihnen rauft, immer eine führende Rolle spielt. Er ist ein einziges Kind.

Seine Schulleistungen sind mittelmäßig, er scheint intelligent zu sein.

Über Familienverhältnisse usw. ist nichts bekannt."

Verzärteltes einziges Kind. Wegen übermäßiger Sorgfalt kommt dieser Junge zu wenig in Kontakt mit anderen Kindern, so daß sein Gemeinschaftsgefühl nicht genügend entwickelt wurde. Ich möchte mit der Mutter sprechen.

Die Mutter gibt an, „daß der Junge ganz gute Seiten hat, aber sich von den anderen Jungen beeinflussen läßt. Er hat Zeiten, wo er überhaupt nicht folgt. Die Buben erzählen ihr, daß der Junge sich ihnen gegenüber geäußert hatte: ‚Ich will nicht machen, was meine Mutter mir sagt!' Er lügt sie öfters an und sie bestraft ihn für seine Lügen. Ihre Hand „rutscht manchmal aus", und sie bestraft ihn auch in der Weise, daß sie ihm etwas, was er lieb hat, entzieht. Einige Zeit war er bei Kosteltern, wo es ihm gut gegangen ist, zu Hause geht es ihm noch viel besser, es fehlt ihm nichts. Früher, wenn sie ihn bestraft hat, bat er sofort um Verzeihung, heute trotzt er oder gibt eine schnippische Antwort. Er möchte gerne den Herrn im Haus spielen, hat eine Neigung zum Prahlen. Der Mann, mit dem sie verehelicht ist, ist nicht sein Vater, aber er ist sehr gut zu ihm, und der Junge weiß es nicht, daß er nicht sein Vater ist. Wenn der Vater zu Hause ist, benimmt er sich noch viel schlechter, weil jener zu gut mit ihm ist. Die Lehrer sagten, daß sie ihn streng halten solle. Freunde hat er keine, weil er sich mit ihnen nicht vertragen kann. Er ist herrschsüchtig, die Buben lieben ihn nicht. Seine Aufgaben macht er ganz allein.

Vorige Woche haben ihr 50 Gr. aus der Börse gefehlt. Sie zog ihn zur Verantwortung, er leugnete, das Geld genommen zu haben, aber sie hatte es bei ihm gefunden. Sie konnte nicht erfahren, warum er das Geld genommen hat.

Er tauscht und sammelt sehr gerne verschiedene Sachen, Papier, Bilder, Bleistifte usw. Sie bat ihn, mit dem Tauschen aufzuhören und versprach ihm als Ersatz hierfür jede Woche etwas Taschengeld zu geben. Er zeigte darüber eine riesige Freude. Sonst ist der Junge brav, hilft ihr gerne und ist ganz selbständig.

Bezüglich seiner Träume erzählt sie, daß er einmal, als sie mit einem Schiff nach Preßburg gefahren sind, einen Angsttraum hatte, und zwar so lebhaft träumte, daß er oben an Deck aufgefunden wurde. Er hatte nämlich geträumt, daß er am Rauchfang sitze und in einer Angst war, von dort herunterzufallen. Man fand ihn, wie er sich krampfhaft festhielt. Der Junge äußert seinen Wunsch, Kapitän oder Pilot zu werden, und bemerkte einmal: ‚Das ganze Schiff regieren, das wird mich einmal freuen.‘

Er ist sehr sparsam. Sie beklagt sich hauptsächlich über seine Lügenhaftigkeit und Unverträglichkeit, — und als Strafe hierfür wendet sie öfters Schläge an.“

Diskussion mit der Mutter.

Daß er 50 Gr. gestohlen hat, ist nicht einmal so arg, darüber sollen sie mit ihm überhaupt nicht sprechen. Sie haben es ganz richtig gemacht, daß Sie ihm ein wenig Taschengeld geben. Wenn er weiß, daß er ständige Einkünfte hat, wird er sich sehr beruhigen. Ich möchte versuchen, ihn überhaupt nicht zu schlagen. Der Bub glaubt, mit seinem Lügen und Prahlen die Aufmerksamkeit auf sich zu lenken und so in den Mittelpunkt zu kommen. Es wäre ganz gut, wenn Sie die ganzen Strafprozeduren bei ihm ändern und abbauen würden. Dann müßte man schauen, daß er auch ein bißchen an die Zukunft denkt und ihm erklären, daß Kapitän in dem prahlenden Sinne, wie er es sich vorstellt, kein ernster Beruf ist. Lassen sie ihn allein arbeiten, schauen Sie, daß er recht selbständig wird, ich möchte ihn nicht mehr bemuttern. Er ist daran gewöhnt, daß Sie immer hinter ihm her sind. Lassen Sie ihn, wenn er Lust hat, Turnen lernen, damit er dort mit den anderen Kindern zusammen ist. Ich würde ihn das fühlen lassen, daß er kein Kind mehr ist, dann wird er sich mehr zutrauen. Er hat das Gefühl, daß er beengt ist, deshalb ist diese Sache auch vorgekommen, er möchte das Gefühl haben, daß er groß ist, er möchte fühlen, daß er eine Rolle spielt.

Dr. A. (zu den Zuhörern, nachdem die Mutter sich entfernt hat): Dieser Junge ist ein Kind, das gerne eine Rolle spielen möchte, aber von der Mutter darin beengt wird.

Dr. A. (zu dem Jungen): Guter Rechner! Was willst du einmal werden?

Kind: Kapitän auf einem großen Meeresdampfer. Ich möchte nach Hamburg fahren.

Dr. A.: Du müßtest erst ein Schiffsjunge sein. Wie alt mußt du sein, bis du nach Hamburg fahren kannst?

Kind: 20 Jahre.

Dr. A.: Es geht schon mit 15—16 Jahren. Bis dahin, bis man Kapitän werden kann, muß man vieles wissen.

Warum hast du diesen Beruf so gerne? Warst du schon auf einem Schiff? Was gefällt dir so gut?

Kind: Daß der anschaffen kann.

Dr. A.: Wo schaffst du denn jetzt an? Warum schaffst du bei der Mutter nicht an oder in der Schule?

Kind: Ich tue bei den Kindern anschaffen.

Dr. A.: Wenn du Kapitän sein willst, dann mußt du auch mit Verstand anschaffen, daß jeder sagt, es ist recht. Aber bei den Kindern in der Schule bist du ja kein Kapitän, es geht ja nicht, daß du dort anschaffst. Wozu man in der Schule anschaffen muß, das verstehe ich nicht. Du wirst deswegen sicher keinen Freund haben. Die Kinder haben recht, sie sind nicht dazu da, daß sie mit sich anschaffen lassen. Anschaffen kannst du später, jetzt sei freundlich, schau, daß du gute Freunde kriegst. Der Kapitän ist auch freundlich mit den Passagieren. Er muß auch etwas anderes können wie anschaffen. Er muß auch Freunde haben. Wenn die anderen ihn nicht gerne haben, ihn vielleicht hassen, werden sie ihm nicht folgen. Du mußt lernen, dich mit den anderen Kindern freundlich zu verhalten. Mit dem Anschaffen, das ist so eine Prahlerei. Du tust gerne tauschen, kaufen. Du spielst dich gerne auf. Du möchtest nur immer haben, daß man auf dich schaut wie auf einen Kapitän.

Erinnerst du dich an etwas, wie du noch ein ganz kleines Kind warst?

Kind: Ich habe einmal gesehen, wie man eine Glocke auf den Turm hinaufgezogen hat. Ich war vielleicht 3—4 Jahre alt.

Dr. A.: Es hat dir gefallen?

Kind: Es hat mir gefallen, wie sich die Leute angehängt haben.

Dr. A.: Es hat dir gefallen, wie man höher kommt.

Ich möchte, daß du Freunde hast. Möchtest du nicht in einen Hort gehen? Vielleicht läßt dich die Mutter auch Turnen lernen. Alles kann man lernen. Du könntest deine Aufgaben im Hort machen, das wäre ganz lustig.

Was willst du mit dem Geld machen, das du dir ersparst?

Kind: Wenn ich einmal in Not bin, daß ich was habe.

Dr. A.: Fürchtest du dich denn, daß du in Not sein wirst? Daß du herunterfällst? Wenn du fleißig bist, ist es das beste Mittel, nicht in Not zu sein. Du weißt ja, Geld zu haben, ist nicht die größte Sicherheit. Prahlst du auch?

Kind: Ja.

Dr. A.: Das solltest du dir abgewöhnen. Wenn man Kapitän sein will, muß man nicht lügen. Die Mutter, der Lehrer haben dich gern; wenn du gut lernst und ein ordentlicher Mensch wirst, kannst du alles werden. Wenn du Kapitän sein willst, mußt du einen guten Grund legen.

In einem Monat komm wieder her und erzähle mir, ob du schon Freunde hast, ob du nicht mehr störst, und ob du noch immer anschaffen willst.

XII. Kapitel.

Ältestes entthrontes Kind.

„Ich habe zwei Knaben im Alter von 7 und 9 Jahren. Was das Lernen des Jüngeren anbetrifft, kann ich noch kein richtiges Urteil fällen, weil er erst die erste Klasse besucht.“

Wir sehen hier zwei Jungen, einen älteren und einen jüngeren. Alle Kinder einer Familie wachsen in verschiedenen Situationen auf. Man kann nicht annehmen, daß sie in derselben Situation aufwachsen. Der Ältere ist zwei Jahre allein, offenbar, wie bei Kindern, die die ersten sind, der Mittelpunkt der Aufmerksamkeit und verzärtelt. Das ganze Haus steht ihm zur Verfügung. Auf einmal kommt ein zweites Kind, seine Situation ist vollkommen verändert. Er hat eine Übung, ein Training durchgemacht, über alles verfügen zu können. Wie ein Herrscher. Auf einmal richtet sich die Aufmerksamkeit der Mutter auf dieses nächste Kind. Sie hat nicht mehr so viel Zeit für das erste Kind wie bisher. Da es nicht so leicht ist, ein solches Kind auf die Ankunft eines zweiten Kindes vorzubereiten, so werden wir sehen, daß es tatsächlich nicht richtig vorbereitet ist. Es steht vor einer schwierigen Testprüfung. Viele können sich vor Eifersucht nicht fassen, beginnen einen wütenden Kampf, um die Eltern zu sich heranzuziehen, um die günstigere Situation wieder herzustellen. Das zweite Kind hat wieder eine andere Situation, es ist nie allein. Er hat einen, dem er nachlaufen kann, nachlaufen will, den er erreichen will. Ein Kind sagte einmal: „Ich bin so traurig, daß ich niemals so alt sein kann wie mein älterer Bruder“ (Esau und Jakob).

Der ältere Junge erlebt mit der Geburt eines jüngeren eine Tragödie. Wenn wir nun hören sollten, daß dieser Junge sich immer fürchtet, daß ihm der zweite nachkommt, ihm über den Kopf wächst, wenn wir hören, daß er die Hoffnung verliert, dann werden wir begreifen, daß es die Folge ist seiner Mechanisierung. Eine Inschrift, die in seiner Seele besteht, lautet: „Auf einmal kommt ein anderer und schnappt einem alles weg.“ Die Haltung der Kinder wird verschieden sein, es hängt davon ab, 1. wie weit der Lebensstil eines solchen Kindes fertiggestellt ist, ob er schwer oder leicht zu besiegen sein wird, 2. wie sich das zweite Kind verhält, 3. wie sich die Eltern verhalten und 4. wie sie das ältere Kind vorbereitet haben, wie sie sein Gemeinschaftsgefühl auf andere ausgebreitet haben. Das sind bedeutungsvolle Tatsachen, die wir ins Auge fassen müssen.

Wie werden nun hören, wie sich dieser Junge entwickelt:

„Hingegen der Ältere ist nach meiner Ansicht lernfaul."

Das ist die zögernde Bewegung, wir können daraus deduzieren, daß er nicht glaubt, daß er weitergehen kann, er hat den Mut verloren. Er weiß: auf der nützlichen Seite wird es nicht mehr gehen. Er wird sein Streben nach Geltung auf der unnützlichen Seite geltend machen. Faulheit bedeutet: „Er gibt mir zu schaffen, mit dem muß ich mich beschäftigen." Er hat auf eine sonderbare Art erreicht, wonach er gestrebt hat: mehr Aufmerksamkeit auf sich zu lenken, die anderen mehr mit sich zu beschäftigen. Lernfaul ist eine Distanz zur Lösung der Aufgaben, eine zögernde Bewegung. Wenn Sie einmal den mechanisierten Lebensstil von faulen Kindern betrachten, werden Sie sehen, das ist nicht das Verhalten eines Kindes, das sich etwas zutraut. Sie sagen oft: „Ich halte mich nicht für dümmer wie die anderen, aber es interessiert mich nicht." Wenn er einen Erfolg erwarten möchte, wäre er nicht faul. Faulheit ist die Form einer niedrigen Selbsteinschätzung. In dieser Faulheit ist das Streben, zur Geltung zu kommen. Faule Kinder stehen meistens im Mittelpunkt des Interesses. Sie haben eine Fleißaufgabe: die Umwelt dazu zu bringen, sich mit ihnen viel mehr zu beschäftigen. Wir würden uns nicht wundern, wenn so ein fauler Junge, wenn man ihn fragt, warum er so faul ist, uns antworten würde: „Sehen Sie, ich bin der faulste Junge in der Klasse, aber sie sind immer mit mir beschäftigt und sind immer gut und lieb mit mir. Mein Nachbar ist sehr fleißig, und um den kümmern sie sich gar nicht." Er genießt den Vorteil seiner Faulheit. Rotschild denkt auch nicht daran, wieviel Geld er hat, es genügt ihm, daß er hat.

Wenn er eine kleine Leistung macht, wird er gleich gelobt, wenn er etwas nicht leisten kann, dann hört er: „Wenn du nicht faul wärest, dann könntest du der Beste sein." Es ist wunderbar, zu beobachten, wie so ein faules Kind zufrieden sein kann mit dem Gefühl, daß er der Beste sein könnte. Er will nicht einmal die Probe machen. Hier zeigt sich wieder sein Streben nach Überlegenheit auf der unnützlichen Seite.

„Alle Ermahnungen, gütiger oder strenger Natur, fruchteten bis jetzt nicht."

Der Junge weiß nicht, was in ihm vorgeht, er handelt ja nach seinem Lebensstil. Er ist wie in einer Falle. Daß er sich ermahnen läßt, das sind nur Zeichen, daß er wirklich im Mittelpunkt stehen will. Manche Kinder wollen gerne geschlagen werden, sie erleben dadurch einen Triumph, daß sie den Vater geärgert haben. Manche Kinder finden im Geschlagenwerden einen Genuß, eine Freude, die manchmal einen sexuellen Inhalt hat.

„Er verspricht nur, immer fleißiger zu werden,"

Da sehen Sie: „Ich will!"

„trifft aber keine Anstalten dazu. Beim Aufgabenschreiben läßt er sich von jedermann und durch alles ablenken."

Er glaubt ja, durch seine Aufgaben nicht zur Geltung kommen zu können. Er hat einen anderen Weg.

„Alles andere interessiert ihn, nur seine Aufgabe nicht. Um ihm das Lernen zu erleichtern, habe ich ihm befohlen, mir alle Abende zu berichten, was er tagsüber in der Schule gelernt hat."

Wir sehen: Er ist wieder im Vordergrund. Er spricht jeden Abend mit dem Vater, mit dem lieben Gott!

„Wenn ich abends nach Hause komme, meldet er sich nicht, um sein Versprechen einzuhalten."

Der Vater muß sich selber daran erinnern.

„Erst nachdem ich ihn direkt gefragt habe, antwortet er: ‚Ich weiß es nicht.'"

Wir wissen, er glaubt, dort wird er nicht zur Geltung kommen. Wir müssen ihn ermutigen und ihm die Möglichkeit zeigen, daß er auch bei dem Aufgabenmachen in den Vordergrund kommen kann, wenn er sich bemüht.

„Unterrichtssprache und Rechnen sowie auch Schreiben sind die Gegenstände, die ihm am schwersten fallen und die er auch am meisten haßt."

Vielleicht ist ein weiterer Baustein zu seinem schweren Minderwertigkeitsgefühl, daß er ein Linkshänder ist. Das wäre wichtig zu erfahren. Ich möchte Sie darauf aufmerksam machen, daß man unter schlechten Rechnern meistens solche Kinder findet, die verzärtelt worden sind, die eine Stütze suchen. Bei allen Gegenständen gibt es eine Erleichterung. Beim Rechnen gibt es nichts, dort muß einer selbständig arbeiten, selbständig überlegen. Verzärtelte Kinder zeigen sich meistens im Rechnen mangelhaft vorbereitet.

„Daß ihm diese Gegenstände wirklich verhaßt sind, beweist er mir durch die Unlust, mit welcher er sich zur Arbeit setzt. Für Naturgeschichte dürfte er mehr Interesse haben. Auch zeichnen möchte er gerne können, bringt aber nur schreckliche Karikaturen hervor, weil ihm offenbar das Talent fehlt."

Wahrscheinlich ist er ein Linkshänder!

„Er kann oft stundenlang sitzen oder liegen und ins Leere starren.“

Der größte Feind solcher Kinder, die eine niedrige Selbsteinschätzung haben, ist die Zeit. Der Junge hat einen Weg gefunden, er starrt ins Leere, damit geht die Zeit vorbei.

„Trotzdem er sehr viele Bücher zu lesen hat und schon mehrere angefangen hat, hat er kaum etwas ausgelesen.“

Keine Geduld, keine Standhaftigkeit! Niemand kümmert sich um ihn, er kann nichts von anderen erwarten.

„Er sucht sich Spielsachen, die er nach einiger Zeit unbefriedigt liegen läßt.“

Die soziale Seite dieses Kindes oder, richtiger, beider Kinder, ist keine glänzende, obgleich sie nicht nötig haben, Hunger zu leiden.

„Das Traurigste in dem Leben dieser Kinder dürfte wohl sein, daß sie tagsüber in einer Kinderheimstätte sind.“

Das ist eine gewagte Behauptung, wir wünschen, daß hier der richtige Gesichtspunkt herausgegriffen und der Junge ermutigt wird.

„Die Leiterin dieser Heimstätte hat einen persönlichen Haß auf meinen ‚großen‘ Jungen, weil sie klerikal ist und wir konfessionslos. Sie sagt mir, daß er lügt, hinterlistig und feige ist und nur deswegen so ist, weil er konfessionslos erzogen wird.“

Wir zweifeln nicht daran, daß diese Eigenschaften durch seine Hoffnungslosigkeit hervortreten. Ich muß gestehen, daß dieser konfessionslose Junge auch in einer klerikalen Heimstätte nur so gebessert wird, wenn er dort ermutigt wird. Wenn die Leiterin sagt, daß er nur deswegen so ist, weil er konfessionslos erzogen wird, dann wird sie kaum das richtige Verständnis dafür haben, den wunden Punkt aufzusuchen.

Der Vater sagt:

„Offen gestanden habe ich alle diese häßlichen Eigenschaften an ihm bemerkt. W ä h r e n d der Kleine alle diese schlechten Eigenschaften nicht hat und ihm überall nur alles Liebe und Gute nachgesagt wird, sagt man vom Großen alles Schlechte.“

„Während“ zeigt, was jetzt nun folgt, der Junge ist durch den Jüngeren in den Hintergrund gedrängt.

Ist das ein Zufall, daß der Ältere sich zum Schlechten und der Jüngere sich zum Guten wendet? Durchaus nicht. Der Ältere glaubt, durch den Jüngeren aus seiner früheren angenehmen Situation verdrängt zu sein, und je mehr er an Freundschaft und Liebe verliert, desto mehr verliert er an Mut. Das zweite Kind, das jetzt der Sieger ist, fühlt sich in einer angenehmen Situation und hat es nicht notwendig, sich unangenehm bemerkbar zu machen.

XIII. Kapitel.

Lügen als Mittel zur Erhöhung des Persönlichkeitsgefühls.

Ich habe diesmal Gelegenheit, Ihnen die Geschichte eines schwer erziehbaren Kindes vorzulegen, dessen Mutter einiges bereits aus unseren Vorlesungen gewußt hat. Sie werden sehen, wie sie diesem Problem gegenübersteht, wie weitreichend ihr Verständnis ist, wie sie mit darangeht, obwohl es ihr nicht als gar so leicht vorschwebt.

„Mein Sohn Philipp, 9 Jahre alt, ist, was man ein Sorgenkind nennt."

Das will wohl heißen, daß er ihr Sorge macht, daß er sie viel beschäftigt, daß er ein Benehmen zeigt, das nicht mehr in den Rahmen des Gemeinschaftsgefühles hineingeht. Wir hätten ja keinen Anlaß, Kinder zu erziehen oder uns den Kopf zu zerbrechen, wenn nicht das immer vorhandene Gemeinschaftsgefühl sich gegen Fehlschläge solcher Art auflehnen würde.

Wenn die Mutter sagt: „er ist nervös", das sagt nicht sehr viel. Gewöhnlich meinen die Leute, wenn sie „nervös" sagen, das Kind ist unruhig, schwer zu behandeln. Ich möchte darauf aufmerksam machen, daß das Allerwichtigste bei der Neurose eine besondere Empfindlichkeit ist, die sich nicht gerade als Empfindlichkeit äußern muß, sondern als Resultat in Erscheinung treten kann. So einen Fall haben Sie hier vor sich, und so werden wir sehen, daß das Resultat dieser Empfindlichkeit der Versuch ist, sich erhöhte Geltung zu verschaffen. Das ist das, was man in Amerika als „superiority complex" bezeichnet, in Anlehnung an die Individualpsychologie. Das ist aber schon die zweite Phase, das Resultat des „inferiority complex", des Gefühles der Minderwertigkeit. Sie können verstehen, daß zwischen beiden das Spiel einer übergroßen Empfindlichkeit abläuft, daß ein Kind, das so empfindlich ist, seine Lage als Niederlage empfindet. Infolgedessen wird es herausstreben, nach Kompensation streben, es wird Größengefühle erzeugen.

„Er ist furchtbar unruhig"

Hier haben Sie die Bestätigung dessen, daß er mit seiner Lage nicht zur Ruhe kommen kann.

„und lernt nichts."

Das ist durcheinander geworfen und auf einer anderen Linie zu verstehen und aufzuklären, d. h. er fühlt sich den Aufgaben der Schule nicht gewachsen, deshalb nimmt er sich dort keine Mühe.

„Dabei ist er aber gewiß nicht dumm, sondern überrascht manchmal durch sein Urteil."

Wir können das sehr gut verstehen. Wir haben vorausgesetzt, daß dieses Kind sich nur den Schulaufgaben gegenüber nicht stark fühlt. Es ist imstande, sich um andere Dinge zu bekümmern. Soweit wir bisher sehen, können wir diesen Jungen nicht zu den Mutigen zählen. Wir wissen, daß solche Kinder wenig Interesse für andere, aber viel Interesse für die eigene Person haben.

„Es entgeht ihm nichts, was auf der Straße vorgeht."

Ich glaube, an dieser Bemerkung würden andere moderne Psychologen ruhig vorübergehen. Wir werden den Verdacht zu erheben haben, daß es ein Junge ist, der Interesse für alles Sehbare hat. Das klärt manches auf. Wenn er sich nur für das Sehbare interessiert, so ist das ein Vorteil für den Anschauungsunterricht, aber er wird weniger geneigt sein, zuzuhören. Das ist für die Schule bedeutsam, daraus können sich viele Mißerfolge in der Schule erklären. Wir werden den Gesichtspunkt festhalten, daß er eines jener Kinder ist, die mit besonderer Betonung den Sehtrieb befriedigen. Wenn sie darüber nachdenken: was kann man damit anfangen, wenn man nur die Dinge anschaut? Nicht viel Fruchtbares, nicht viel, wobei sich das Gemeinschaftsgefühl betätigen kann. Sie werden ans Zeichnen, Malen denken, vielleicht an das größere Verständnis für alles Sehbare. Es ist nicht ganz leicht, wenn einer eine Seite des Lebens so sehr in den Vordergrund schiebt. Dann bleibt für die anderen Notwendigkeiten kein rechtes Interesse übrig und es kann sich auch kein Training entwickeln. Er ist für die Schule nicht richtig trainiert, er ist nicht schuldig. Aber er hat eine große Neigung für alles, was man sehen kann, für die äußeren Erscheinungen. Wenn wir auf dem richtigen Weg sind, dann können wir auch bei der mangelhaften Beschreibung seines Lebens auf Bestätigungen hoffen.

„Er merkt sich alles, was Große reden."

Die Betonung dieses Umstandes zeigt uns schon, welches Interesse er für das Große hat. Wir sehen darin, wie sich sein Streben nach Geltung, sein Begehren, auch groß zu sein, deutlich ausmalt.

„und bringt es an geeigneter Stelle sehr treffend an."

Wir werden einigermaßen über den Lebensstil dieses 9 jährigen Knaben informiert. Es fehlen noch Bestätigungen und Hinweise auf eine besondere Variante dieses Typus.

„Nun aber ist er feige,"

Das ist uns nichts Neues.

„er fürchtet sich vor allem und meidet jede Gefahr."

Das heißt, er traut sich nichts zu. Wir werden annehmen, daß die Mutter eine große Rolle spielt. Er ist nicht selbständig, er bemüht sich nicht, mit den Aufgaben fertig zu werden. Er hat kein Bestreben, sich zu stellen, aus dem Grunde, weil er bisher gewohnt war, daß die Mutter hinter ihm steht. An dieser Stelle werden wir mehr als alle anderen feststellen können, daß es sich um ein verzärteltes Kind handelt. Die verzärtelten Kinder spielen eine ungeheure Rolle und sind massenhaft zu finden unter schwer erziehbaren Kindern, Nervösen, Selbstmördern, Trinkern, Kriminellen, sexuell Perversen. Es ist dies eine so bedeutsame Tatsache, daß ich doch ein Wort darüber sagen muß, was wir unter Verzärtelung verstehen. Die Mütter sagen oft: von mir bekommt er oft einen Klaps. Sie meinen, daß sie damit dem Verdacht überhoben sind, verzärtelt zu haben. Wir verstehen darunter vor allem k e i n e sexuelle Beziehung. Es ist ein Kind, das seines selbständigen Funktionierens enthoben ist. Es ist ein anderer da, der für das Kind spricht, Gefahren sieht und sie ihm zu ersparen trachtet und der sich vom Kind ins Schlepptau nehmen läßt. Das Kind verfügt über eine zweite Person, es baut sein Leben auf in Symbiose mit einer zweiten Person. Ein solches Kind hat einen parasitären Zug, es versucht, alles, was es sich wünscht, mit Hilfe der Mutter zu erreichen.

„Er weiß aber genau, daß feig sein häßlich ist, und nun kombiniert er die schrecklichsten Lügen."

Wir ahnen, welcher Art diese Lügen sein werden, da es ihn reizt, zu erscheinen, gesehen zu sein, angesehen zu sein. Da wir gehört haben, daß er auf die Worte der Großen spitzt, wird er sich wie ein Held in den Lügen gebärden.

„Er erzählt z. B.: ‚Ich war in England, als ich bei einer Mauer um die Ecke schaute, steht ein Tiger dort'."

An und für sich ist das eine faustdicke Lüge. Was uns besonders interessiert, ist, daß er nicht nur schaut, sondern auch „um die Ecke schaut". Das ist Virtuosität, das bringt nicht jeder zustande. Aber es besagt für uns noch viel mehr: daß dieses Interesse des Jungen besonders gesteigert sein muß, daß es ihn reizt, Schwierigkeiten zu überwinden, die für jeden unüberwindbare Schwierigkeiten sind. Wollen wir uns nicht bei dieser Gelegenheit daran erinnern, daß wir es hier meistens mit Kindern zu tun haben, die an minderwertigen Augen gelitten haben. Wenn ich an dieser Stelle sage, daß der Junge schielt, dann können sie verstehen, warum der Junge Interesse für alles Sehbare bekommen hat, warum er visuell, warum er, wie man das modern nennt, Eidetiker geworden ist. Daß dieser schielende Junge Kunststücke im Sehen vollbringen möchte, spiegelt sich in der Ausdrucksform „um die Ecke sehen wollen".

„Einmal komme ich nach Hause, die Tür ist offen, keiner traut sich hinein, da liegt am Kasten ein Dieb, ich nehme die Hacke und erschlage ihn."

Wieder erblickt er etwas und begeht eine Heldentat. Die Mutter bemerkt richtig:

„Er will immer der Held sein, der, den man bewundert, der alles kann. Wenn er erzählt: heute hat in der Schule niemand außer mir etwas gewußt, dann weiß ich genau, daß in der Schule alles schief gegangen ist, und es bestätigt sich regelmäßig."

An dieser Stelle möchte ich die Art der Kompensation beleuchten, obwohl sie klar zutage liegt. Er kompensiert in der Phantasie, und dann scheint alles dort zu versanden. Er wird nicht aktiv in der Kompensation. Das ist dasselbe, was wir früher zum Ausdruck gebracht haben: Er ist feig. Er ist gewöhnt, die Mutter im Rücken zu haben, die für ihn alles durchgeführt hat.

„Ich verstehe den Buben ja, ich weiß, er möchte gern der gute Schüler, der mutige Bub sein, soviel habe ich ja schon gelernt, daß diese Lügen zur Erhöhung der Persönlichkeit sind."

Sie sehen hier schon die individualpsychologische Erkenntnis. Das ist die Stimme aus dem Volk.

„Ich strafe ihn ja auch nicht."

Wir können der Mutter vollkommen beipflichten. Diesen Jungen, der so schon verzweifelt an seinem Können und Vermögen, der immer, wenn er etwas ausführen soll, wie vor einem Abgrund steht und mit Recht zurückweicht, auch noch zu strafen, das wäre die höchste Ungerechtigkeit. Wir sehen schon, was geschehen müßte: Man müßte ihn soweit bringen, daß er Mut faßt, daß er verstehen lernt: die Aufgaben können gelöst werden. Er kann sich entwickeln, wenn er vorwärts strebt. Solange das Ziel gesetzt ist, sich auf der unnützlichen Seite des Lebens Gefühle der Erhöhung der Persönlichkeit zu verschaffen, solange er der Lösung der Probleme auf der nützlichen Seite ausweicht, wird nichts gelingen. Er wird es immer als Beweis auffassen, daß er dort auf der nützlichen Seite nichts zu suchen hat. Wir verstehen, warum man ein solches Kind nicht strafen darf, weil er darin nur eine Bestätigung finden wird, unfähig zu sein, und weil er neue Wege suchen wird, wo er der Strafe entgehen und gleichzeitig vor dem Abgrund zurückweichen kann.

„Ich liebe diesen kleinen Kerl."

Das ist die Bestätigung, die wir gebraucht haben, daß die Mutter dieses Kind verzärtelt.

„Ich liebe ihn mit allen Fasern meines Herzens. Aber er lügt, lügt immer mehr und fürchtet sich dann, daß man auf seine Lügen kommt."

Da wäre wohl eine Hoffnung, eine Möglichkeit, die wir haben, daß er vielleicht durch diese Furcht zu lügen aufhört und sich der Wahrheit nähert. Wo bleibt das Ziel der Überlegenheit? Ist das die einzige Schlußfolgerung, die ein solches Kind ziehen kann? Es gibt noch eine zweite: die Lügen so fein und raffiniert auszugestalten, daß er die Hoffnung hat, nicht ertappt zu werden. Das ist der Weg, den er gehen muß, es bleibt ihm nichts anderes übrig, weil er das Gefühl der Persönlichkeit nicht vollständig verlieren kann. Er ist zum Lügner geworden, um etwas vorzustellen, und so verstehen wir, daß er die Lügen nicht lassen kann, um vielleicht als ein Nichts, als der letzte Mist zu erscheinen. Er wird tatsächlich zu raffinierteren Lügen greifen.

„Mein Gatte aber sagt, ich verwöhne ihn,"

Das ist auch eine Eigentümlichkeit, die Sie immer wieder finden werden. Wenn Sie im Schweiße ihres Angesichts einen kompletten Lebensplan gefunden haben, werden Sie in der Umgebung des Kindes jemanden finden, der das auch schon gesagt hat. Erinnert Sie das nicht an die Manieren unserer psychologischen Gegner, die oft betonen, daß sie das auch sagen und glauben, daß sie damit etwas gesagt haben. Es ist richtig: er ist verwöhnt. Versteht er aber den ganzen Zusammenhang? Selbst wenn er wüßte, daß jedes Kind ein Geltungsstreben hat, wäre er imstande, auseinanderzusetzen, wie es geworden ist? Es ist nichts damit getan, wenn man sagt: verwöhnen. Sie wissen nichts damit anzufangen. Die Mütter haben recht, wenn sie sagen: wie soll ich es tun, daß ich ihn nicht verwöhne? Diese Frage hat einen guten Sinn, solange als auch die Mutter den Zusammenhang nicht versteht, wie wir ihn hier sehen.

„und er sagt, darum ist er so zerfahren und so verlogen und überdies hätte er einen Klaps, weil mein Vater seine Cousine geheiratet hat."

Bei den Großeltern ist eine Blutsverwandtschaft entdeckt worden.

Habe ich nicht recht gehabt, wenn ich sagte, es ist nichts damit getan, wenn der Vater sagt: verwöhnt. Er selbst glaubt nicht daran, er sucht einen zweiten Grund, der triftiger erscheint, er schiebt die Zerfahrenheit darauf. Sie sehen, wie leicht es die Wissenschaft diesem Vater gemacht hat, die ganze Schuld an den Fehlschlägen des Kindes auf die Mutter zu schieben, so daß er fein heraus ist.

„Diese Verwandtenehe ist der Fluch meines Lebens, ich habe sie immer auf der Schüssel. Es kommt ja sonst auch vor, daß ein Kind schwerer erziehbar ist als das andere, aber mein Mann läßt es sich doch nicht nehmen, daß da nur die Verwandtenehe schuld ist. Ich muß ihm das Gegenteil beweisen, aus dem Buben muß etwas werden. Er ist nicht schlecht, im Gegenteil, er ist gutmütig."

Hier ist offenbar die Gutmütigkeit eine Seite seiner Feigheit. Sie sehen, daß wir vollständig im Recht sind, wenn wir behaupten, daß man aus einem Lebensstil nicht einen Teil herausgreifen kann, sondern daß alles vieldeutig ist. Die Gutmütigkeit kann etwas Schlechtes sein, „schön ist häßlich, häßlich schön". Diese Vieldeutigkeit macht es aus, daß niemand zu einem vollständigen Verständnis eines Menschen gelangen kann, wenn er nicht den ganzen Lebensstil begriffen hat.

„Er verschenkt sogar Sachen an Kinder, nur um sich deren Gunst zu sichern."

Sie sehen, wie diese Gutmütigkeit egoistisch ist, er versucht, Kinder zu bestechen, damit sie ihn verwöhnen.

„Er verschenkt Dinge, an denen er selbst hängt, er liebt seinen Vater, obwohl der gar nicht lieb zu ihm ist."

An diesem Punkte möchte ich hinzufügen, daß der Junge in einer Beziehung eine bestimmte Variante aufweist, daß er schon in der Phase ist, wo er nicht nur die Mutter, sondern auch andere gewinnen möchte. Wir haben schon früher beobachtet: ihn reizt es, geschützt zu werden, er möchte angesehen, bewundert sein, dorthin zielen auch seine Lügen.

„So ist es z.B. ein großer Feiertag für ihn, wenn sein Vater mit ihm weggeht. Ich bitte um Rat. Soll ich Strenge anwenden? Ich glaube nicht an den Erfolg! Er weint, verspricht alles und hat in 10 Minuten alles vergessen."

Die Mutter hat es auch mit Strenge versucht, ohne Erfolg begreiflicherweise, weil es nur einen Weg gibt: das Verständnis zu wecken für die Fehler, die im Aufbau seines Lebensstiles liegen. Praktisch gesprochen heißt das: ihn selbständig, unabhängig zu machen, ihn mit Vertrauen in die eigene Person erfüllen. Solange dies nicht geschieht, sind Strenge und Güte unzweckmäßig, obwohl wir die Güte vorziehen. Dieser Junge ist nicht vorbereitet, es ist grausam, von einem Menschen etwas zu verlangen, wofür er nicht vorbereitet ist. Die Menschen sind gerne bereit, bei Tieren sorgfältig nachzuschauen, was sie leisten können, nichts zu verlangen, nichts zu erzwingen. Bei Menschen kümmert man sich darum nicht. Bedenken Sie, was das für eine Bedeutung für die Schule hat, in die die Kinder verschieden vorbereitet kommen. Man schert sie über einen Kamm, wenn man das Notensystem anwendet, das im tiefsten Grunde die Vorbereitung des Kindes trifft und nicht die Fähigkeiten.

„So aber muß er zum Lügner werden, weil er sich in seine Lügen immer tiefer verstrickt."

Das ist ungenau ausgedrückt. Die Mutter meint, er sieht keinen anderen Weg, um zur Geltung zu kommen.

Die Mutter bittet um Rat, und ich gab ihr ihn, entsprechend dem, was ich hier kurz angedeutet habe.

Im weiteren Verlauf des Briefes finden sich vielleicht noch bemerkenswerte Stellen.

„Als er neulich wieder log, habe ich es als Spaß aufgefaßt und ihm im lachenden Ton gezeigt, warum er lügt."

In diesem „Warum" sehen sie die Hinweise, die ich der Mutter gegeben habe.

„Philipp gab die Lüge gleich zu, wurde verlegen und lachte mit."

Diese Lüge ist dem Knaben als Lüge vollkommen bewußt, liegt also im Bewußtsein. Wir wollen die Probe darauf machen, ob diejenigen Autoren recht haben, die von einem Gegensatz zwischen bewußt und unbewußt sprechen, die glauben, daß im Unbewußten die bösen Triebe stecken, die kraft der Zensur verschleiert ins Bewußtsein treten. Was bedeutet diese Lüge? Wenn man das Bewußte versteht und nicht einfach als Lüge setzt, dann weiß man: die Lüge ist ein Mittel, um angesehen zu sein. Wenn wir diesen Jungen auf das Unbewußte prüfen, so werden wir sehen, daß im Unbewußten ein schweres Minderwertigkeitsgefühl steckt, das nach Erlösung strebt. Vom Minderwertigkeitsgefühl ausgehend entsteht das Streben, zur Geltung zu kommen. Es ist also nichts anderes als das, was wir im Bewußtsein auch sehen.

„Natürlich mache ich Fehler. Philipp bat seinen Vater neulich, mit ihm auf den Friedhof zu gehen, er müsse dann in der Schule einen

Aufsatz schreiben. Mein Mann wollte nicht, und so ging er mit dem Mädchen. Am nächsten Tag war der Aufsatz sehr gut, aber nicht ein Wort davon war wahr."

Hier möchte ich eine Randbemerkung einschalten: Der Aufsatz muß nicht wahr sein. Die Mutter hat aber recht, wenn sie in dem Aufsatz dieselbe Linie wiederfindet, die sich im Lügen zeigt.

„Er beschrieb sehr ausführlich, wie er mit seinem Vater am Friedhof war und wie der Vater geweint hätte. Zum Schlusse schreibt er: „Ich weinte nicht, ein Mann weint nicht."

Er ist dem Vater über den Kopf gewachsen, freilich nur in der Phantasie. Die Mutter erkennt das sehr gut:

„Er hat also schnell seinen Vater klein und sich groß gemacht und außerdem gelogen."

„Er hat den Vater klein und sich groß gemacht." Wer von den Zeitgenossen erinnert sich nicht an den sogenannten Ödipus-Komplex? Nun ist die Frage die: Hat dieser Junge im Unbewußten den Ödipus-Komplex und macht er deshalb den Vater klein und läßt ihn am Friedhof weinen, oder aber ist sein Streben dahin gerichtet, sich selbst groß zu machen und dem Vater, der ihm Widerstand leistet, über den Kopf zu wachsen? Ob sich da nicht frühsexuelle Gedanken aus dem Ödipus-Komplex entwickeln können, der aber auch im Bewußtsein ist? Diese Frage gilt es zu überlegen. Wir Individualpsychologen können nicht schwanken. Wir sehen, daß die Linie des Strebens von unten nach oben durchaus das ganze Leben durchzieht, und zwar auch die Entwicklung der Sexualität.

„Aber der Aufsatz war gut, der Lehrer hat den Buben belobt und am Ende der Stunde mir den Aufsatz vorgelesen. Und da hatte ich nicht das Herz, den Buben zu blamieren. Ich schwieg und machte so, als ob mir das entgangen wäre."

Hier endet die Beschreibung dieses Jungen, von dem wir mit Recht sagen können, daß er jenen weitverbreiteten Typus von Lügnern darstellt, die sich groß machen wollen, etwas, wozu Kinder ja wegen ihrer Kleinheit außerordentlich neigen. Bedenken Sie die Ausgangssituation dieses Jungen: von der Mutter verzärtelt, vom Vater hintenangestellt. Das, was er bei der Mutter trainiert hat, hat keine Geltung außerhalb dieses Kreises. Wir werden voraussetzen, daß schielende Kinder nicht allzu beliebt sind, sie erfahren das bald, und infolgedessen werden sie die Welt als etwas Feindseliges empfinden. Es ist kein Wunder, daß dieser Junge schon bei den ersten Schritten ins Leben hinein den Widerstand empfindet und die völlige

Andersartigkeit des Lebens, als er es in der Beziehung zur Mutter gewöhnt war. Seine Antwort ist: zu entfliehen. Da niemand seinem eigenen Streben nach oben entweichen kann, muß er die Linie finden, auf der er operieren wird: die Prahlereien, die Lügenhaftigkeit. Es gibt auch andere Formen, aber in allen Formen werden Sie finden das Streben, aus der Erniedrigung herauszukommen, z. B. wenn Strafe droht, durch Umgehung des Tatbestandes, durch einen Trick sich wieder Geltung zu verschaffen, nach oben zu kommen. Bei anderen Lügen, prahlerischen Lügen, dürfen wir wohl immer feststellen, daß es sich um Dinge handelt, denen gegenüber sich ein solches Kind zu klein empfindet, denen es durch Aufwand seiner Phantasie zu entkommen trachtet. Es ist so, als ob sich das Kind auf die Zehen stellen will. Sie können begreifen, wie wenig angebracht es ist, diesen Versuch, der der wirklichen Not entspringt, hart zu bestrafen. Nutzen kann nur die Aufklärung bringen. „Du brauchst nicht davonzulaufen, es ist nicht notwendig, daß du dir mit einer Lüge hilfst, es ist nicht notwendig, daß du prahlst. Wenn du es nur ernst nimmst, dich anzustrengen, wirst du mit nützlichen Beschäftigungen dein Streben nach Geltung befriedigen können und wirst nicht zur Nutzlosigkeit greifen müssen."

XIV. Kapitel.

„Heldenrolle in der Phantasie" Ersatz für nützliche Leistung in der Wirklichkeit.

Der Lehrer berichtet, daß er das Kind, mit dem wir uns heute befassen wollen, in der zweiten Klasse übernommen hat. Das Kind, ein Knabe, ist 9 Jahre alt und legt ein rohes Benehmen an den Tag."

Es ist nicht genau ersichtlich, ob es in der zweiten Klasse 9 Jahre alt war. Wir wollen hoffen, daß es schon in die dritte Klasse geht.

„Bei Schuleintritt war er noch im Kritzelstadium, er hat das Schreiben nach und nach erlernt."

Wir erinnern uns, daß er ein rüdes Benehmen an den Tag gelegt hat, er ist eine Kampfnatur. Offenbar gehört er zu jenen, die auf das Heldenideal, den „Ehrenkodex" schwören. Warum er das Schreiben so schwer erlernt hat? Wir denken an Linkshändigkeit, — aber es ist nicht sicher.

„Das Rechnen fällt ihm am schwersten."

Auch hier stehen wir noch auf keinem sicheren Grund. Möglicherweise gehört er zu den verzärtelten Kindern, denen das Rechnen am schwersten fällt, weil das Rechnen keine Balken hat. In den anderen Gegenständen gibt es Regeln, man kann etwas auswendig lernen, beim Rechnen nützt es nichts, höchstens beim Einmaleins. Da verzärtelte Kinder nie selbständig etwas tun wollen, wundert es uns nicht, daß wir so viele schlechte Rechner unter ihnen finden. Wenn wir das statistisch nachweisen würden, wäre das ein Schachzug gegen den Aberglauben der Begabung.

„In diesem Gegenstand bekommt er Nachhilfeunterricht.“

Das ist der Ersatz für die Verzärtelung.

„Den er sehr gern besucht.“

Wir wissen nicht warum. Vielleicht ist der Lehrer sehr freundlich, vielleicht findet er dort die Bedingungen, die er ans Lernen stellt, verzärtelt zu werden, erfüllt.

„Es gefällt ihm, wenn man sich mit ihm allein beschäftigt.“

Das ist die erste Bestätigung, daß es ein Kind ist, das sich nach Verzärtelung sehnt. Andere Bestätigungen folgen:

„Er ist unselbständig beim Anziehen, wird in die Schule geführt und abgeholt, macht den Schulweg nicht allein. Dabei ist er für sein Alter groß und gut entwickelt. Er hat rote Haare.“

Bezüglich der roten Haare wissen wir, daß solche Kinder dem Spott oft aufgesetzt sind und darunter leiden. Die Buben mehr als die Mädchen, bei Mädchen findet man es meist hübsch. Rothaarige Buben sind nicht sehr beliebt. Das sind uralte abergläubische Regungen, die einen großen Schaden bedeuten, weil wir häufig unter Fehlschlägen leichterer Art rothaarige Buben finden. Das ist eine Erfahrung, die mir von vielen anderen Seiten bestätigt wurde, aber es sind keine Fehlschläge, die entscheidend ausfallen. Es ist so, als ob sich die Buben zum Schlusse doch durchringen würden. Wenn es auch nicht das Angenehmste ist, außerhalb des Hauses verspottet zu werden, innerhalb der Familie ist es anders. Das Minderwertigkeitsgefühl ist nicht sehr schwer.

„Wenn er eine Arbeit schlecht macht und die Mutter ihn tadelt, wird er wild.“

Das heißt, daß er mit der Mutter in einem Verhältnis steht, in dem er sie abhängig gemacht hat. Er erreicht es durch die Wildheit, vielleicht auch durch Schlagen. Das ist häufig der Fall, weil bei verzärtelten Kindern ganz von selbst eine Phase eintritt, in der man sie nicht so verzärteln kann. So droht den verzärtelten Kindern von selbst die Erschwerung durch eine neue Situation ihres Heranwachsens.

„Wird er belobt, so sagt er sich selbst ermunternd: es wird schon gehen."

Wir finden da den Hinweis, daß er nicht vollständig entmutigt ist.

„Sprechen und Laufen hat er normal erlernt."

Wir werden daraus schließen, daß er wohl kaum Entwicklungsschwierigkeiten irgendwelcher Art gehabt hat.

„Er zeigte schon mit 1½ Jahren Zeichen von Jähzorn."

Wenn das richtig beobachtet ist, wollen wir uns das merken. Er hat schon mit 1½ Jahren Zeichen von Jähzorn gezeigt. Ich selbst habe das schon bei einem Kind von 6 Monaten gesehen. Es war ein Flaschenkind, das sich sehr gut entwickelte, das sehr regelmäßig ernährt wurde und nie Beschwerden gehabt hat. Im 6. Monat hat sich folgendes herausgestellt: Wenn dieses Kind vom Schlaf erwachte, so wimmerte es ganz leise. Wenn jemand mit der Flasche kam und das Kind trinken konnte, verhielt es sich außerordentlich gesittet. Wenn aber jemand ohne Flasche erschien, begann das Kind wütend zu schreien, mit deutlichen Zeichen des Jähzornes, so daß es Sitte in der Familie wurde, sich dem erwachenden Kinde nicht ohne Flasche zu nähern.

„In der Schule legte er anfangs ein sehr gedrücktes Benehmen an den Tag."

Auch das verstehen wir schon ganz leicht: er sucht die verzärtelnde Situation, er will Mittelpunkt der Aufmerksamkeit sein, will dirigieren. In der Schule findet er keine solche Gelegenheit. Da zeigen diese Kinder ein gedrücktes Benehmen, daran kann man ein verzärteltes Kind erkennen. Mit Hilfe der Individualpsychologie haben es die Lehrer sehr leicht, ein Porträt des Kindes zu bekommen. Sie können darauf bauen, natürlich nicht ohne Bestätigungen zu suchen und eventuell zu korrigieren.

„Seine Phantasie ist groß."

Wenn wir das hören, können wir daraus entnehmen, daß er mit der hindernden Wirklichkeit nicht sehr gut steht. Er erbaut sich eine Welt in der Phantasie, in der er sichs gut gehen läßt. Da ist er ungeschoren, ist im Besitze der größten Macht, da kann er schalten und walten, wie er will. Da werden Eroberungszüge ausgedacht, siegreiche Schlachten, der Erwerb eines unermeßlichen Vermögens, mit dem er andere beschenkt, belohnt, errettet. Solche Kinder treten auch manchmal als Retter höherer Persönlichkeiten auf. Sie halten in ihrer

Phantasie durchgehende Pferde an, retten den König oder die Prinzessin, springen ins Wasser, um ertrinkende Prinzessinnen zu retten, die sich natürlich dankbar erweisen. Wenn sie den Boden der Wirklichkeit betreten, dann sehen sie außerordentlich bedrückt aus.

„Indianer- und Räubergeschichten füllen sein Denken aus."

Er ist ein Held in der Phantasie. Sie können sicher sein, daß dieser Junge feige ist, das übrige ist ein Kompensationsversuch.

„Er ist immer geneigt, gegen einen unsichtbaren Feind zu kämpfen."

Man kann diese Phantasien verwerten, der Junge kann damit seelisch gegen seine Feigheit trainieren. Sicherlich gelingt es dem einen oder dem anderen, sich von einem Teil seiner Feigheit auf diese Weise zu befreien.

„Seine Phantasie geht ihm oft durch, er erzählt der Mutter erfundene Vorfälle aus der Schule und sagt zum Schluß: weißt du, Mutter, das ist alles nicht wahr, das habe ich mir so ausgedacht."

Auch hier findet man ein kleines Stück Gemeinschaftsgefühl. Er will nicht als Lügner erscheinen, er hat die Kontrolle der Realität neben sich. Hätte er sie nicht, so wäre es neurotisches Lügen. Wenn die Kinder sich auch beim Spiel erhitzen, wissen sie doch, was sie der Wirklichkeit schuldig sind. Was er in der Phantasie erzählt, beweist, daß der Junge sich auf die Zehen stellen will, daß er größer erscheinen will als er ist. Wir können daraus schließen, daß der Junge ein lastendes Minderwertigkeitsgefühl hat, was im Einklang ist mit der Tatsache, daß wir ihn als verzärteltes Kind befunden haben.

„Seine Mutter berichtet, daß der Knabe als Kind sehr krank gewesen sei, mit 4 Monaten habe er an Koliken gelitten, später hatte er eine leichte Skrofulose und ist an der Lunge angegriffen."

Wir haben kein Urteil darüber, wieweit die Mutter im Recht ist, wenn sie das Kind als sehr krank ansieht. Uns interessiert mehr die Tatsache, daß, wenn sie das Kind so angesehen hat, sie es mit doppelter Sorgfalt und Liebe erzogen haben wird, d. h. daß sie das Kind von sich abhängig gemacht hat.

„ Wenn ein Kind krank ist, nimmt man Rücksicht', sagt sie."

Sie sagt in anderen Worten, was wir eben auch gesagt haben.

„Er hat Angst vor der Dunkelheit."

Da kommen unsere Zeichen des verzärtelten Kindes. Angst vor der Dunkelheit heißt: jemand muß bei mir sein.

„Er ist sehr ungeschickt."

Das erweckt wieder unseren Verdacht auf Linkshändigkeit.

„Seine Unbeholfenheit wird von seiner Schwester, die 8 Jahre älter ist als er, sehr ungünstig beeinflußt.“

Wir hören von einer um 8 Jahre älteren Schwester und können annehmen, daß sie sich nicht wie eine Schwester zu ihm bezieht, sondern wie eine Mutter oder Tante. Der Junge gerät kaum mit ihr in Rivalität, wächst wie ein einziges Kind auf.

„Sie fährt in sein Bemühen nörgelnd und schimpfend hinein.“

Sie ist wie eine kritische Mutter, wie eine Stiefmutter können wir sagen.

„Er ist sehr angriffslustig,“

Er hat die Mutter im Rücken, die ihn beschützt. Er weiß, sehr weit kann die Schwester nicht gehen, wenn er sie in einen Kampf verwickelt.

„besonders gegen Stärkere.“

Das ist ein bißchen auffällig. Ich möchte nicht glauben, daß das ganz zutrifft. Aber wenn es auch nur teilweise stimmt, so ist er nicht ganz entmutigt. Er traut sich schon noch etwas zu, aber Heldentum ist das noch nicht, denn diese Stärkeren dürften wie die Schwester Familienmitglieder sein. Möglicherweise geht er auch gegen den Lehrer vor, der uns als stark erscheint, aber er muß dem Jungen nicht so erscheinen. Er kann das Gefühl haben, daß der Lehrer ganz für ihn da ist.

„Er wird wegen seiner Haarfarbe oft verspottet, dann wird er wild.“

Das ist, wie wir sehen, ein verzärteltes Kind, das auch von seiten der Schwester und wegen seiner Haarfarbe in einen systematischen Reizzustand gesetzt ist. Man kann auch ein Tier durch ständige Reizung wild machen. Das gelingt auch bei dem Jungen.

„Er träumt lebhaft und schläft unruhig.“

Auch diese Zeichen haben wir immer bei verzärtelten Kindern beobachtet.

„Beim Aufgabenmachen ist er sehr unruhig,“

Wenn wir das deuten müßten, so würden wir sagen, daß er durch die Aufgabe in eine angespannte Situation gerät, und daß sich diese Spannung in Unruhe äußert.

„er ist unverträglich,“

Was wir begreifen können — er befindet sich in einem chronischen Reizzustand.

„aber auch wieder mitleidig.“

Das ist kein Gegensatz. Ich sehe nicht ein, da er, wenn er dem

Feind gegenüber hartnäckig ist, nicht, wenn er jemanden leidend findet, mitleidig sein kann. Wer da einen Gegensatz findet, hält sich an die Theorie von der Ambivalenz. Wir sagen: ein und derselbe Lebensstil bringt sich in verschiedenen Situationen verschieden zum Ausdruck.

„Dies zeigte sich einmal, als sich seine Schwester den Kopf angeschlagen hatte."

Da war sie der unterlegene Feind. Auch hier werden wir sehen, daß er sich ein Stück Gemeinschaftsgefühl bewahrt hat, daß er fähig ist, sich in geeigneter Situation mitmenschlich zu zeigen.

„Er ist sehr ängstlich darauf bedacht, in die Schule nicht zu spät zu kommen."

Auch hier würde ich mich nicht getrauen, das ohne weiteres zu deuten. Wenn ich es in Zusammenhang bringen müßte mit dem, was wir schon gesagt haben, würde ich sagen: er strebt nach vorwärts zu kommen, er will die Wichtigkeit der Schule demonstrieren. Das steht in Einklang damit, daß er den Nachhilfeunterricht gern besucht, — er ist nicht allzu entmutigt, er will dereinst Sieger sein.

„Die Mutter ist selbst sehr nervös und verliert leicht die Geduld."

Das ist für den Jungen in seinem chronischen Reizzustand eine neue Schwierigkeit, wir verstehen jetzt besser, daß er oft wild wird.

„Der Vater ist den Tag über im Theater, er ist Beleuchter. Die Familie wird von der Mutter beherrscht."

Auch hier wendet er sich gegen die Stärkere.

„Die Mutter ist eine sehr große, laute, dicke Frau, die sehr gewichtig auftritt, ebenso die Schwester. Die Erziehung ist nörgelnd."

Wir bekommen hier auch wieder einen neuen Zuschuß an Angriffen von der Mutter, die den Jungen in seinem Reizzustand noch mehr bestärkt.

„Der Vater ist gut zu ihm."

Wir würden uns nicht wundern, wenn der Junge dem Vater mehr angeschlossen wäre. Das wäre die zweite Phase. In der ersten Zeit war er sicher mehr der Mutter angeschlossen. Sie hat ihn als krankes Kind gepflegt und sehr verzärtelt. Später konnte sie wahrscheinlich das Band nicht mehr aufrecht erhalten.

„Wenn das Kind etwas will und es nicht bekommt, so weint es so lange, bis sein Wunsch erfüllt ist."

Er setzt sich das in den Kopf und weiß auch, daß sein Weinen Eindruck macht. Wir werden das bei vielen Kindern und Erwachsenen finden: sie haben das Gefühl, daß ihr Weinen eine unwiderstehliche Waffe ist. Dazu kommt, daß es Menschen gibt, die nicht weinen sehen können. Sie müssen dann den Wunsch erfüllen, oder sie geraten in äußerste Aufregung. Beides genügt dem Weinenden.

„Die Mutter sagt: ‚Ich bin strenger mit ihm, mein Mann gibt ihm alles nach.“

Wir wissen, daß das nicht die richtige Methode ist, weil das Kind, wenn es dem Vater angeschlossen ist, die Mutter noch mehr ausschaltet. Eine richtigere Methode wäre es, wenn die Eltern sich auf eine gemeinsame Linie einigen würden. Sie müßten sich gegenseitig unterstützen.

„Ich gebe nicht immer nach.“

Das ist die Bestätigung dessen, was wir schon wissen.

„Die Geschwister zanken miteinander. Die Schwester hat auch ihre Fehler, sie reizt ihn immer. Er will immer recht haben, ist sehr herrschsüchtig.“

Dazu kommt, daß er der Jüngste ist. Die Jüngsten entwickeln sehr viel Kraft und Ausdauer, die anderen zu überflügeln. Wenn Schwierigkeiten erwachsen, versuchen sie es auf einem leichteren Wege. Irgendwo finden sie einen Weg, der ihre Herrschaft über die anderen sicherstellt, sei es in Gutem oder in Bösem.

„Der Knabe will, wie sein Vater, Beleuchter im Theater werden, Elektrotechniker.“

Der Vater ist eine Etappe in seinem idealen Streben nach Überlegenheit. Er will das werden, was der Vater ist, das bedeutet eine Hochschätzung des Vaters. Er glaubt, daß der Beruf des Vaters irgendwelche Gottähnlichkeit bedeutet.

„Er will aber auch Jäger werden.“

Aus seiner Neigung, die Heldenrolle zu spielen, können wir den Wunsch verstehen. Er will sie aber nicht bis zu Ende spielen. Er möchte auf wehrlose Tiere Jagd machen, was nicht allzu stark ins Heldenhafte einschlägt.

„Sein Lieblingsspielzeug sind Schießwaffen. Er hat keinen Freund.“

Da tritt der Charakterzug des verzärtelten Kindes hervor, dem es nicht gelingt, andere dazu zu bringen, sich ihm anzuschließen. Durch seine Herrschsucht verdirbt er alles.

„Er verträgt sich mit niemandem. Er ist ein Spielverderber.“

Er traut sich nicht allzuviel zu, nicht einmal, daß er im Spiel die Hauptrolle spielen könnte, er will den anderen den Feiertag verderben.

„Seine Phantasie knüpft an etwas Reales an.“

Auch das ist ein bischen dunkel. Das kann man von jeder Phantasie sagen. Daß irgendeiner etwas erfinden könnte, das keinen Anknüpfungspunkt an das Reale hat, ist ausgeschlossen.

„In der letzten Zeit will er immer in die Dschungeln."

Wahrscheinlich ist er der Herr der Dschungeln, mit Kanonen ausgerüstet — das Getier ist unbewaffnet.

„Er übt seine Heldenrollen vor dem Spiegel."

Das gibt uns den Gedanken ein, das könnte unter Umständen der Beginn einer Schauspielerrolle sein. Das ist vielleicht nicht einmal ein ungewöhnlicher Weg, wahrscheinlich wird es jedem Schauspieler vorgeschwebt haben, daß er auf dem Theater eine Heldenrolle spielt. Daß man die komische Alte spielt, dürfte nie einem Mädchen eingefallen sein, eher die Jungfrau von Orleans.

„Er fuchtelt mit einem Holzsäbel vor dem Spiegel herum, und wenn er fertig ist, so sagt er befriedigt: ‚So, jetzt ist alles niedergehauen.'"

Wir finden hier den Zug wieder, den wir bei vielen Kindern beobachten können, daß sie die Fähigkeit trainieren, sich mit einer Situation zu identifizieren. Sie tun, als ob sie wirklich eine Heldenrolle spielen würden. Sie sind ganz von dem Gefühl erfaßt, das zu sein, was sie sein wollen. Diese Fähigkeit hat jeder Mensch. Sie tritt dort hervor, wo die Gegenwart zu enge geraten ist, wo man bei dem Streben nach oben auf Widerstand stößt. Der Widerstand ist hier deutlich: er wird von der Schwester bedrängt, von der Mutter kritisiert, außerhalb des Hauses wegen seiner Haare verspottet, und in der Schule spielt er keine glänzende Rolle. Wenn Ihnen jemand die Aufgabe stellen würde: nehmen wir an, Sie wären 9 Jahre, hätten zu Hause keine Geltung, außerhalb des Hauses auch nicht, möchten aber doch Geltung haben, Sie sind auch noch der Jüngste, — was würden Sie tun? Es bleibt keine Möglichkeit übrig, als daß der Junge in die Phantasie geht, sich dort nimmt, was ihm die Wirklichkeit verwehrt. Ich bitte zu bedenken: logisch ist das nicht. Der Verstand des Erwachsenen, insbesondere des Erziehers, würde einwenden: der Junge müßte sich in der Schule mehr zusammennehmen. Wir wissen nicht, ob er es nicht getan hat. Vielleicht ohne Erfolg. Wir verstehen, daß dem Jungen die Sache nicht so leicht erscheint, vielleicht ist er auch Linkshänder und hat nichts davon gewußt, so daß er auch mit realen Schwierigkeiten zu kämpfen hat. Wenn wir wissen, daß er mit dem verzärtelten Lebensstil ins Leben hinaustritt und alles nach dem verzärtelten Lebensstil assimiliert, so müssen wir sagen: er handelt vollkommen intelligent, es ist kein Fehler in seiner Aktion. Wir sagen das deshalb, weil wir uns mit ihm identifizieren können. Wenn ich an Stelle dieses Jungen wäre und genau dieselben Schwierigkeiten hätte, ich würde wahrscheinlich auch so handeln. Das ist der Beweis, daß der Junge nicht schwachsinnig, daß er nicht schuldig ist. Er ist in einer Zwangssituation, aus der es keinen Ausweg gibt. Die Behandlung kann unter verschiedenen Bedingungen gelingen, z. B. wenn der Junge ein besserer Schüler wird. Das kann man mit dem Nachhilfeunterricht erreichen. Er würde sicher eine Erleichterung empfinden, wenn man der Mutter und der Schwester für eine Zeit ein Redeverbot auferlegen würde, besonders, wenn man sie zur Einsicht bringen würde, daß sie dem Jungen geschadet haben. Sie sollen versuchen, ihm zu nützen. Das muß man ihnen in freundlicher Weise nahelegen, weil man sonst riskiert, daß sich die zwei angreifenden Gestalten gegen den Berater wenden. Das Wichtigste ist, den Jungen unabhängig und ihm Mut zu machen. Wenn ich jemanden ermutige, brauche ich von Erziehung und Psychologie nichts zu verstehen. Aber es wird nicht leicht sein, ihn zu ermutigen. Der Junge ist festgefahren in der Überzeugung, daß er nur in der Phantasie eine Heldenrolle wird spielen können. Es wäre ein großer Gewinn, wenn sich jemand unter seinen Kameraden fände, der seine guten Seiten anerkennt. Der einzig sichere Weg ist die individualpsychologische Behandlung. Man muß den Jungen darauf aufmerksam machen, was vorgegangen ist. Man müßte ihm zeigen, daß, wenn einer ununterbrochen danach strebt, im Mittelpunkt der Aufmerksamkeit zu stehen, er immer Verletzungen ausgesetzt sein wird. Er muß Befriedigung auf der nützlichen Seite suchen, er muß z. B. Mithelfer statt Spielverderber sein. Man müßte ihn darüber aufklären, daß in der Menschheit eine ganze Reihe von Ungerechtigkeiten bestehen, daß die Welt häufig etwas ausfindig macht, um die anderen zu drücken. Das ist auf der ganzen Welt so. Ein Volk will das andere herabsetzen, eine Familie dünkt sich höher als die andere, man hebt verschiedene Dinge heraus, um einen Angriffspunkt zu finden. Das gilt aber nur so lange, solange der andere mittut. Der Junge muß verstehen, daß er dem anderen keine Zielscheibe bieten darf, dadurch, daß er sich von ihm ärgern läßt. Es ist in unserem Leben so, wenn einer sich ärgert, läßt der Angreifer nicht nach. Der Junge müßte den Angriff auf die roten Haare als Dummheit des Angreifers sehen. Ich habe Gelegenheit gehabt, mit vielen Mitgliedern von unterdrückten Rassen zu sprechen, mit Juden und Negern, und sie auf diesen Punkt aufmerksam zu machen. Dieser Hang, jemanden herabzusetzen, ist ein allgemeiner. Jeder trachtet etwas ausfindig zu machen, womit er sich auf billige Weise zu heben imstande ist. Es kann nicht übersehen werden, daß der Franzose den Deutschen als etwas Untergeordnetes ansieht, der Deutsche hält sich für eine auserwählte Nation. Der Chinese sieht auf den Japaner herab. Wenn man ein bischen in der Welt herumkommt, findet man, daß die Menschen überall so ziemlich gleich sind, immer geneigt, etwas ausfindig zu machen, um den anderen zu drücken. Dasselbe gilt von Bürger und Proletarier. Gibt es einen Menschen, der nicht den Neid, nicht die Eifersucht der anderen Leute empfunden hätte? Warum soll das einer ernst nehmen, wenn er wegen seiner Nation, seiner Konfession, seiner Haare wegen herabgesetzt wird? Das ist nur die konkrete Gestaltung eines allgemeinen Hanges, einer allgemeinen Zwangsneurose. Es gibt bis zu dem Zeitpunkt, wo die Menschheit im ganzen einen Kulturfortschritt zu machen geneigt sein wird, kein anderes Mittel, als diese Anfeindungen nicht als spezielle anzusehen, sondern als Ausdruck eines allgemein menschlichen fehlerhaften Handelns.

So weit müßte man mit den Jungen kommen. „Also sogar wegen der Haare fangen die Leute schon an!" Wenn der Junge das so versteht, daß er nur der Angriffspunkt ist für etwas, das immer da ist, was sich auch auf andere Erscheinungen beziehen würde, er würde darüber lachen, und der Effekt wäre, daß keiner mehr an ihn herangehen würde. Wenn wir mit individualpsychologischen Mitteln an den Jungen herankommen werden, wird es uns gelingen, den Jungen zu ermutigen. Dann wird man ihm auch zeigen können, daß er ein guter Mathematiker werden kann. Es gibt Beispiele in großer Anzahl. Ich selbst bin auch so ein Unglücklicher gewesen, der als vollkommen unbegabt für Mathematik gegolten hat. Ich mußte die erste Klasse wiederholen, — und auf einmal war ich der beste Mathematiker. Wenn mein Vater das getan hätte, wozu man ihn aufgemuntert hatte, wenn ich ausgetreten und ein Handwerker geworden wäre, vielleicht wäre ich ein ganz guter Schlosser geworden, aber ich würde heute überzeugt sein: es gibt Menschen, die für Mathematik begabt sind, und solche, die es nicht sind. Da ich selbst in dem Sumpf gesessen bin und mich dort auskenne, glaube ich das nicht mehr.

XV. Kapitel.

Störenfriede.

„Zur Beratung kommen die Schüler G. und S. Es sind keine außergewöhnlichen Fälle, sondern typische Störenfriede, die sich um jeden Preis bemerkbar machen wollen, gegen die aber die Nerven des Lehrers einen vergeblichen und aufreibenden Kampf führen müssen.

Der eine, den ich zuerst vorführen will, ist 8 Jahre alt, der andere 7 Jahre alt. Beide besuchen die zweite Klasse, da der eine die erste Klasse wiederholen mußte. Sie waren im Vorjahre beide in derselben Klasse, wurden aber heuer getrennt, weil sie sonst gemeinsam jeden Unterricht in der Klasse unmöglich gemacht hätten. Getrennt sind sie nun weit erträglicher, obschon ihre Abwesenheit noch immer sowohl von der Lehrkraft als auch von der Klasse als wohltuend empfunden wird.

Der Grund der Schwererziehbarkeit ist bei jedem der beiden Buben ein anderer. Ernst G. ist nach Aussage der Mutter das Kind eines Trinkers. Der Vater ist Kutscher, ebenso ein 17jähriger Bruder. Ein 16jähriger Bruder fährt bei einem Bäcker mit dem Motorrad Gebäck aus, fährt Holz u. dgl., ein 14jähriger ist Bäckerlehrling. Außerdem gibt es noch einen 5jährigen in der Familie. Der Knabe kommt jeden Vormittag zur Schule, besucht nachmittags den Hort und verbringt alle freie Zeit im Pferdestall oder er fährt mit ihm bekannten Kutschern mit. Die Mutter muß verdienen; sie hat Verdienst bei dem gleichen Bäcker, bei dem ihre Söhne arbeiten. Sie sieht den Buben den ganzen Tag nicht, da er nicht einmal zwecks einer Anfrage zu ihr kommen darf, offenbar, weil die Dienstgeber seine Streiche fürchten. Im Elternhaus herrscht Zank und Streit. Die Mutter erkennt wenigstens zum Teil die Fehler ihres Buben, richtet aber gar nichts gegen ihn aus, weil er der Liebling des Vaters ist, der nichts über ihn kommen läßt. Als Haupterziehungsmittel gelten im Elternhaus Geldversprechungen und Belohnungen durch Geld. Bei festlichen Anlässen wird im Hause getrunken, und es ertönen aus einem Grammophon die ordinärsten Gassenhauer, die der Junge natürlich mit großem Interesse sich als geistiges Eigentum erwirbt. Das Kind scheint auch in Gasthäuser mitgenommen zu werden und dort Alkohol zu bekommen, doch kann dies nicht einwandfrei festgestellt werden, da der Bub bei seinen Erzählungen große Phantasie an den Tag legt und die Eltern natürlich ein derartiges

Vorgehen leugnen. Der Knabe bekommt auch z. B. Geld, um sich im Gasthaus Würstel zu kaufen, während die Eltern das Kino besuchen; so erzählt er wenigstens über die Herkunft eines 50 Gr.-Stückes, das ich in seiner Tasche entdeckte.

Seine Allgemeinbegabung fällt unter den Durchschnitt; der Junge ist auch nicht fleißig. Er bringt äußerst selten eine Aufgabe, vergißt das Heft und findet gar nichts daran. In der Schule tut er nur beim Zeichnen, zur Not noch beim Schreiben freiwillig mit. Wirkliches Interesse scheint er nur für Pferde zu haben. Er ist vor und während der Schulzeit nie nennenswert krank gewesen. Seine Aufmerksamkeit wird durch die geringste Kleinigkeit abgelenkt. Ob er mit Bewußtsein lügt oder nur Phantasieerzeugnisse verschleißt, läßt sich nicht mit Sicherheit feststellen. Er erzählte z. B., er sei mit dem Vater in Schwechat gewesen, in den und den Wirtshäusern eingekehrt, habe in der Nacht bei der Tante geschlafen, während er erwiesenermaßen um diese Zeit seine Wohnung gar nicht verlassen hat. Oder er behauptet, auf dem Lande gesehen zu haben, wie die Erdäpfel mit dem Pflug ausgegraben wurden, weil dies ein anderer Bub erzählt hat. Kritische Begabung fehlt ihm ganz, seine Arbeiten macht er stets schleuderhaft. Im Wollen ist er leicht beeinflußbar und rasch entschieden.

In der Schule macht er alles, um die Aufmerksamkeit auf sich zu lenken; schreit und rauft während der Pause, aber auch ganz plötzlich während des Unterrichtes; schlägt seine Mitschüler, eingestandenermaßen, um ihnen weh zu tun; nimmt von wiederholten Mahnungen gar keine Notiz. Übertragene Ämter werden nur zum Raufen und Dummheitenmachen ausgenützt. Nicht selten zerreißt er mutwillig seinen Mitschülern die Kleider. Seine eigenen nimmt er auch im neuen Zustande gar nicht in acht. Er selbst mußte eine Zeitlang stets in der Schule gewaschen werden. Während des Unterrichtes singt er; auf alles, was andere sagen, macht er Bemerkungen und stört so den Unterricht; korrigiert absichtlich richtige Antworten mit unrichtigen, schlägt aufzeigende Mitschüler; glossiert den Lehrer. Wenn dieser sagt: „Ich weiß, wer das gemacht hat!" ruft er: „Wann's wahr is!" Spottet auf der Gasse seinen eigenen Lehrer aus und ist roh gegen Menschen und Tiere.

Eigentumsdelikte kamen nicht vor, doch verheimlicht er Fundgegenstände. Zusammen mit seinem Freunde S. konnte er in der Klasse nicht gehalten werden. Wenn sie in der Kanzlei arbeiten mußten oder wenn ich eben supplierte, mit mir in eine fremde Klasse mußten, taten sie gut, vermutlich, weil ihnen dort das Echo der Klasse oder wenigstens die Bekanntschaft mit dieser fehlte. Jedenfalls benehmen sich die beiden Buben einzeln ganz anders, als wenn sie durch die Anwesenheit des sie ergänzenden Freundes gestärkt sind, und ich würde vorschlagen, sie einzeln und zusammen anzuschauen. Seit einem Monat sind die beiden Freunde getrennt, und G. ist nun in einer anderen Klasse, das Schulkreuz einer anderen Lehrkraft. Dort zeichnet er, wenn die anderen ein Schülergespräch führen, oder macht ganz unnötige Bemerkungen, die alle anderen zum Lachen zwingen; gebraucht sehr unanständige Wörter. Sobald die Lehrkraft den Rücken kehrt, läuft er vom Platze und beginnt zu raufen. In den Pausen muß er separiert werden, da er sonst die Mitschüler schlägt und mit Füßen tritt. Im Turnsaal klettert er blitzschnell auf die Geräte und brüllt dabei. Bezüglich des heutigen Abends äußerte er sich, natürlich unaufgefordert: „I waß eh, der Dokta fragt mi, ob i brav bin oder schlimm. I sag brav. I mach mir nix draus; i leg mi um fünfi schlafen und um ein halba Siebene bin i net zum haben; da schlaf i fest, da kennt's mi wecken. Mei Mutter is bis neune in da Arbat."

Anders erklärt sich der Fall S. Seine Mutter ist schwer nierenleidend und hat vor seiner Geburt viele Injektionen bekommen. Im 5. Lebensjahre ist er vom zweiten Stock dem Stiegengeländer entlang bis in den ersten Stock gerutscht und von dort bis hinunter gefallen. Bewußtlos wurde er ins Spital gebracht, dort längere Zeit beobachtet, ohne daß an ihm etwas gefunden worden wäre. Der Vater war — wie die Mutter sagt — bis zum Schulbeginn in ihn vernarrt; der Bub war sehr schlimm, brannte durch, kam erst abends wieder heim, doch die Mutter richtete gegen das Kind nichts aus. Der Bub fragte häufig: „Wann stirbst denn amal? Wann gehst denn ins Spital?" Nach den ersten Klagen in der Schule wurde der Vater übermäßig streng gegen den Buben, kam ihm aber nicht mehr auf. Der Vater war Wehrmann, ist aber jetzt daheim. Seit dem Vorjahre ist ein Schwesterlein da, und nun kommt noch die Eifersucht dazu. Als ihm im Vorjahre die Mandeln genommen werden mußten, war er danach sehr schwer krank. Er fragte: „Warum werde ich geimpft und operiert und die Schwester nicht?" Droht ihm die Mutter mit der Abgabe in eine Anstalt, sagt er ihr, er wäre viel lieber in einer solchen als daheim. Nicht völlig geklärt erscheint sein Verhältnis zu Onkel und Tante, die er mehr liebt als die Mutter, was er letzterer auch ins Gesicht sagt. Es ist nicht ausgeschlossen, daß dort die Abneigung gegen die Mutter ihre Wurzel hat. — Als im Sommer alle Klassen die Pausen im Garten verbrachten, äußerte er sich in Bezug auf ein sehr gut gehaltenes Mädchen: „Der möcht' i a Bussel gebn." Ich nahm ihn mir her und fragte ihn in mehr freundschaftlicher Weise, warum er das wolle, ob er überhaupt gern Küsse austeile, riet ihm schließlich, der Mutter einen Kuß zu geben, was er aber sehr ablehnte. Durch diese ja ganz harmlose Kußgeschichte gingen mir aber die Augen auf: Ich erkannte, daß diesem Jungen zu Hause zumindestens zu wenig Liebe gezeigt werde. Ich ließ die Mutter kommen und forderte sie auf, es statt mit Schlägen ab und zu einmal mit einem Kuß und recht oft mit Liebe zu versuchen, stieß da aber auf ganz entrüsteten Widerstand, „das sei nicht Sitte bei ihnen".

Im übrigen ist der Junge körperlich sehr sauber gehalten, gibt aber auf seine Kleider nicht acht, ebenso auf seine Schulsachen. Die Eltern sehen auch streng darauf, daß er seine Aufgaben macht.

Seine Allgemeinbegabung ist über dem Durchschnitt, seine Aufmerksamkeit sehr leicht ablenkbar. Auch er ist ein schleuderhafter Arbeiter. Er will immer alles selbst machen. Im allgemeinen ist sein Wollen leicht beeinflußbar und rasch entschieden. Während des Unterrichtes redet er überall hinein, hört Ermahnungen nicht, schlägt in unbewachten Augenblicken auch weiter entfernt sitzende Schüler ohne jeden Grund, wirft mit der Schultasche nach ihnen, schlägt ihnen die Turnschuhe ins Gesicht; legt sich während des Unterrichtes auf das Pult, wirft Kastanien in die Klasse, pfeift und singt, macht Bemerkungen über jedes Wort des Lehrers und der Mitschüler. Hinabgefallene Farbstifte hebt er auf und behauptet, es wären die seinen. Von den Matadorwagen, die von der Klasse angefertigt worden sind und an der Wand hängen, löst er die Wagschalen und läßt sie in seiner Schultasche verschwinden, wirft absichtlich fremde Arbeitsschachteln zu Boden und nimmt beim Aufheben die Schere weg usw.

Übertragene Ämter, mit deren Hilfe man ihn zu bessern sucht, werden von ihm schlecht ausgeführt und nur zum Dummheitenmachen und Raufen benützt. Er spritzt mit dem Schwamm auf Mauern und Bilder u. dgl. m.

Sein Benehmen empfindet er als heldenhaft. Er brüstet sich z. B., im Spital die Injektion vereitelt zu haben, indem er davongelaufen sei. Solchen Erzählungen lauscht sein Freund G. mit weit geöffneten Augen. Wird S. irgend eines Vergehens beschuldigt, so leugnet er kräftig, schiebt eventuell auch die Schuld auf G. Gegenseitige Beschuldigungen und Anzeigen sind bei diesen beiden Buben an der Tagesordnung. S. dichtet aber auch anderen Mitschülern ganz grundlos Unarten an; über den Entschluß seiner Eltern, ihn heute zur Erziehungsberatung zu bringen, war er erst entrüstet, als er heute draufkam, daß nicht alle zum Herrn Doktor mußten.

An Erziehungsmitteln wurde für die beiden Jungen in der Schule schon so ziemlich alles versucht, mit wechselndem Erfolge, der aber niemals von Dauer war. Liebevoller Zuspruch, Versprechen der Erfüllung eines Wunsches, Übertragen eines Amtes, Darstellen der Folgen, Ausblick in die Zukunft, Erweckung des Mitgefühls, Wachrufen des Ehrgefühls; Hinweis, wie unangenehm es für sie wäre, wenn andre so täten wie sie; Ausschließen aus einer Lieblingsstunde, Einzelarbeit in der Kanzlei und noch vieles andere. Vernunftgründen ist höchstens S. ab und zu zugänglich. G. hat für alles nur ein Lächeln. Am wirksamsten erwies sich bisher ein wahrer „Tierbändigerblick", doch kann der natürlich unmöglich ständig ausgeübt werden."

Dr. A.: Es ist bei dieser ausgezeichneten Schilderung von zwei Knaben zugleich, die man nicht nur individualpsychologisch, sondern auch massenpsychologisch behandeln muß, durchaus nicht schwierig, zu einem einheitlichen Schluß zu kommen. Diese Kinder wissen genau, was sie auf jeden Einwand und auf jeden Angriff zu antworten haben.

Sie erscheinen anders, wenn sie wo anders sind, aber sie sind nicht anders. Man sollte diese Jungen für 1—2 Monate in ein Durchgangshaus (Durchgangsschule) geben, vom Haus losgelöst. Es scheint mir eine Forderung an die Zukunft, daß man besonders schwierige Kinder in so ein Heim bringt, das man als Erholungsheim hinstellen könnte, wo sie es auch gut hätten, wo man aber selbst alle Klarheit bekommen könnte und den Kindern selbst volle Klarheit über die Verursachung ihrer Verfehlungen beibringen könnte. Das ist unsere Aufgabe, diese Klarheit zu finden, und ich will versuchen, Ihnen den Typus dieser Kinder vereinfacht zu zeigen.

Der erste Fall ist ein 8jähriger Junge, der sich dadurch auszeichnet, daß er die erste Klasse wiederholen mußte, im allgemeinen unter dem Durchschnitt steht und hauptsächlich für Pferde Interesse hat.

Dieser Junge tut in der Schule nicht mit. Wenn wir alles andere beiseite setzen und nur anschauen, wie er sich verhält, bewegt, welche Stellung er einnimmt gegen die Notwendigkeiten und Forderungen der Schule, so kann man sagen, er ist im Begriffe alle Forderungen auszuschalten und abzulehnen. Der Grund liegt darin, daß er nicht glaubt, daß er etwas leisten kann. Mir erscheint dieser Grund ausreichend, denn wenn ich mich in diesen Jungen einfühle und ich mir vorstellen würde, daß ich nichts leisten kann und doch in die Schule gehen muß, dann würde ich mich auch so benehmen wie er. Wenn es uns gelingen würde, plötzlich die Aufmerksamkeit dieses Jungen zu wecken und ihm zu erklären, daß er alles gut leisten könnte, daß er sich in einem Irrtum befindet, wenn er glaubt, daß er für die Schule nicht, nur für den Pferdestall taugt, wenn man es versuchen möchte, ihm persönlich zu Hilfe zu kommen, und er in absehbarer Zeit einen Erfolg in den Schulfächern hätte, dann wäre es möglich, daß man sein Interesse für die Schule gewinnt.

Wir wissen, daß die häuslichen Verhältnisse, das ganze Milieu, auf Pferde, Wirtshäuser und Gassenhauer eingestellt ist. In diesem Milieu wird sein Interesse für die Schule nicht erweckt. Das muß ein anderer machen. Die Forderung, daß man so ein Durchgangsheim schaffen müßte, taucht jetzt wieder auf. Da wir über so ein Heim jetzt nicht verfügen, so wäre eine Hilfe nur denkbar, wenn es uns möglich wäre, ihm einen Adlatus geben zu können. Ich denke an die Funktion eines wohlmeinenden älteren Bruders, der diesen Jungen für sich gewinnen könnte und ihn auf den Weg des Mutes führt. Seine Schulbewegungen sind Ausdrücke der Feigheit, welchen Umstand ich ihm klarmachen will. Ich will ihm auch klarmachen, daß er deswegen nicht auf der nützlichen Seite, sondern wo anders: auf der unnützlichen Seite zu finden ist. Ich erwarte von diesem Hinweis sehr viel. Er hat große Lücken, und es wird nicht leicht sein, ihm diesen Beweis zu bringen. Hier fehlt etwas, worauf wir bauen könnten. Wir müssen in Betracht ziehen, daß er der Liebling seines Vaters ist. Diese Familie scheint auch gewisse Vorzüge zu haben, z. B. daß sie die Kinder nicht schlecht behandelt, was man bei dem zweiten Buben nicht mit Sicherheit sagen kann. Aus diesem verzärtelnden Milieu stammen alle die vielen Kinder, die, wenn sie eine Schwierigkeit finden, sofort echappieren. Sie halten es nicht aus, im Nachteil zu sein. Er spielt mit allen Mitteln darauf hin, größer zu erscheinen als er ist. Sie sehen das Geltungsstreben dieses Kindes im Vordergrund stehen, ihm scheint der Weg verriegelt, auf der nützlichen Seite zur Geltung zu kommen. Wir hätten die Aufgabe, das auch zu bestätigen. Wir könnten noch von der Mutter einiges erfahren über die Verzärtelung, in der der Junge aufgewachsen ist.

Ich möchte hervorheben: mutig ist der Junge nicht, und wir müssen feststellen, ob er das nicht in einer anderen Weise zeigt. Vielleicht fürchtet er sich vor Gespenstern, fürchtet sich, allein zu sein, will immer, daß die Mutter mit ihm sei, schreit des Nachts auf usw. Wenn er sich in der Schule dem Lehrer gegenüber renitent benimmt, das ist kein Mut, er kennt ja die Grenzen, die dem Lehrer gesetzt sind, so daß er sich so benehmen kann, als wenn er ein Held wäre.

Der zweite Junge ist ein komplizierter Typus, vom Vater mehr verzärtelt als von der Mutter. Er steht mit der Mutter in einem gespannten Verhältnis, der Mutter ist es nicht gelungen, ihn für sich zu gewinnen. Ihre Bemerkung auf die Aufforderung der Lehrerin, das Kind statt mit Schlägen mit mehr Liebe zu behandeln und ihm auch hie und da einen Kuß zu geben: „Das ist bei uns keine Sitte", deutet darauf hin, daß sie eine harte, kühle Frau ist. Es muß mehr vorgegangen sein, daß sie sich dem Kinde gegenüber so benimmt.

Er hat eine jüngere Schwester. Wenn Sie hören, daß ein Kind mehr mit dem Vater wie mit der Mutter verbunden ist, dann können wir herausfinden, daß es schon die zweite Phase ist. Wenn die Mutter irgendwie diese Verknüpftheit verscherzt, dann kann der Vater eintreten. Ob die Mutter vor diesem Kinde nicht noch ein anderes Kind gehabt hat, das ihr die Neigung des Knaben abspenstig gemacht hat, werden wir auch noch eruieren müssen. Vielleicht haben der Vater, die Tante, der Onkel sich seiner mehr angenommen, da die Mutter wegen ihrer Krankheit sich weniger mit ihm beschäftigen konnte. Wir wissen nicht, ob diese Krankheit der Mutter allein imstande war, ihn von ihr abzuwenden.

Es könnte sein, daß er irgendwelche Organschädigung erlitten hat. Er ist über den Durchschnitt begabt. Es ist wahrscheinlich, daß man auch bei Testprüfungen den Intelligenzquotient dieses Kindes höher finden möchte, da sein Kombinationsvermögen ein sehr gutes ist. Sein Verhalten in der Schule ist von einem anderen Gesichtspunkt aus zu erklären. Er sehnt sich nach Zärtlichkeit, nach Verzärtelung. Er hat es einmal erlebt, im Mittelpunkt der Aufmerksamkeit zu stehen, war 6 Jahre lang das einzige Kind, um das sich jeder bemühte, wie es bei einzigen Kindern unmöglich anders sein kann. Tante, Onkel haben auch das ihrige dazu beigetragen. Er kam in die Schule mit dem Anspruch, daß man sich dort mit ihm auch beschäftigen soll. Das geht aber in der Schule nicht, wenn man das tun wollte, wäre man daran gehindert. Diese Kinder, die die Aufmerksamkeit immer auf sich lenken wollen, machen sich lieber auf der unnützlichen Seite unangenehm, wie auf der nützlichen Seite angenehm bemerkbar. Auch diese verzärtelten Kinder sind nicht mutig, sie lieben es, in einer erleichterten Situation sich hervorzutun. Dieser Junge fühlt sich gegenüber der früheren Situation nun in der Schule wie auch im Haus verkürzt. Was macht ein Kind, wenn es sich verkürzt, wenn es sich beraubt fühlt? Es versucht, sich zu bereichern. Er scheint mir in seinen Versuchen, sich als der Überlegene, als Held aufzuspielen. In der Lügenhaftigkeit seiner Phantasie können wir denselben Zug wahrnehmen. Bei diesen Kindern überrascht es uns auch nicht, wenn sie stehlen. Die Anfangsgründe sind bei diesem Jungen da, diese Kleinigkeiten, die er in der Schule wegnimmt, sind ein Versuch, sich auf eine einfache Weise zu bereichern. Er benimmt sich wie jemand, der die Bewegung macht, daß er ein Bedürfnis hat, mehr zu haben, mehr zu sein wie die anderen.

Bei dem ersten Jungen muß man Mut machen bezüglich des Lernens, bei dem zweiten muß man hinweisen, daß es nicht notwendig ist, immer im Mittelpunkt zu stehen, und daß er nicht verkürzt ist, wenn man sich mit anderen beschäftigt. Wenn er immer im Mittelpunkt stehen will, muß er auch mittun. Wenn ein wildfremder Mensch ihm so etwas sagt, dann beschäftigt ihn dieser Gedanke. Er bekommt um eine Determination mehr. Dieser Gedanke könnte gelegentlich vertieft werden durch ein verständnisvolles Lächeln der Lehrerin, als ob man ihm sagen würde: „Du bist noch nicht so weit, daß du das in dir lebendig machen könntest, worüber wir jetzt sprechen."

Wir werden im Gespräch eine Bestätigung für unsere Auffassung gewinnen. Wir trachten alle danach, eine Bestätigung zu bekommen, ob wir auf dem richtigen Weg sind, oder ob wir korrigieren müssen. Es ist für uns sehr wichtig, dem Jungen einen Weg zu zeigen, das wirkt wahrscheinlich stärker und stellt eine stärkere Gemeinschaftsbeziehung her, als wenn wir ihn strafen würden. Wenn wir ihm durch Strafen die Schule zu einem unangenehmen Aufenthaltsort machen, dann ist es möglich, daß er nicht mehr in die Schule kommt.

Dr. A. (zur Mutter des G.): Die Hauptsache ist, daß man ihn mehr vorwärts bringen soll. Er hat nicht mehr den Mut, er glaubt, er könnte nicht mehr ein guter Schüler werden. Hat er Freunde?

Mutter: Von der Schule hat er keine Freunde. Er schreibt ganz gerne, nur lesen tut er nicht gerne. In den Hort geht er ganz gerne.

Dr. A.: Im Hort gibt es keine Prüfungen, keine Noten. Man muß ihm aufhelfen, daß er vorwärts kommt und einen Erfolg erzielt. Ich möchte haben, daß Sie uns auch helfen, ihn mutiger zu machen. Sagen Sie ihm: „Du bist ein gescheiter Bub, laß nicht nach.“ Sonst ist es ein netter Bursch?

Mutter: Er ist nur ausgelassen.

Dr. A.: Ist er beliebt bei den Kindern?

Mutter: Er rauft gerne mit ihnen.

Dr. A.: Wie ist er mit dem Vater, mit den Brüdern, ist er beliebt bei den Geschwistern?

Mutter: Sie streiten halt oft, wie halt alle Kinder.

Dr. A.: Ist der Vater zärtlich zu ihm?

Mutter: Mein Mann hat ihn sehr gerne, er hängt an dem Vater. Mir folgt er nur, wenn ich ihm gut zurede.

Dr. A.: War er krank als Kind?

Mutter: Er hat einen Lungendefekt.

Dr. A.: Man muß nachschauen und Vorschriften vom Arzt holen, was man machen soll.

Schläft er gut, ist er nicht unruhig? Fürchtet er sich nicht im Dunkeln oder vor Gespenstern?

Mutter: Er fürchtet sich vor gar nichts.

Dr. A.: Schicken Sie ihn herein, damit wir sehen, ob er schüchtern ist oder nicht, aber sagen Sie ihm nichts.

(Zu den Zuhörern, als sich die Mutter entfernt hatte:)

Ein Kind kann seine Schüchternheit überkompensieren und arrogant sein.

(Zum Kind:) Was willst du einmal werden?

G. (keine Antwort).

Dr. A.: Was möchte dir am besten gefallen? Möchtest du ein gescheiter Bub werden, der etwas kann, oder glaubst du, du wirst nichts zusammenbringen?

(Die Linkshändigkeit des Kindes wird festgestellt.)

Die Linkshändigkeit hat auch viel beigetragen zur Erschwerung seines Fortkommens.

Du hast keine Courage und glaubst, daß die anderen alles können und du nicht. Du glaubst, daß du nichts zusammenbringen kannst, darum störst du die anderen. Ich habe gedacht, daß du ein couragierter Junge bist. Es wäre doch schön, wenn du die Sache anpacken und aufpassen möchtest. Morgen, übermorgen wird es noch nicht gehen, aber in 14 Tagen kannst du vielleicht ein guter Schüler sein, es wird alles vorwärts gehen, was denkst du darüber, willst du es probieren? Wenn du auch nicht die besten Noten kriegst, darfst du nicht nachlassen. Wenn du den Unterricht störst, denke daran, daß du es deshalb tust, weil du glaubst, du wirst nichts zusammenbringen.

Seine Sehachsen sind mehr seitwärts, abwärts gerichtet.

Ich bin neugierig, wenn du in einem Monat wieder herkommst, ob du schon mehr Courage hast, oder ob du noch immer ein Feigling bist.

(Der Junge, der keine einzige Antwort die ganze Zeit hindurch hervorgebracht hatte, entfernt sich.)

Dr. A. (zu den Zuhörern): Ich möchte eine Bemerkung hinzufügen. Es gehört eine gewisse Erfahrung dazu, mit Eltern oder Kindern zu sprechen, aber wer denn sollte das können, wenn nicht der Lehrer? Es handelt sich nicht darum, nur in simplen Worten die Dinge zu erklären. Es ist eine künstlerische, eine dramatische Aufgabe, die vor uns steht. Als Psychologe, als Erzieher ist man hier eigentlich in einer bestimmten Rolle, und es bleibt uns nichts anderes übrig, diese Rolle gut und richtig zu einem bestimmten Zweck zu spielen. Es läßt sich mit etwas anderem nicht vergleichen. Man kann offen sagen, dieser Eindruck ist notwendig, der Eindruck, den wir eigentlich nur in der Kunst finden. Das übt eine größere Wirkung auf Kinder und Eltern aus.

(Zur Mutter des S.): Wie sind Sie mit dem Jungen zufrieden?

Mutter: Er ist sehr schlimm, boshaft. Er sekkiert die Kleine.

Dr. A.: Er war ja 6 Jahre allein. Er hat mit der Geburt der Kleinen eine Tragödie erlebt, jetzt auf einmal ist er nicht mehr allein. Was mögen Sie dazu sagen? Das kann man schon verstehen. Man muß nicht immer so streng denken, es ist so, wenn einer von der Wärme plötzlich hinaus in die Kälte geht. Ist er sehr an Ihnen gehangen?

Mutter: Nein, — vielleicht bin ich zu streng.

Dr. A.: Wenn die Eltern Unterschiede in der Behandlung der Kinder zeigen, dann ist es immer für das Kind schwer. Es wäre gut, wenn Sie mit dem Vater darüber sprechen möchten und das ausgleichen könnten.

Mutter: Ich bin krank, jetzt war ich wieder 4 Monate im Spital, ich bin auch sehr nervös. Das Kind hat mich nie gern gehabt, er liebt nur den Vater.

Dr. A.: Wo ist das Kind, wenn Sie im Spital sind?

Mutter: Voriges Jahr war ich 6 Monate auch im Spital, 6 Monate in Bad Hall. Während dieser Zeit ist er immer bei der Großmutter.

Dr. A.: Großmütter verzärteln immer die Kinder, jetzt merkt er den Unterschied.

Hat er des Nachts aufgeschrien, näßt er das Bett?

Mutter: Er ist nur etwas unruhig. Das Bett näßt er seit seinem 2. Lebensjahr nicht.

Dr. A.: Schließt er leicht Freundschaft?

Mutter: Er ist sehr herrschsüchtig.

Dr. A.: Er hat das Gefühl, daß er nicht so hoch oben steht, wie früher einmal, wie bei der Großmutter, oder aber er hat das Gefühl, als ob er unterdrückt würde. Wenn er folgt, so ist das eine Erniedrigung für ihn. Er glaubt, daß man ihm Unrecht tut, wenn man sich nicht mit ihm beschäftigt.

Mutter: Reden muß ich immer mit ihm, er ist mir nicht zugänglich.

Dr. A.: Ist er selbständig beim Waschen, Anziehen? Ist er nicht schlampig? Wie ist es mit dem Aufstehen?

Mutter: Er ist schlampet, wascht sich ganz gerne. Er steht allein auf.

Dr. A.: Das ist ja sehr schön, sehr nett, er hat gute Leistungen, nur wenn man sich nicht mit ihm beschäftigt, dann schlagt er aus.

Mutter: Er ärgert mich immer. Vorige Woche ist er um 10 Uhr vormittags weggegangen und versprach, um 12 Uhr zurückzukommen. Er ist aber erst um 6 Uhr nach Hause gekommen.

Dr. A.: Er liebt, wenn man ihn sucht, wenn man sich über ihn Sorgen macht. Ist er couragiert?

Mutter: Er fürchtet sich vor nichts.

Dr. A.: Ich möchte mit ihm reden, daß er sich nicht immer aufspielt. Wenn er das in der Schule macht, dann kommt er auf die schlechte Seite. Schauen Sie, daß Sie freundlicher mit ihm sind und sagen Sie ihm auch freundlich: Du willst, daß ich mich immer mit dir beschäftige, du bist aber schon ein großer Junge!

(Verabschiedet sich von der Mutter.)

(Zu den Zuhörern): Also sehr krank schaut diese Frau nicht aus!

Dr. A. (zum Schüler S.): Wie geht es in der Schule?

S.: Sehr gut!

Dr. A.: Möchtest du gerne der Beste sein? Das wäre was, wenn du der beste Rechner wärest, die schönste Schrift hättest, das Beste leisten könntest. Dann müßte man mitarbeiten, du arbeitest doch oft dagegen. Willst du nicht mitarbeiten, das wäre viel schöner!

(Die Linkshändigkeit wird festgestellt.)

Alle die Kinder wissen das nicht, daß sie Linkshänder sind, aber sie erleben die Schwierigkeiten.

Wie geht es mit dem Schreiben?

S.: Nicht gut.

Dr. A.: Wenn du fleißig sein möchtest, anstatt zu stören, dich zusammennehmen würdest, dann könntest du eine schöne Schrift haben.

(Zu den Zuhörern): Das sind zwei Gegenstände (Lesen und Schreiben), die den Linkshändern besondere Schwierigkeiten bereiten. Wenn Sie genau zuhören, wie diese Kinder lesen, werden Sie sehen, daß sie von rechts nach links buchstabieren. Dieses Lesen klingt ganz falsch, so daß man den Eindruck hat, daß sie nicht lesen können.

Dr. A. (zu S.): Natürlich muß sich der Lehrer auch mit dir beschäftigen. Aber das ist nicht das Richtige, wenn du den Lehrer störst, was hast du davon?

S.: Gar nichts.

Dr. A.: Du kannst ein ganz guter Schüler sein, es geht nicht von heute auf morgen, aber wenn du übst, dann wirst du auf einmal eine schöne Schrift haben. Zeige mir in einem Monat wieder, wie du schreibst. Erzähle mir auch, ob du schon genug Courage hast, mitzuarbeiten. Schau, daß du auf deine kleine Schwester acht gibst, daß du alles in Ordnung hältst. Deine Mutter ist krank, — sie wird schon gesund werden, schau, daß du auch ihr ein bißchen hilfst.

Ich möchte über die ungeheure Häufigkeit der Linkshändigkeit noch ein paar Worte sagen. Es gibt keine begabten und unbegabten Kinder, es ist hier von zwei Typen die Rede. Der eine Typus, der alles fallen läßt, sich keine Mühe nimmt, und der zweite, der sich immer vorwärts drängt. Manche verraten sich das ganze Leben hindurch durch eine gewisse Ungeschicklichkeit, sie wissen nicht, daß sie Linkshänder sind, aber sie erleben die Schwierigkeiten dieser Linkshändigkeit. Es geschieht sehr oft, daß sie sich unterschätzen und die anderen überschätzen.

Sie finden eine große Anzahl von Linkshändern unter den schwer erziehbaren Kindern, Neurotikern, Verbrechern, Selbstmördern, sexuell Perversen usw. Aber sie finden auch unter den hervorragendsten Menschen, Künstlern usw. einen großen Prozentsatz von Linkshändern.

Der wichtigste Gesichtspunkt ist die Ermutigung. Wenn sie nur das eine leisten, daß sie ein Schulkind ermutigen, das Linkshänder ist, dann werden sie immer Erfolg haben!

XVI. Kapitel.

Kampf um sein verlorenes Paradies.

Es handelt sich um ein 5 jähriges Vorschulkind, aus dessen Leben wir entnehmen werden können, wie es sich in der Schule benehmen wird. Ich will Ihnen zeigen, wie man in der allerkürzesten Zeit Klarheit und Gewißheit bekommen kann.

„Dieses Kind ist schwierig zu behandeln."

Dieses Kind kämpft offenbar, lebt in einer Kampfsituation und wahrscheinlich in einer ziemlich weichen Umgebung, die es verzärtelt hat. Aber die Frage entsteht: Warum kämpft es denn jetzt, hat es denn die Empfindung, jetzt nicht so verzärtelt zu sein? Es geht ihm jetzt nicht so gut wie früher. Wir werden alles voraussagen können.

„Es ist überaktiv."

Ist es etwas Neues für uns? Können wir uns einen Kämpfer vorstellen, der nicht überaktiv ist? Wenn es nicht aktiv wäre, würden wir denken, es sei schwachsinnig. So sehr gehört beides zusammen zum Lebensstil eines modernen Kindes.

„Es liebt Gegenstände zu zerbrechen."

Das ist Kämpferart.

„Gelegentlich hat dieses Kind Zornausbrüche."

Diese Dinge sind selbstverständlich, das muß ein intelligentes Kind sein. Es handelt sich darum, festzustellen, ob es zu den Kindern gehört, die schwachsinnig sind, die ganz anders erzogen werden müssen. Die haben keinen Lebensstil. Dieses Kind hat ein Ziel: zu kämpfen und zu siegen. Die Freude, die Genüsse, die Befriedigungen des Sieges zu haben.

„Die Mutter erzählt, das Kind ist gesund, voll von Leben .... Will immer irgend jemanden beschäftigen."

Es ist ein Kampf, wie er sich in einer Familie abspielen kann, irgend etwas zu machen, damit andere irritiert werden.

„Er klettert mit seinen schmutzigen, schweren Schuhen auf den schönsten Tisch. Es macht ihm die größte Freude, mit der Lampe zu spielen, wenn die Mutter gerade beschäftigt ist."

Er weiß ganz genau, an welcher Stelle er angreifen muß.

„Wenn die Mutter Klavierspielen oder Lesen beginnt, wählt er diese Zeit, mit dem Lichte zu spielen. Er ist friedlos, unruhig beim Tische und verlangt ununterbrochen Aufmerksamkeit."

Er will seinen Sieg erreichen, daß er immer im Mittelpunkt steht.

Es taucht folgender Gedanke auf: Wenn er sich so sehr danach sehnt, im Mittelpunkt zu stehen, dann hat er schon einmal im Mittelpunkt gestanden und möchte wieder diese Situation. Was kann dem Kinde diese Situation so erschwert haben? Ein jüngerer Bruder oder eine jüngere Schwester.

„Er boxt immer den Vater und wünscht, daß er mit ihm spielen müsse."

Wir sehen, daß er immer seine Mittel findet, um zu kämpfen und zu stören."

„Er hat die Gewohnheit, mit der Hand in den Kuchen zu fahren und seinen Mund damit zu füllen."

Er könnte auch den Kampf mit Nichtessen beweisen.

„Wenn die Mutter Gesellschaft hat, so stößt er die Gäste vom Stuhl und setzt sich selbst darauf."

Wir sehen an dieser Bewegung, daß er keine anderen Leute mag, wir sehen seinen Mangel an Gemeinschaftsgefühl, der ihn auch gegen den jüngeren Bruder gestimmt macht.

„Wenn der Vater und die Mutter singen und Klavier spielen, schreit der Knabe ununterbrochen, daß er diesen Gesang nicht liebt."

Es paßt ihm nicht, man muß sich mit ihm beschäftigen. Wenn wir einen Fehler sehen, dürfen wir nicht strafen, Strafe ist keine Hilfe. Wir verstehen, an welchem Punkte wir ansetzen müssen. Er fühlt sich gekränkt, beleidigt, zurückgesetzt.

„Der Vater ist ein Sänger und singt in einem Konzert, die Mutter begleitet ihn am Klavier. Der Junge schreit laut auf: ‚Vater, komm zu mir'."

Sein Streben ist: den Vater und die Mutter fortwährend mit sich zu beschäftigen.

„Der Junge hat Zornesausbrüche, wenn er etwas wünscht und es nicht bekommt."

Das ist seine kämpferische Haltung.

„Er bricht alles zusammen. Er nimmt alle Schrauben heraus von seinem Bett mit einem Schraubenzieher."

Hier zeigt sich wieder sein unsoziales Verhalten. Er tut, was er kann, die Eltern zu schädigen und seinen Unwillen zu beweisen.

„Er macht gelegentlich zynische Bemerkungen zu Leuten, besonders wenn er etwas angestellt hat und weiß, daß er damit ganz glatt fortkommt. Die Leute betrachten ihn als einen intelligenten Knaben, weil er sehr kritische Bemerkungen macht. Er kann sich mit nichts für längere Zeit beschäftigen. Die Mutter versucht, ihn abzulenken."

(Was ihr natürlich nicht gelingt.)

„Wenn die Mutter ihm einen Klaps gibt, so lacht er, und vielleicht für zwei Minuten ist er ruhig. Die Mutter meint, daß sie, die Großmutter und der Vater das Kind außerordentlich verzärtelt haben. Jetzt wird es eigentlich nicht mehr verzärtelt."

Deshalb ist er so geworden, weil sein Gemeinschaftsgefühl sich nicht entwickeln konnte, da er nur an seiner Mutter und seinem Vater hing.

„Der Vater und die Mutter sind immer erschöpft, der Junge nie."

Es ist selbstverständlich, daß er nicht müde dabei wird, weil es ihm gefällt. Dem Vater und der Mutter gefällt die Arbeit mit dem Jungen nicht, deshalb sind sie erschöpft. Zwang nützt hier nichts. Er rächt sich dafür, wenn man ihn zwingt.

„Er hat kein Gedächtnis, er kann sich nicht konzentrieren."

Er hat nicht das Notwendige dafür, er hat keine Vorbereitung. Er sollte jetzt selbständig funktionieren und kann es nicht.

„Er war nie in einem Kindergarten."

Die Aufgabe der Mutter schien zu sein, ihn nur für sich zu gewinnen.

Es ist sehr wichtig, wie wir diese Zusammenhänge verstehen. Wir können von Verstehen sprechen, wenn wir wissen, daß es sich hier um einen Teil des Ganzen handelt. Es ist nicht ein physiologischer Vorgang. Verstehen ist, den Zusammenhang der Dinge zu verstehen.

XVII. Kapitel.

Diebstahl wegen verlorener Liebe.

„Das Kind wurde im September 1881 in einer südungarischen Provinzstadt geboren."

„Als es 2½ Jahre alt war, geriet der Vater in Konkurs,"

Das gibt uns schon zu denken. Dieses Kind dürfte bis zu seinem dritten Lebensjahr in guten Verhältnissen gelebt haben, könnte später in schlechtere Verhältnisse gekommen sein. Dadurch, daß der Vater in Konkurs geriet, kam das Kind in eine schlechtere Situation, bei welcher es sich überbelastet gefühlt hat. Aus einer günstigen Situation sich in eine ungünstige einzufinden, ist nicht leicht. Kinder, die einmal in günstigen Verhältnissen gelebt haben und später in schlechtere kommen, werden durch diese Umwandlung immer beeindruckt.

„und übersiedelte mit der Frau und dem einzigen Sohn nach Wien, um sich einen Posten zu suchen."

Wir hören also, daß er damals das einzige Kind gewesen ist, verzärtelt, gewohnt, im Mittelpunkt zu stehen. Wir können voraussehen, daß hier eine neue Situation ungünstigerer Art auf dieses Kind einen schweren Druck ausüben wird.

„Die folgenden sieben Jahre brachte sich der Vater als Reisender fort"

Dieser Umstand, daß der Vater Reisender ist, ist bemerkenswert, weil wir oft in solchen Fällen finden, daß die Mutter — da der Vater meist von Hause abwesend ist — ihre zweite Funktion, das Interesse des Kindes auf andere, in erster Linie auf den Vater weiterzuleiten, nicht erfüllen kann. Dies gilt auch für solche Väter, die wenig zu Hause sind. Die Mutter hat nicht die Möglichkeit, ihre zweite Funktion auszuüben. Es gilt auch dort, wo in der Ehe große Uneinigkeiten herrschen. Auch dort ist es nicht möglich, das Interesse des Kindes für die anderen zu erwecken. Kinder aus unglücklichen Ehen sind sehr oft schwer erziehbar. Auch Zornesausbrüche des Vaters oder Anwendung autoritärer Mittel hindern die Weiterentwicklung des Gemeinschaftsgefühles.

„und kämpfte den Prozeß durch, der aus seinem Konkurs erwachsen war."

Wenn wir uns in diese Situation hineindenken, können wir verstehen, daß die ganze Atmosphäre, in der dieses Kind lebte, schon durch diesen Umstand allein eine außerordentlich trübselige gewesen ist.

„Ob die Stimmung im Hause das Kind stark beeindruckte, ist nicht mehr erinnerlich."

Offenbar auch dem Kinde nicht mehr erinnerlich, aber sie hat sich in seinem Lebensstil ausgewirkt.

„Jedenfalls war es zunächst ein folgsames, ruhiges und zärtliches Kind,"

Das heißt für uns: an die Mutter gut angeschlossen.

„das mit großer Liebe an der überaus jungen, nicht immer gerechten Mutter, mehr noch an dem milden, gütigen Vater hing."

Wenn diese Beobachtung richtig ist, dann müssen wir auf diesen Ausdruck „nicht immer gerechten Mutter" mehr Gewicht legen. Die Mutter war vielleicht nicht imstande, ihre erste Funktion richtig auszuüben und das Kind suchte nach einer anderen Person. Dem Vater gelang es, trotz seiner vielfachen Abwesenheit vom Hause, das Kind für sich zu gewinnen, das sich in der zweiten Phase dem Vater anschloß.

„Im Frühjahr 1888 verließ die Familie den IX. Bezirk und übersiedelte nach M., wo der Vater für die Mutter und einen seiner jüngeren Brüder ein kleineres Geschäft gründete."

Das heißt für uns: Da die Mutter eine neue Beschäftigung bekommt, verschlimmert sich die Situation des Kindes dadurch, daß die Mutter für ihn, der bisher immer verzärtelt worden ist und im Mittelpunkt stand, weniger Zeit übrig hat.

„Dort muß der Knabe in schlechte Gesellschaft gekommen sein."

Das stimmt mit unseren Voraussetzungen überein, daß die Mutter nicht mehr viel Zeit für das Kind übrig hatte, welches sich danach sehnte, immer jemanden um sich zu haben.

„Er stahl Krawatten aus dem Geschäft der Eltern,"

Dieses Kind hatte offenbar das Gefühl, beraubt zu sein. Der Vater ist auf Reisen, die Mutter im Geschäft, er ohne Sorgfalt, das gibt das Gefühl des Beraubtseins. Wir werden hören, was er mit diesen Krawatten macht. Vielleicht beschenkt er andere Kinder, um von diesen Zärtlichkeit und Wärme zu gewinnen, die er jetzt bei seiner Mutter nicht mehr finden kann.

„um sie dem Gesellen des Tapezierers im Hause zu schenken."

Wir sind nun stark in unserer Auffassung bestätigt.

„Er stahl Rosen im benachbarten Theresienpark, um sie nach Hause (oder einer geliebten, schönen Tante) zu bringen."

Er fängt an, wie viele dieser Kinder, die sich beraubt fühlen, durch Geschenke andere zu bestechen, um Liebe und Zärtlichkeit zu gewinnen. Das ist eines der häufigsten Motive bei Kinderdiebstählen. Dieses Motiv ist gänzlich unbekannt, z. B. im Jugendamt bekümmert sich kein Mensch um diesen Gesichtspunkt.

„Eines Tages ging der Achtjährige mit Kameraden aus der Schule, und während diese den ihnen entgegenkommenden Katecheten mit frommem Spruch grüßten, rief er ihm eine derbe Unflätigkeit zu."

Also er ist ein Freidenker! Wir werden natürlich daraus mehr schließen müssen, daß er, der immer so sehr im Mittelpunkt stehen will, offenbar eine große Neigung hat, sich hervorzutun. Da es ihm auf der nützlichen Seite aussichtslos erscheint, versucht er es auf eine andere Weise.

„Warum?"

fragt der Schreiber dieser Geschichte.

„Mit dem Katecheten hatte er niemals etwas zu tun gehabt, was hatte den Knaben dazu veranlaßt?"

Vielleicht gehört er einer anderen Konfession an.

„Eine Stunde später wurde er in die Schule geführt und sollte dem Katecheten die Hand küssen und ihn um Verzeihung bitten, er weigerte sich jedoch."

Hier haben Sie wieder das Bild seines ganzen Charakters. Er, der immer eine führende Rolle gespielt hat, will sich vor niemandem beugen. Er will sein Unrecht nicht erkennen. Wir sind nicht dafür, von Kindern eine Abbitte, ein Bekenntnis ihrer Schuld zu verlangen. Wir würden vorziehen, ungefähr in der Richtung vorzugehen, wie ich es einmal erlebt habe. Als ich 6 Jahre alt war, habe ich einmal etwas angestellt. Meine Mutter stellte mich mit vor Aufregung rotem Gesicht zur Rede, und ich war sehr betreten, weil ich mir meiner Schuld bewußt war. Mein Vater, der neben ihr stand und bisher kein Wort gesprochen hatte, nahm sie bei der Hand und sagte: „Laß ihn gehen." Dieser Vorgang hat auf mich einen sehr großen Eindruck gemacht und blieb mir unvergeßlich. Ich bin meinem Vater sehr dankbar dafür. Es hat einen viel günstigeren Einfluß auf mich ausgeübt, als wenn ich meine Schuld hätte abbüßen müssen, wenn meine Mutter mir eine heruntergehaut hätte. Es ist keine gute Methode, ein Kind zu zwingen, eine Abbitte zu leisten. Daß dieser Junge weiß, daß er nicht richtig gehandelt hat, darüber besteht kein Zweifel. Wozu dieses öffentliche Geständnis von ihm nehmen? Wozu ihn öffentlich zu beschämen, daß er sich unterworfen hat?

„Er bekam eine schlechte Sittennote und mußte den Rest des Schuljahres in der letzten Bank sitzen."

Wir können voraussagen, daß auch diese Maßregel keine gute Wirkung auf ihn ausüben wird, da er dadurch immer im Mittelpunkt steht. Er wird stören, wird sich unangenehm bemerkbar machen und sich als Held benehmen.

„Der Klassenlehrer war aber nicht schlecht zu ihm."

Das ist sicherlich eine Milderung der Umstände und wird voraussichtlich gute Früchte tragen. Er wird nicht so ausarten, als wenn der Klassenlehrer sich gegen ihn gestellt hätte.

„Ein kleiner Vorfall aus dieser Zeit blieb unauslöschlich im Gedächtnis haften. Das Kind ging Osterbrot essend in den Hof und gab einem der dort arbeitenden Gesellen ein Stückchen davon. Der legte das Brot vor sich auf den Arbeitstisch, zerklopfte es mit dem Hammer in kleine Bröserl und sagte dazu: ‚So sollen alle Juden zerschlagen werden'."

Wie wir sehen, ist er ein jüdischer Knabe. Es ist ganz natürlich, daß so eine Äußerung diesen Jungen, der Weichheit, Wärme und Verzärtelung sucht, außerordentlich schwer bedrücken muß. Wir Erwachsenen würden vielleicht darüber lachen, wir würden in diesem Ausdruck eine allgemeine Stimmung empfinden, und wenn wir uns mit dieser Frage beschäftigen, dann lieber die Wurzeln suchen. Wir werden hören, ob dieser Vorfall weitere Folgen gehabt hat.

„Ob dieser Vorfall vor oder nach der Sache mit dem Katecheten war, ist nicht festzustellen."

Es wäre interessant und wichtig gewesen, das festzustellen. Es könnte sein, daß dieser Vorfall bei ihm eine Kampfstimmung ausgelöst und er in dieser Kampfstimmung den Katecheten beschimpft hat.

„Im Frühjahr 1890 gab der Vater das Meidlinger Geschäft auf, und die kleine Familie siedelte zurück in den IX. Bezirk. Zu Ende dieses Jahres oder anfangs des nächsten mußte der Vater die Gefängnisstrafe angetreten haben, die wegen der Krida über ihn verhängt war."

Wieder ein neuer Eindruck in der Seele eines verzärtelungbedürftigen Kindes, das sehr an dem Vater hängt. Er erlebt, daß man seinen gütigen Vater einsperrt. Ich würde mich nicht wundern, wenn dieses Kind in einen starken Gegensatz zu unserer Gesetzordnung gerät, wenn es der ganzen Gesellschaftsordnung den Fehdehandschuh hinwirft. Es wird sich vielleicht zeigen, daß er kein Interesse für andere entwickeln kann, daß er den letzten Rest davon verliert, daß er sich Menschen anschließt, die die Gesellschaftsordnung gefährden, oder aber, daß er auf eigene Faust den Weg zum Verbrechen findet.

„Über dieses Geschehnis wurde mit dem Knaben nie gesprochen."

Es ist außerordentlich schwer, so einen Vorfall vor einem Kind geheimzuhalten. Es wäre selbstverständlich günstiger, wenn das Kind nie etwas davon erfahren möchte. Wir zweifeln aber, daß dies hier gelungen ist.

„Und später als Jüngling und Mann vermied er es selbst, die Rede darauf kommen zu lassen."

Er empfand es als eine tiefe Erniedrigung und Beschämung.

„Er hat immer den Anschein gewahrt, davon nichts zu wissen, hat selbst seinen nächsten Freunden nie davon erzählt."

Das ist sehr interessant. Denn wenn er dagegen revoltiert, wenn er das als eine Ungerechtigkeit empfunden hätte, dann wäre es recht von ihm gewesen, darauf hinzuweisen, daß es seinem armen Vater so ergangen ist. Es muß aber ein großes Stück bürgerlicher Tradition, bürgerliche Weltanschauung in diesem Kind gesteckt haben, daß er sich nicht überwinden konnte, offen und frei darüber zu sprechen. Man kann nicht über alle Dinge sprechen, es gibt Sachen, über die zu sprechen sinnlos ist. Bei diesem Jungen, der offenbar in der Aufloderung eines Rebellentums aus dem Rahmen der Gesellschaft herauszutreten beginnt, können wir schon eine gewisse Unsicherheit in seiner Stellungnahme finden. Äußere Erlebnisse sind außerordentlich bedeutungsvoll. Es ist möglich, daß dieser Junge, wenn sein Vater nicht eingesperrt worden wäre, wenn er als Jude sich nicht bedrückt gefühlt hätte, auf guten Weg gekommen wäre.

„Die Ungebärdigkeit der beiden Meidlinger Jahre war mit eins verschwunden, mit verdoppelter Zärtlichkeit umgab das Kind die junge, schöne, kleine Mama und war folgsam und still."

Da sehen Sie die Auswirkung, daß er jemanden braucht, an den er sich anschließt, und daß das nicht etwa ein größerer Kreis ist, sondern eine einzige Person. Er ist darauf eingerichtet, sich nur an eine einzige Person anzuschließen. Wenn der Vater ihm für einige Zeit genommen ist, sucht er sich jemand anderen. Als die Mutter im Geschäft beschäftigt war, wollte er einen Gesellen für sich gewinnen, er muß immer jemanden haben, an den er sich anschließen kann.

Im Winter 1891 kam der Vater zurück und überwand durch ehernen Fleiß die materiellen Schwierigkeiten, in die seine Abwesenheit die Familie gebracht hatte. Sei es, daß ein jahrelanger Druck von der Familie gewichen war,"

Er hatte infolge der materiellen Schwierigkeiten der Familie wieder einen Druck durch die äußeren Verhältnisse erlebt.

„das Kind lebte auf."

Nun, wir sind damit noch nicht zufriedengestellt, wir wissen noch nicht, was das bedeuten soll, und wissen auch nicht, warum. Er weiß noch nicht, wie er sich zu stellen hat, der Vater lebt in seiner Erinnerung als die verzärtelnde Person.

„In der ersten Volksschulklasse war er Vorzugsschüler gewesen, lernte seitdem kaum mittelmäßig. Nun, im zweiten Halbjahr der fünften Klasse wurde er lebhaft und heiter,"

Das ist die Zeit, in der der Vater zurückkam.

„dabei fügsam und fleißig. Er zählte bald zu den besten Schülern der Klasse"

Er hat wahrscheinlich einen Lehrer gehabt, der ihm zugetan war.

„und wurde ob dieser günstigen Veränderung vom sehr verehrten Lehrer vielfach belobt, was ihm wohl tat."

Er hat wieder eine Person gefunden, die sich seiner annimmt. Er scheint gerettet zu sein durch die Liebe, durch die Wärme, deren er teilhaftig wird.

„Auch im Herbst in der Realschule setzte der Junge gut ein."

Unser einziges Bedenken ist, was wird geschehen, wenn er sich in der Schule keine geachtete Stellung erwerben darf? Es kann möglich sein, daß er einen Lehrer findet, den er nicht mag, er kann auch in konfessionelle Schwierigkeiten geraten und sich zurückgesetzt fühlen, er kann in einem Gegenstand Schwierigkeiten haben und keine richtige Methode finden. Später im Leben können auch Situationen eintreten, wo er dieser Wärme nicht teilhaftig wird. Das sind unsere Bedenken in dieser Situation seiner Entwicklung.

„Da brachte man im November oder Dezember den Vater schwer krank nach Hause."

Auch hier kommt uns unsere Erfahrung zu Hilfe, welche uns besagt, wenn ein solches Kind durch die Krankheit eines der verzärtelnden Eltern außer Kontakt gerät (die Krankheit des Vaters nimmt ja die Mutter beinahe ganz in Anspruch), nicht mehr das Kontaktgefühl besitzt wie vorher, so ist es für ihn eine neue, manches Mal sehr schwierige Situation. In solchen Fällen werden auch Fehlschläge sichtbar. Man muß sich vorstellen, wenn der Vater schwer krank nach Hause kommt, muß sich die Mutter um ihn bekümmern, dann hat das Kind wieder niemanden. Wenn er in dieser Zeit in der Schule einen Lehrer fände, der sich seiner annimmt, so könnte diese Schwierigkeit vorübergehen. Aber darüber wissen wir vorläufig noch nichts.

„Auf der Heimreise im Eisenbahnzug hatte den 40 jährigen ein Schlaganfall ereilt und linksseitig gelähmt."

Wir können schon verstehen, was das in der Familie bedeutet und was für Folgen es haben kann, wenn der Ernährer in der Familie, und wir haben nicht daran zu zweifeln, in einer guten Ehe, so schwer erkrankt.

„Nur die schweren materiellen Opfer, die er für seine zahlreichen jüngeren Geschwister und seine Eltern gebracht hatte, hatten ihn in den Konkurs getrieben."

Das ist eine Aufklärung, deren auch der Junge offenbar teilhaftig geworden ist, so daß er den Vater im Lichte eines gerechten, ehrenhaften Menschen sehen konnte.

„Die Aufregungen des jahrelangen Prozesses, die Kränkung, Eltern und Geschwistern nunmehr wenig helfen zu können, Überarbeitung und die unglückliche Eigenschaft, seinen Kummer nicht aussprechen zu können, auch zu der von ihm verhätschelten Frau nicht, müssen den körperlichen Zusammenbruch des bis dahin unverwüstlich gesunden Mannes verursacht haben."

Hier bricht der Bericht ab und wir sind auf unsere Vermutungen angewiesen. Wenn dieser Junge sich in der Schule gut fühlt, so wird er diese Schwierigkeit überwinden. Wird er vielleicht aus der Schule gerissen, wird er sich vielleicht dem Schicksal fügen müssen, eine untergeordnete Stelle anstreben müssen, so wird das sicherlich auf ihn besonders schwer einwirken. Wir wissen, daß er einen mechanisierten Lebensstil besitzt, der sich dahin äußert, immer eine Person zu finden, an die er sich anschließen kann. Wir würden auch nicht überrascht sein, zu hören, daß nun wieder aufflammt, was wir schon gesehen haben, daß er sich in einer recht krassen Art empört, wenn er sich irgendwie zurückgesetzt fühlt und wenn sein schweres Minderwertigkeitsgefühl ihn beunruhigt. Trifft er eine günstige Situation, in welcher sich jemand seiner annimmt, dann könnte es geschehen, daß der Junge durch das Leben wandert, ohne daß jemand an ihm etwas auszusetzen hat.

Später wird er vielleicht ganz gut weiterkommen. In der Beschäftigungsfrage, glaube ich, werden für ihn keine besonderen Schwierigkeiten bestehen, wenn er in entsprechender Stellung ist. Schwieriger wird die Lösung der Liebesfrage für ihn sein, weil er immer Verzärtelung suchen wird, er wird später im Leben immer nach einer Frau suchen, die sich ähnlich verhält wie seine Mutter, bei der er ja doch, wie wir gesehen haben, sich all das holen konnte, wonach er sich sehnte. Das könnte nur durch einen glücklichen Zufall geschehen.

Wir sind durchaus nicht darüber betrübt, aus einem Bruchstück unsere Kenntnisse irgendwie zu überprüfen oder uns daran zu üben. Ich möchte bei dieser Gelegenheit bemerken, daß es weniger wichtig ist, ob wir alles erraten haben, was später einmal eintreten wird, es genügt uns, daß wir uns an so einem Bruchstück geübt haben und Einzelheiten vielleicht schärfer aufgefaßt haben, als es gewöhnlich geschieht. Es geht uns ja im Leben auch nicht anders, wenn wir es mit Menschen zu tun haben, von welchen wir nur ein Bruchstück erfassen und das andere dazu kombinieren müssen. Wir sind nicht in der Lage, ein abgerundetes Lebensbild zu finden, wir müssen doch unsere Schlüsse ziehen. Dies wird mit einiger Vorsicht geschehen müssen und mit dem Bedenken, daß uns vielleicht die weitere Entwicklung, in die dieses Kind gerät, neue Momente für unsere Überlegung nahelegen wird.

XVIII. Kapitel.

Bettnässer.

„Emil K., 12 Jahre alt, leidet an Enuresis."

Wenn wir das Wort Enuresis hören, können wir uns auf unsere Erfahrung verlassen, daß die Enuresis immer eine Bewegung ist, die dahin zielt, sich auf eine, wenn auch ungehörige Weise mit der Mutter in Verbindung zu setzen. Das ist ein Kind, das mit seiner Enuresis spricht. Es ist so, wie wenn es eine Blasensprache führen würde. Wir können alle Ausdrucksformen als eine Form der Sprache verstehen. Diese Sprache bedeutet hier: „Ich bin noch nicht so weit, mich muß man noch überwachen!" Und in der Regel geschieht es auch, daß die Mutter zwei- bis dreimal in der Nacht zu dem Kinde hereinkommt, es aufweckt, auf es aufpaßt. Er teilte der Mutter eine Fleißaufgabe zu.

Enuresis ist keine organische Erkrankung, und wir wissen, daß Kinder, die Enuretiker sind, meist tagsüber ihre Blase beherrschen. Das Problem ist, warum beherrscht das Kind des Nachts seine Blase nicht? Weil es in einer seelischen Spannung ist, die ihm die Funktion der Retension des Urins nicht ermöglicht. Woher die Spannung? Wir wissen, wie hartnäckig die Kinder bei der Enuresis verbleiben, weil sie diese Beziehung wünschen, sie wünschen mit jemandem verbunden zu sein, jemandem eine Fleißaufgabe zu geben. (Bemerkung eines Patienten: „Sie wollen eine Filiale in jemandem errichten.") Dies ist der Typus von verzärtelten Kindern. Wenn wir solche Anstrengungen sehen, diese Verzärtelung intensiver zu gestalten, dann wissen wir, daß es dem Kinde schwierig gemacht wurde, diese Beziehung aufrecht zu erhalten. Wir sind schon so weit, daß wir sagen können, daß diese Enuresis offenbar ein Angriff aus einer kämpferischen Haltung sein muß, wo ein Kind darum kämpft, jemand anderen heranzuziehen. Zu diesem Typus gehören auch diese Kinder, die des Nachts sich rastlos herumwälzen, aufschreien (Pavor nocturnus), durch einen Laut sich mit den anderen zu verbinden suchen. Es gibt wieder andere, die aufstehen, herumgehen, um in einer Bewegung des Gehens den Zusammenhang herzustellen und dadurch die anderen zu bewegen, sich mit ihnen zu verbinden. Es ist die Sprache ausgedrückt in einem anderen Organ. Es ist bedeutsam, wie es das Kind so ausdrückt. Es ist in Zusammenhang mit einer Organminderwertigkeit der Blase und der der Blase übergeordneten Zentren. Ich war der erste, der im Jahre 1907 darauf hingewiesen hat, daß bei Enuresis eine Minderwertigkeit des Lumbals sich nachweisen läßt. Ich habe auch darauf hingewiesen, daß es mit der Spina bifida oder einem Nervus in dieser Gegend zusammenhängt. (Prof. Fuchs hat das auch betont.) 2. Wie ein Kind die Blasensprache spricht. Es kommt hauptsächlich bei solchen Kindern vor, die man darauf besonders aufmerksam macht, daß diese Sprache von bedeutender Wichtigkeit ist, wo die Mutter sich die größte Mühe gegeben hat, mehr als durchschnittlich, das Kind des Nachts rein zu halten, wenn sie diese Reinlichkeit überbetont hat. So kommt das Kind automatisch zur Idee: da läßt sich etwas anfangen. Sie können verstehen, daß bei allen diesen Kindern Anzeichen der Verzärtelung immer wieder gefunden werden.

Wir wollen uns nicht binden und wollen schauen, was später kommt.

Er ist 12 Jahre alt. Wir müssen fest im Auge halten, daß er verzärtelt worden ist, und seitdem die Enuresis andauert, hat er das Gefühl, daß er nicht mehr genug Liebe bekommt. Wir können Details auch erraten. Er hat wahrscheinlich einen jüngeren Bruder oder eine jüngere Schwester. Das sind Gründe, aus denen heraus ein verzärteltes Kind einen Kampf beginnt, oder es ist eine Anklage wegen verminderter Verzärtelung. Eine Anklage ist dasselbe wie ein Angriff, es ist kein Unterschied. Es ist aus seiner Situation herausgekommen. Vielleicht hat er einen Stiefvater oder eine Stiefmutter. Wir haben keine festen Regeln. Für uns ist es sehr bedeutsam, die Situation zu kennen. Wir müssen die Situation der verminderten Verzärtelung finden. Der Junge hat sein ideales fiktives Ziel (sein Ideal ist seine Zielstrebigkeit): verzärtelt zu sein, einen anderen zu haben, den er in Kontribution ziehen kann. Dieses Ziel muß man ändern und ihm ein Ziel zeigen, wo er sich nützlich machen kann.

„Niemals bei Nacht, nur bei Tag."

Das ist eine Erfahrung, die unseren Gedankengang wesentlich

beeinflußt. Er ist bei Tag in einer großen Spannung, bei Nacht scheint er ganz zufrieden zu sein. Man kann sich verschiedene Gedanken machen, daß er des Nachts bei der Mutter schläft und daß er bei Tag sich unangenehm bemerkbar machen will, wie wenn er sagen wollte: „Kümmert euch mehr um mich." Bei Tag ist sein Kampf viel stärker.

„Verliert oft auch Stuhl."

Er macht sich deshalb auch so bemerkbar, daß er sich gelegentlich auch mit Stuhl beschmutzt. Der Kampf ist nahezu in einer Stimmung der Hoffnungslosigkeit geführt. Ob man da an Imbezillität denken soll, ist Sache des einzelnen, wie man den Begriff der Imbezillität auffaßt. Wir fragen: Warum macht er das nicht bei Nacht. Man findet es manches Mal, daß Kinder, wenn sie sich beim Spielen zu sehr engagieren, auf Haltung ihrer Funktionen gar nicht mehr achtgeben können. An diesen Kleinigkeiten, diesen Details können wir wahrnehmen, daß die Art unserer Funktion sozial geartet ist. Abnormal ist zu betrachten, wenn eine Funktion sich abseits eines sozialen Verhaltens abspielt.

„Ist ein uneheliches Kind."

Wir erwarten von solchen Kindern, daß sie ohne Liebe, Wärme und Verzärtelung aufgewachsen sind, die man Kindern in den ersten 1—2 Jahren immer entgegenbringt. Wir finden nicht selten auch unter unehelichen Kindern verzärtelte Kinder. Wir werden hier noch Klarheit bekommen müssen.

„Sein Vater ist im Krieg gefallen, die Mutter hat dann noch einmal geheiratet."

Hier wird die Vermutung von einem Stiefvater schon bestätigt.

„Vom zweiten Mann sind zwei Kinder da, ein 8jähriger Knabe und ein 6jähriges Mädchen."

Wenn Sie sich erinnern, daß ich früher von einer Anklage gesprochen habe, dann sehen wir jetzt schon richtiger. Er hat wahrscheinlich recht, anzuklagen, und es ist gar keine Frage, daß er das auch empfindet. Ich erinnere mich an einen Fall, wo ein Junge seine Mutter verlor, als er zwei Wochen alt war. Der Vater hat kurz darauf geheiratet, und niemand wußte, daß er nicht von dieser Mutter ist. Er hat es auch nicht erfahren. Später bekam der Vater noch ein Kind. Später kam er zu mir in Behandlung und erzählte mir, daß er bis zu seinem 14. Lebensjahr immer in der Idee war, daß seine Mutter nicht die rechte, sondern die Stiefmutter wäre, bis sich das auch tatsächlich bestätigte. Es zeigt Ihnen, wie Kinder das sehr deutlich fühlen, wenn man sie auch gut behandelt hat. Sie empfinden doch einen Unterschied, wenn noch andere Kinder hier sind und mehr Zärtlichkeit und Sorgfalt genießen.

„Das Kind verhält sich mit seinen Geschwistern angeblich sehr gut."

Sie sehen hier zwischen den Kindern keinen Kampf. Ich habe oft gesehen, daß ein Kind eifersüchtig sein, aber die anderen Kinder gern haben kann. Er kann sich zurückgesetzt fühlen, aber er kann sich vertragen. So ein Gefühl kann verschiedene Folgen haben. Z. B. ein 5jähriges Mädchen ist 5 Jahre allein gewesen, und dann bekam sie eine jüngere Schwester. Es stellte sich später heraus, daß dieses Kind (die Ältere) drei kleine Mädchen umgebracht hat, wie wenn sie sagen wollte: „Alle Mädchen müssen aus der Welt." Der kleinen Schwester gegenüber hat sie sich tadellos benommen. Bei dem Mord ist sie mit größter Schlauheit vorgegangen, so daß man sie erst bei dem dritten Mord ertappt hat.

„Der Stiefvater war anfangs äußerst streng zu ihm."

Der Junge hat eine böse Periode mitgemacht. Wie der Stiefvater gekommen ist, hat sich seine Situation verschlimmert, — da beginnt offenbar seine Anklage.

„Auf Zuspruch der Mutter hat sich das aber gebessert."

Wir können uns vorstellen, daß diese Besserung nicht so war, daß der Junge das immer gespürt hätte.

„Das Kind ist größtenteils fern von zu Hause aufgewachsen, bei einer Tante,"

Wahrscheinlich im Beginn seines Lebens. Dort dürfte er bessere Tage erlebt haben. Bei Tante, Großmutter geht es Kindern meistens ganz gut.

„— teils im Waisenhaus."

Ich möchte nicht mit Sicherheit aussprechen, daß es ihm auch dort gut gegangen ist. Aus früherer Zeit sind meine Erfahrungen diesbezüglich nicht die allerbesten. Dort herrscht eine gewisse Ordnung, und zu dieser Ordnung gehört, daß sich die Kinder nicht naß machen und sich nicht schmutzig machen. Sie haben den Hinweis, daß dies für dieses Kind überbetont ist. Die Tante hatte auch wahrscheinlich zu viel Gewicht auf seinen Stuhl usw. gelegt. Wir können beobachten, daß, wenn man einem Kind die Wichtigkeit des Essens besonders nahelegt, dann wird dieses Kind Schwierigkeiten im Essen haben, — ebenso, wie sich Kinder, die gern zur Herrschaft ihrer Gliedmaßen, zur Herrschaft ihrer Funktionen kommen wollen, dagegen wehren, daß man ihnen irgendwelche Aufträge gibt. Man wird finden, daß sie sich des Nachts von selbst halbschlummernd aufsetzen, sich auf den Topf setzen und allein funktionieren, wenn sie aber wach werden und man sie auf den Topf setzen will, weigern sie sich und bekommen eine furchtbare Wut. Wir sind noch nicht ganz im Klaren, wo bei diesem Jungen der Fehler gemacht worden ist. Er ist offenbar von einer warmen Situation in eine kalte gekommen.

„Das Kind geht jetzt in die erste Hauptschule (I.D.)."

Ich glaube, daß ist für sein Alter ein bischen zu spät. Er sollte schon mit 10—11 Jahren diese Klasse besuchen. Sie können mit Sicherheit annehmen, daß, wenn er schon so weit gekommen ist, daß er die erste Hauptschule besucht, er kein Idiot ist und nicht als imbezill oder debil zu betrachten ist. Er hätte wahrscheinlich ein besserer Schüler sein können als er ist, wenn er nicht immer unter Spannungen leiden müßte.

„Die erste und dritte Volksschule hat er wiederholen müssen."

Das entspricht unserer Auffassung, daß er unter einer Spannung gelitten hat und nicht gut vorbereitet war, insbesondere für einen strengen Lehrer. Er ist der Hoffnungslosigkeit etwas näher gekommen. Auch im Haus dürften ihm diese Vorfälle nicht viel genützt haben.

„Jetzt kommt er in der Schule ganz gut vorwärts,"

Er hat wahrscheinlich einen freundlichen Lehrer.

„hat Freunde."

Er fängt an, wieder Hoffnung zu haben, hoffnungsvoller ins Leben hereinzublicken.

„Er pflegt oft in der Schule, auch auf der Straße zu grimassieren."

Dieses Grimassieren ist wieder eine Ausdrucksbewegung, die wir als Sprache auffassen können. Was sagt denn das? Er sagt: „Schaut mich an!" Er spielt da eine Rolle, eine Komödie, die darauf berechnet ist, sich in den Mittelpunkt zu stellen. Da haben Sie dasselbe, wie bei dem Sichnaßmachen, Sichschmutzigmachen. Er möchte gerne mehr im Vordergrund stehen. Er hat das Gefühl, zurückgesetzt zu sein, und kämpft dagegen.

„Hat angeblich mit 11 Monaten Gehen gelernt, begann spät zu sprechen."

Es gibt solche Kinder, deren Sprachentwicklung sich nach den äußeren Verhältnissen richtet (Hörstummheit). Wir würden auch verstehen, wenn jemand gesagt hätte, daß dieses Kind imbezill ist, obwohl es hier nicht der Fall ist.

„zeigt auch einen Sprachfehler, indem er beim Sprechen die Zunge zwischen die Zähne schiebt,"

Es ist, was man in Wien „Zuzeln" nennt. Ich verstehe nicht, warum solche Fehler so lange beibehalten werden. Man sollte dem Kinde zeigen, freundlich erklären, wie man die Zunge richtig hält, oder Drahtgestelle anwenden. Es gelingt ziemlich leicht, diesen Fehler abzugewöhnen. Dieser Fehler dürfte auch mitgewirkt haben, daß er seine Rolle als unangenehm auffaßt. Er wurde wahrscheinlich ausgelacht und dadurch bedrückt.

„angeblich soll der Vater denselben Sprachfehler gehabt haben."

Der Sprachfehler hat sich nicht vererbt, sondern vielleicht die Zungenbildung, die Form des Kiefers. Es wird sich herausstellen, daß jeder Sprachfehler durch Organbildung begünstigt ist. Wir können z. B. bei Stotterern sehr häufig eine Veränderung des Knochengerüstes der Kiefer, des Kehlkopfs oder andersartige Zahnstellung finden. Alle diese Umstände dienen dazu, den glatten Ablauf der Sprache zu verhindern und den Weg zu einem Sprachdefekt zu ebnen.

„Kinderkrankheiten: Masern, Vericella. Sonst noch Lungenentzündung, wurde vor drei Jahren adenotomiert."

Wir werden das weiter nicht verwenden können.

„Das Kind ist schwächlich, esthenisch, macht einen ängstlichen, verschüchterten Eindruck,"

Wir haben nicht erwartet, daß das Kind einen mutigen Eindruck macht. Er grenzt an die Hoffnungslosigkeit, was sich in letzter Zeit etwas verbessert hat, vielleicht seitdem er in der Schule bessere Fortschritte macht.

„das dadurch, daß der Oberkiefer stark über dem Unterkiefer liegt und der Mund fast ständig offen gehalten wird, den Eindruck des Läppischen macht."

Sie sehen, daß er Veränderungen des Knochengerüsts hat. Daß er den Eindruck des Läppischen macht, hat zu seiner Unbeliebtheit wahrscheinlich auch beigetragen.

„Sonstiger Befund ergibt: Innere Organe o. B., Reflexe normal, näherer neurologischer Befund wurde nicht gemacht, und speziell in der Nase und im Rachen ist das Kind noch nicht untersucht worden. Mutter hatte Nierenentzündung, ein Bruder auch."

Es ist sehr interessant vom individualpsychologischen Standpunkte aus, worauf ich schon in meiner „Studie über Minderwertigkeit von Organen" hingewiesen habe, daß man bei Enuretikern eine gleichzeitige Minderwertigkeit des ganzen Urogenitalsystems findet

(z. B. eine Minderwertigkeit der Niere usw.), die manches Mal zu Krankheiten einen Untergrund gibt. Das sagt nicht, daß die Enuresis selbst die Folge einer organischen Erkrankung ist. Es liegt eine embryonale Minderwertigkeit vor, die die Sache erleichtert hat. Eine Schwäche des Ernährungstraktes, des Sexualapparates ist bei Enuretikern auch zu beobachten, letztere fast regelmäßig.

Es wird sich darum handeln, was wir mit der Mutter sprechen, ob sich dieses Kind wirklich so hoffnungslos befindet. Wir werden auch trachten, festzustellen, ob das sich in der letzten Zeit gebessert hat, da sich gute Zeichen zeigen, wie Freunde, Schule. Weiterhin wird es sich darum handeln, sie zu influenzieren, daß sie dem Jungen seinen Wert zu erkennen gibt, daß sie ihm zeigt, daß er nicht zurückgesetzt ist. Man sollte ihr den Vorschlag machen, daß sie den Vater beeinflußt, den Jungen freundlich zu behandeln, ihm manchmal Freude zu bereiten, z. B. an einem Sonntag mit ihm allein spazieren zu gehen. Dann möchte er nicht mit einer Anklage wirken wollen, dann wird er der Familie nicht ihre Sonntagsfreude verderben.

Den Jungen müssen wir ermutigen, daß er etwas leisten kann, wir müssen ihm auch ein Ziel stecken, von dem wir wissen, daß er es erreichen kann. Wir werden versuchen, ihm auch diese Aufgabe zu setzen, ob er sich mit der Mutter, mit dem Vater in ein freundliches Verhältnis setzen kann. Wenn es hier gelingt, ihn freundlicher zu stimmen, dann würde er sich selbst bemühen, zu vermeiden, den anderen Unannehmlichkeiten zu machen. Es ist vorauszusetzen, daß er bei dem Lehrer sich nicht schmutzig macht. Er macht sich nur dort schmutzig, wo er von sich nichts erwartet.

Sie sehen die Hauptgesichtspunkte: Die Eltern günstiger zu stimmen, den Jungen ermutigen und ihn bedeutungsvoll auf einen Beruf hinweisen.

Dr. A. (zur Mutter): Wir möchten wegen des Buben mit Ihnen sprechen, wie geht es ihm in der Schule?

Mutter: Er nimmt sich in der letzten Zeit zusammen.

Dr. A.: Hat er schon einmal gesagt, was er werden möchte?

Mutter: Er möchte Elektriker werden.

Dr. A.: Er hat schon Ehrgeiz? Versteht er etwas davon?

Mutter: Er hat schon ein wenig Verständnis dafür.

Dr. A.: Macht er sich gerne nützlich im Haus?

Mutter: Ja!

Dr. A.: Ist er froh, wenn man das anerkennt, wenn man ihn lobt? Ich möchte den Buben öfters loben. Er ist hungrig darauf, gelobt zu werden, er möchte immer zärtlich, freundlich behandelt werden. Wie verträgt er sich mit Ihnen?

Mutter: Er folgt, man kann sich auf ihn verlassen.

Dr. A.: Gibt er auch auf die anderen Kinder acht? Verträgt er sich mit ihnen, tut er nicht eifern?

Mutter: Der Zweite läßt sich nichts einreden von ihm.

Dr. A.: Der Zweite ist viel beweglicher, viel schneller, wie die Zweiten immer, die bewegen sich immer schneller.

Wie schläft er?

Mutter: Er schnarcht sehr stark, er hat Polypen gehabt.

Dr. A.: Wo schläft der Junge?

Mutter: Er schläft mit mir in einem Zimmer.

Ich glaube, der Junge fürchtet sich vor dem zweiten Mann und ist sehr furchtsam. Er war früher bei fremden Leuten, die Tante war gut mit ihm, dann ging er ins Waisenhaus.

Dr. A. (Die Veränderung der Situation hat im Waisenhaus begonnen):

Könnte man dem Vater nicht einen Wink geben, daß er ihm diese Angst abgewöhnt? Der Junge ist hungrig danach, daß man ihn lieb und freundlich behandelt, er ist ein ganz netter Bursch. Aus ihm kann noch etwas werden. Wenn der Vater einmal an einem Sonntag mit ihm spazieren gehen möchte, ihm eine Freundlichkeit erweisen möchte, wäre das sehr gut. Diesen Jungen dürfte man nie schlagen, nie anschreien. Er ist auf dem besten Weg, er wird sich gut entwickeln.

Wie liegt er beim Schlaf?

Mutter: Er liegt am Bauch.

Dr. A.: (Abkehr vom Leben, sich verstecken.)

Mutter: Er deckt auch den Kopf zu.

Seitdem er vom Waisenhaus gekommen ist, fürchtet er sich sehr.

Dr. A.: Probieren Sie einmal, ihn nicht zu tadeln, nicht zu nörgeln, ich möchte ihm sagen: Du bist tüchtig! Ich möchte ihn loben und ihm zeigen, daß ich ihn gerne habe. So ein Kind braucht einen Beweis, daß man ihn gerne hat. Dann möchte die Geschichte mit dem Buben ganz gut gehen.

Fortgehen möchte er nicht von Ihnen?

Mutter: Wenn ich ihm sage, ich gebe dich ins Waisenhaus zurück, dann fürchtet er sich.

Dr. A.: So etwas möchte ich ihm nicht sagen.

Dr. A.: Ist es ganz gleich in der Schule und zu Hause?

Mutter: Der Junge fürchtet sich in der Schule, da er nicht immer hinausgehen kann. Er traut sich nicht, dem Lehrer immer zu sagen, wenn er hinaus muß.

Dr. A.: Vielleicht wäre es gut, von dem Spital aus dem Lehrer eine Mitteilung zugehen zu lassen.

(Verabschiedet sich von der Mutter.)

Dr. A. (zu Emil K): Servus! Geht es dir in der Schule gut? Was möchtest du werden?

Emil: Mechaniker.

Dr. A.: Bravo! Bist du tüchtig? Wie geht es mit dem Schreiben?

Emil: Nicht gut!

Dr. A.: Mit dem Zeichnen?

Emil: Es geht ganz gut.

Dr. A.: Du kannst ein tüchtiger Mechaniker werden! Aber du mußt Courage haben, du darfst dich nicht fürchten. Es geschieht dir ja gar nichts. Willst du es lernen, dich nicht zu fürchten? Vor dem Lehrer mußt du auch nicht gleich so stehen wie ein kleiner Bub! Du bist ja schon groß, du bist ja kein Wickelkind, du brauchst dich nicht zu fürchten, wenn du auch eine schlechte Note kriegst! Ich habe auch schlechte Noten bekommen, habe aber dann fester die Sache angepackt, und es ist besser gegangen. Man braucht sich nur nicht zu fürchten! Du fürchtest dich, und dann benimmst du dich so wie ein Wickelkind! Wie lange mußt du noch in die Schule gehen?

Emil: Zwei Jahre, dann komme ich in die Lehre.

Dr. A.: Wie geht es dir mit dem Turnen?

Emil: Ich habe „2"gehabt.

Dr. A.: Hast du viel Freunde?

Emil: Ich habe auch schlimme Freunde, sie schlagen mich immer.

Dr. A.: Raufst du auch?

Emil: Hie und da.

Dr. A.: Man soll den anderen nur nicht wehtun, weißt du. Das ist so wie im Turnen!

Dr. A.: Tust du auch mit dem Bruder raufen?

Emil: Er ist 8 Jahre alt.

Dr. A.: Dann bist du der Ältere, ist er brav?

Emil: Er ist auch schlimm und rauft mit mir.

Dr. A.: Er scheint nicht so ängstlich zu sein. Du mußt schauen, daß du weiter kommst. Wenn er mit 8 Jahren sich wie ein Großer benehmen kann, mußt du es auch zusammenbringen. Komm in einem Monat wieder und erzähle mir, wie es dir geht, ob du schon mehr Courage hast und ob du dich als ein Erwachsener und nicht mehr wie ein Wickelkind benimmst. Probiere das und erzähle mir dann, ob du es zusammenbringen kannst!

(Verabschiedet sich von dem Kind.)

Jetzt ist nur die Zeit für eine Ermutigung. Wenn man von seinem Fehler spricht, dann ist das keine Ermutigung. Sollte er in einem Monat wieder herkommen und sollten wir sehen, daß er vorwärts kommt, dann kann man darüber sprechen.

XIX. Kapitel.

Enuresis als Bindemittel.

„Fritz, 12 Jahre alt, kommt in die Ambulanz wegen Enuresis,"

Das ist ein kämpfendes Kind, wahrscheinlich früher verzärtelt, durch irgendein Ereignis aus der Bahn der Verzärtelung geworfen, fühlt sich jetzt nicht wohl und beginnt die Mutter so zu attackieren, daß sie sich mit ihm auch in der Nacht beschäftigen soll. Sie müssen hier nach den Zeichen der Verzärtelung suchen: Schlampet in der Regel, wahrscheinlich eifersüchtig gegen ein jüngeres Geschwister, hat Schwierigkeiten beim Essen, will immer im Mittelpunkt stehen, andere an sich heranziehen usw.

„häufig bei Tag,"

Wenn Sie das hören, daß ein Kind sich bei Tag naß macht, ist das ein Zeichen, daß es schon ein heftigerer Kampf ist; es genügt ihm nicht, bei Nacht andere zu molestieren, er tut es bei Tag. Wir müssen auch feststellen, ob nicht ein geistiger Defekt vorliegt. Organische Erkrankung ist sehr selten.

„selten in der Nacht."

Ein starker Kampf tagsüber, des Nachts ist er wahrscheinlich in einer besseren Situation und beruhigt sich. Wir möchten uns nicht wundern, wenn wir hören, daß er den Kampf bewußt führt und als seine Charaktereigenschaft Trotz stark hervorspringt. Trotz ist ein etwas bewußterer Kampf.

„Wenn die Mutter mit ihm ist oder in der Schule macht er sich nie naß."

Das ist ein Zeichen, daß hier psychische Beweggründe vorliegen. Wenn die Mutter bei ihm ist, braucht er sie nicht heranzuziehen.

In der Schule fühlt er sich wahrscheinlich auch nicht schlecht. Vielleicht ist er kein schlechter Schüler, oder aber er hat nicht die Neigung, von der Schule hinausgeworfen zu werden.

„Die Mutter ist geschieden,"

Ehezerwürfnisse wirken auch schlecht auf Kinder. Streitende Eheleute kümmern sich meistens wenig um die Kinder und geben ihrem Ärger ihnen gegenüber oft Ausdruck. Es ist auffallend, daß man unter schwer erziehbaren Kindern, Verbrechern, Neurotikern, sexuell Perversen, Trinkern usw. sehr häufig Kinder aus schlechten, unglücklichen Ehen findet. Wir trachten, herauszufinden, ob so ein Kind nicht überbürdet war; Überbürdung ist immer ein Erschwerungsgrund.

„wohnt bei den Großeltern."

Man muß hier daran denken, daß Großeltern meistens verzärtelnd Kindern gegenüberstehen. Nicht immer: Verzärtelt die Mutter, dann macht die Großmutter ihr Vorwürfe, — verzärtelt die Mutter nicht, dann verzärtelt die Großmutter.

„Das Kind hat früher im Schlafzimmer der Eltern geschlafen,"

Das ist ein Zeichen, daß dieses Kind, sei es, daß es durch seine eigenen Anstrengungen der Mutter nähergekommen ist, sei es, daß die Eltern es immer bei sich haben wollten, einmal verzärtelt worden ist.

„jetzt schläft es allein."

Dieser Umstand ist nicht gleichgültig für uns und spielt bei der Enuresis mit. Wenn das Kind in dem Bett der Mutter schlafen würde, möchte es sich nicht naß machen.

„Das Kind hängt riesig an der Mutter."

Es ist eine Bestätigung, daß dieses Kind sehr innig mit der Mutter verbunden ist. Es versucht, die Mutter für sich zu gewinnen, als Stütze zu benützen.

„Wird speziell von den Großeltern enorm verwöhnt."

Wie wir sehen, sind wir mit unseren Vermutungen nicht sehr fehl gegangen.

„Vor vier Jahren lag er mit Osteomyelitis der Hüfte und des Oberschenkels sieben Monate im Spital."

Das ist ein Leiden, bei dem die Verzärtelung außerordentlich anwächst. Das ist eine der gewöhnlichen Begebenheiten, nach welchen die Kinder die Verzärtelung viel stärker entbehren. So verzärtelt kann ein Kind nie mehr werden, wie wenn es mit Osteomyelitis im Spital liegt.

„Damals wurde eine Amputation in Erwägung gezogen, das Bein ist jetzt mit Anhylose geheilt."

Er hat also auch einen körperlichen Defekt. Dieser Umstand trägt sehr dazu bei, daß diese Kinder ein schweres Minderwertigkeitsgefühl mit sich herumtragen. Verzärtelte Kinder haben schon an und für sich ein Minderwertigkeitsgefühl, sie trauen sich allein nichts zu. Dadurch, daß er eine Anhylose hat, wird sein Minderwertigkeitsgefühl verstärkt, und er versucht sich noch mehr auf die anderen zu stützen.

„Wegen dieser Erkrankung hat er vom 7.—10. Jahr keine Schule besucht."

Selbstverständlich ist er immer mit der Mutter zusammengewesen.

„Mit 10 Jahren ist er dann in die dritte Hilfsschulklasse eingesprungen und geht jetzt in die vierte Hilfsschulklasse."

Hilfsschulklasse bedeutet wieder eine Verschärfung des Minderwertigkeitsgefühls, wenn dieses Kind nicht imbezill, Idiot oder debil ist. Dann spürt er es nicht, wenn er unter lauter Kindern ist, die zurückgeblieben sind. In Wien ist es z. B. ganz gewöhnlich, daß man von „Trottelklassen" spricht. Ein normales Kind empfindet eine Herabsetzung, wenn es unglücklicherweise in eine Hilfsschulklasse kommt. Dieses Kind hat viele Gründe, sich als minderwertig, als zurückgesetzt zu fühlen.

„Kommt in der Schule gut vorwärts."

Es wundert uns nicht, wenn er normal ist, daß er gut vorwärts kommt. Das ist kein Vorteil, unter den Blinden der Einäugige zu sein, das ist kein Triumph.

„Beim Rechnen hat er einige Schwierigkeiten."

Wenn er einmal dahinter kommt, wie man es macht, dann wird er sicherlich ebensogut rechnen können, wie die anderen.

„Er schreit immer drein, wenn in der Schule andere gefragt werden."

Daraus können wir entnehmen, daß es ein intelligentes Kind ist. Dieses verzärtelte Kind möchte im Vordergrund stehen. Sein Bettnässen ist auch ein Mittel dazu. In der Schule spielt er eine ziemlich gute Rolle, er muß nicht ganz unzufrieden sein, aber er möchte in der Schule auch voraus sein, deshalb spricht er überall drein.

„Auch beim Spielen muß er immer die erste Rolle spielen."

Er hat seinen Stil, was Sie bei Schwachsinnigen nicht finden. Wir können sagen, daß er nicht in die Hilfsschule gehört. Wir wissen, daß er durch seine Krankheiten nicht gut für eine Normalklasse vorbereitet ist und ohne Vorbereitung dort nicht gut mitkommen könnte. Man müßte für solche Schulkinder eine besondere Vorbereitungsschule errichten.

„Er hat einen um 4½ Jahre älteren Bruder, der seinerzeit vom Vater sehr verzogen wurde."

Wir können daraus entnehmen, daß er keine jüngeren Geschwister hat. Er lebt wahrscheinlich in der Idee, daß der ältere Bruder ihm voraus ist. Der ist vom Vater vorgezogen, ist nicht in der Hilfsschule.

„Der ältere Bruder ist sehr hübsch, mußte einmal die erste Bürgerschule wiederholen, lernt aber jetzt sehr gut, ist sehr ernst und erwachsen."

Wenn wir von zwei Brüdern hören, wo der ältere sich gut entwickelt und nicht zu schlagen ist, so ist dort meistens der Jüngere ein Problem. Wenn der Jüngere gut vorwärts geht, dem Ersten nachkommt, diesen in seiner Stellung bedroht, wird der Ältere ein Problem. Diese Behauptung ist hier wieder bestätigt. Der Ältere spart wahrscheinlich nicht, darauf hinzuweisen, daß der Jüngere in der Hilfsschule ist.

„Der Jüngere spielt besonders gern den Wurstel."

Häufige Erscheinung bei Kindern, die ein starkes Minderwertigkeitsgefühl haben, nichts tun, sich in den Vordergrund stellen wollen.

Wir finden bei diesem Kinde drei koordinierte Erscheinungen, wie: Enuresis, Dreinreden und den Wurstel spielen. Lauter Ausdrucksformen eines ehrgeizigen Schwächlings. Jemand, der sich etwas zutraut, wird nicht so auftreten.

„Er schreit auch oft in der Nacht auf."

Er sucht hier wieder die Verbindung. Daß er aufschreit, den Wurstel spielt, sind Beweise, daß er intelligent ist; er macht alles richtig, er macht das so, wie wir — wenn ich es sagen darf — es auch machen würden, wenn wir in derselben Lage wären und diese Lage, die Courage verlangt, mißverstehen würden.

„Beim Essen macht er keine Schwierigkeiten."

Ein Zeichen, daß in dieser Familie in der Erziehung keine großen Fehler gemacht worden sind, daß man das Essen nicht überbetont hat. Er hat hier einen Fehler gemacht, eigentlich müßte er auch beim Essen Schwierigkeiten machen. Wir dürfen uns nicht wundern, wenn wir in der Gestaltung eines Lebensstils auch finden, daß wir Symptome nicht beobachten können, die wir kraft unserer größeren Erfahrung eigentlich erwarten möchten.

„Er wäscht und zieht sich allein an.“

Hier ist man offenbar auch richtig vorgegangen.

„Die Eltern und Großeltern väterlicherseits sind Blutsverwandte.“

Das hätte eigentlich keine Bedeutung, da dieselbe Erscheinung auch bei anderen Kindern zu beobachten ist. Man kann es nicht auf Heredität zurückführen. Ich möchte bemerken, daß ich Blutsverwandtenehen immer unter entmutigten Leuten finde; diese suchen eine Art Sicherheit in der Auswahl ihrer Lebensgefährten, und die finden sie eher bei Personen, die sie seit ihrer Kindheit kennen. Das ist auch ein Beweis von geringem Gemeinschaftsgefühl, für sie bedeutet die Familie die ganze Gemeinschaft. Es soll nicht geleugnet werden, daß bei Blutsverwandtenehen die Kinder auch organische Minderwertigkeiten aufweisen können (Ohren-, Augendefekte), aber soweit ich bisher eruieren konnte, nur in Fällen, wo gleichlaufende Minderwertigkeiten bei beiden Partnern zusammentreffen. Wir sehen aber oft ganz gesunde Kinder dort, wo diese gleichlaufenden Organminderwertigkeiten nicht vorhanden sind. Wir sind nur deshalb gegen Verwandtenehen, weil das Gemeinschaftsgefühl eine Blutvermischung im weitesten Ausmaße verlangt. Menschen, die so einen großen Unterschied machen zwischen Personen der eigenen Familie und den anderen, haben nicht viel Gemeinschaftsgefühl.

„Das Kind hat Feuchtblattern, Keuchhusten gehabt.“

Die Eltern verzärteln bei diesen Krankheiten auch sehr. Sie werden beobachten können, daß es eine Anzahl von Kinderkrankheiten gibt, die die Verzärtelung geradezu mit Naturgewalt nach sich ziehen, wie z. B.: Scharlach, Keuchhusten usw., Encephalitis. Da finden wir nachträglich eine Anzahl von Schwierigkeiten, die auf diese Krankheiten zurückzuführen sind. Sie können auch manches Mal sehen, daß sich ein schwer erziehbares Kind nach einer schweren Krankheit bessert. Man wird keinen Mut haben, zu behaupten, daß Scharlach einen besonders günstigen Einfluß auf jemanden ausüben könnte.

„Er hat mit 16 Monaten laufen,“

Wenn die Mutter hier recht hat, hat vielleicht eine Rachitis mitgespielt. Daß es viel mehr in der Obhut der Mutter gewesen war, als notwendig, ist offensichtlich.

„erst mit 3 Jahren richtig sprechen gelernt.“

Das beweist, daß er das Sprechen nicht sehr notwendig gehabt hat, wenn er das notwendig gehabt hätte, so hätte er schon früher gesprochen. Man hat alle seine Wünsche erfüllt, alles für ihn getan, ohne daß er sprechen hätte müssen. Das ist auch bei den Hörstummen der Fall. Solche Kinder sind meistens außerordentlich verzärtelt und haben das Sprechen nicht notwendig; die Mütter bemerken oft mit Stolz, daß sie immer wissen, was das Kind will. Solche Kinder wünschen immer, daß man sie ohne Sprechen versteht und sich immer mit ihnen beschäftigt. Wenn ein solches Kind nicht spricht und die verzärtelnde Person die Fleißaufgabe, die ihr von dem Kinde zugeteilt wird, immer ausführt, dann können wir schon verstehen, wie man zu einer Hörstummheit kommt. Wir wissen auch, daß Kinder alle ihre Funktionen entsprechend ihrer Umgebung formen, regulieren können.

Ich hörte einmal von einem Kind eines taubstummen Ehepaares, dieses Kind war ganz normal, konnte hören und sprechen. Wenn dieses Kind sich irgendwie verletzte, begann es zu weinen, aber ohne Laut. Die Tränen liefen ihm über die Wangen, es machte ein trauriges Gesicht, aber weinte nicht laut; es wußte, daß es unnütz gewesen wäre. Entsprechend der Umgebung wachsen die Funktionen, sie können nicht anders wachsen. Sie können die sogenannte Triebpsychologie in diese Betrachtung einbeziehen, die Triebe entwickeln sich nur der Umgebung entsprechend. Diesem Jungen wurde das Sprechen erspart, so daß seine Sprache sich nicht rechtzeitig entwickeln konnte.

„Er spricht auch jetzt etwas nasal. Er wurde vor vier Jahren tonsillektomiert und adenotomiert. Es ist auch für die nächste Zeit wieder eine Adenotomie in Aussicht genommen. Er hat einen etwas mongoloiden Typus."

Es macht uns etwas stutzig, zu hören, daß er ein „mongoloider Typus" ist. Der Verdacht besteht, daß er doch zu den debilen Kindern gehört. Doch möchte ich nicht mit unbedingter Sicherheit annehmen, daß er mongoloid ist. Man hat bisher nicht ein mongoloides Kind gesehen, das nicht schwachsinnig wäre. Man darf jedoch nicht vergessen, daß manche Menschen Mongolen ähnlich sehen, ohne schwachsinnig zu sein.

„Er hat eine breite Nasenwurzel, abstehende Ohren, vorspringende Unterlippe. Sonst interner Nervenbefund o. B., Intelligenz normal. Das rechte Bein wird steif gehalten. Das Kind turnt besonders gern und hat es durchgesetzt, obwohl es ihm anfangs verboten war, die Turnübungen, soweit es mit seinem Bein möglich ist, mitzumachen."

Ich habe oft gefunden, daß Kinder mit Defekt auf den Beinen oder Armen mit großem Eifer ans Turnen gehen und manches Mal ausgezeichnete Turner werden. Hier bekommen wir wieder eine Bestätigung für die Grundanschauung der Individualpsychologie, daß die besten Leistungen durch ein besonderes Interesse zustandekommen, welches einem minderwertigen Organ anhaftet. Vor vielen Jahren hat sich z. B. hier ein Tänzer produziert, der nur ein Bein hatte.

Sie können sich vorstellen, daß in der kurzen Zeit, die uns gegeben ist, wir nicht alles leisten können, was wir leisten könnten. Wenn jemand sich der Mutter und dem Kinde zur Verfügung stellen würde, dann wäre unsere Arbeit wirkungsvoller. Bei dem Jungen muß man trachten, ihn selbständiger und mutiger zu machen und durch Nachhilfeunterricht ihn so weit zu bringen, daß er wieder in die Normalschule kommen kann. Man sollte ihm ein Ziel zeigen, wie er zu einer glänzenden Leistung auf der nützlichen Seite kommen könnte, und in dem Maße, als er zu einem Erfolg kommt, haben seine schlechten Eigenschaften keinen Wert mehr. Das ist die letzte Zuflucht, die er genommen hat, sich naß zu machen. Wir wollen ihm einen besseren Weg zeigen. Wir müssen auch die Mutter gewinnen, denn, wenn wir dem Kinde einen solchen Vorschlag machen und die Mutter uns entgegenarbeitet, gerät das Kind in Schwierigkeiten. Ich will der Mutter den wahren Kern des Wesens des Kindes zeigen und sie beeinflussen.

Dr. A. (zur Mutter): Wir wollen über ihren Fritz sprechen. Sagen Sie, er ist ja einer der besten Schüler in seiner Klasse?

Mutter: Das könnte ich grad nicht sagen.

Dr. A.: Er ist einer der besten Schüler in der Hilfsschule?

Mutter: Es geht ganz gut, bis auf das Rechnen. Andere Kinder sind ihm voraus. Die Frau Lehrerin sagt, wenn er ruhig liest, geht es ganz gut, er hastet sehr . . .

Dr. A.: Was möchte er werden?

Mutter: Tischler.

Dr. A.: Was ist der Vater?

Mutter (mit Stolz): Zahntechniker. Der Großvater hat ein Möbelgeschäft, mein Vater sagte, er möchte, daß Fritz das Fach auslernt, damit er dann die Möbel versteht.

Dr. A.: Er versteht darunter Tischler.

Hat er Freunde?

Mutter: Eben, lauter jüngere Kinder.

Dr. A.: Hat er Neigung, mit anderen Kindern zusammen zu sein?

Mutter: Er will nur mit kleineren Kindern spielen.

Dr. A.: Ist er in einem Hort?

Mutter: Er war bei den „Kinderfreunden". Die Kinder haben einmal gestritten. Die Lehrerin hat sie bei den Ohren gerissen und an die Wand geschmissen.

Dr. A.: Spricht er die Wahrheit?

Mutter: Es kommt manches Mal vor, daß er Geschichten erzählt, aber lügen tut er nicht.

Dr. A.: Kann er mit Geld umgehen?

Mutter: Ja, er kann mit Geld umgehen.

Dr. A.: Kann man sich auf ihn verlassen?

Mutter: Ja, er ist sehr verläßlich. Im Geschäft kann man ihn auch ganz gut brauchen, er weiß ganz gut, was er macht, geht zum Telephon, erledigt Sachen ganz gut. Er ist nur sehr kindisch.

Dr. A.: Wie fühlt er sich in der Schule?

Mutter: Er fühlt sich ganz gut in der Schule.

Früher ist er in eine Privatschule gegangen, wir dachten, daß es ihm dort leichter sein wird. Man hat sich aber dort nicht viel um ihn gekümmert und hat ihn sitzen lassen. Ein Nervenarzt, ein Bekannter von uns, hat das Kind normal gefunden und hat uns geraten, es in die Hilfsschule zu geben.

Dr. A.: Wie sind die Kinder in der Hilfsschule?

Mutter: Die Kinder sind furchtbar, er macht sich aber nichts daraus, aber es sind dort schreckliche Kinder, die sehr zurückgeblieben sind. Wenn ich bestimmt wüßte, ob ich bei ihm auf ein Selbstfortbringen denken kann . . .

Dr. A.: Sie haben aber nie daran gezweifelt?

Mutter: Die Lehrer haben mich damit getröstet, daß er ein tüchtiger Kaufmann sein wird. Er hat für alles Interesse, spricht in verschiedene Sachen drein und macht einen ganz selbständigen Eindruck. Nur das Kindische an ihm!

Dr. A.: Macht er sich oft naß?

Mutter: Ja. Ich war auch bei der Lehrerin und fragte, wie es ihm dort geht. Sie beklagte sich nur, daß er ein etwas lautes Organ hat, das muß er sich abgewöhnen. In der Schule macht er sich auch naß. Sie sagt, es muß eine Schwäche sein. In der letzten Zeit ist es wieder schlimmer geworden.

Dr. A.: Hat er sich in der Schule verschlimmert?

Mutter: Er kommt vorwärts. Früher hat er seine Aufgaben nicht allein gemacht, jetzt macht er sie ganz selbständig.

Dr. A.: Ist er nicht getadelt worden? Im Rechnen?

Mutter: Im Rechnen sind ihm andere Kinder voraus.

Dr. A.: Es wäre gut, wenn er auch im Rechnen vorwärts kommen möchte. Möchten Sie das Kind in meinen Hort schicken? III. Oberzellerg. 8. Kann er allein hinfahren?

Mutter: Er fährt ganz allein, er fährt auch in die Schule allein.

Dr. A.: Man wird ihm in diesem Hort beibringen, daß er alles erreichen kann und daß er in die Normalschule kommen kann.

Mutter: Bei den Kinderfreunden hat er auch schöne Sachen gemacht. Er hat einmal ein hübsches Theater hergestellt. Er hat etwas an sich, was kein Kind an sich hat, wie die Lehrerin behauptet, er ist sehr gewissenhaft.

Dr. A.: Für den Buben wäre es günstiger, in die Normalschule zu kommen.

Wie ist der andere Junge?

Mutter: Oh, der ist ein prachtvoller Junge.

Dr. A.: Wie bezieht er sich zu dem Jüngeren?

Mutter: Sie haben sich sehr gerne; jetzt ist ein ganz anderes Verhältnis, ich bin bei meinen Eltern, der Große ist bei der anderen Großmutter, und die Kinder sehen sich seltener.

Dr. A.: Neckt er den Kleineren?

Mutter: Er fühlt sehr mit ihm, er zittert für ihn.

Dr. A.: Er benimmt sich wie ein Vater, das findet man bei den siegreichen Älteren sehr oft.

Mutter: Der Große war immer sehr gut entwickelt.

Dr. A.: Der Große scheint sehr beliebt zu sein.

Mutter: Der Kleine noch mehr. Der Ältere hat einen stolzen Charakter.

Dr. A.: Hat man ihn nicht wegen der Hilfsschule geneckt, verspottet?

Mutter: Man neckt ihn wegen der Schule nicht, aber die Kinder verspotten und necken ihn wegen seines Fußes, es ist schrecklich!

Dr. A.: Das wird sich auch geben, das Naßmachen auch.

Ich möchte Ihnen empfehlen, das Kind zu ermutigen, nicht zu kritisieren, nicht zu tadeln, ihn aufzumuntern, daß er alles allein macht.

Mutter: Meine Familie sekkiert, kritisiert und tadelt ihn sehr viel.

Dr. A.: Sagen Sie, ich laß sie schön grüßen, man soll mit dem Tadeln, Kritisieren, Nörgeln ein wenig warten, wir wollen eine neue Methode einschlagen und ihn bessern.

Mutter (verabschiedet sich dankend).

Dr. A.: D a s i s t s e h r w i c h t i g, d a ß e r z u H a u s e i m m e r attackiert wird. Ich weiß nicht, ob Sie den Tapir in Schönbrunn schon gesehen haben? Dieser Tapir hat die Eigenschaft, wenn ihn jemand reizt, ärgert, dreht er sich um und uriniert, es ist sehr peinlich, manches Mal erwischt er einen ganz Unschuldigen.

Dr. A. (zum Kind): Wie geht es dir in der Schule?

Fritz: Gut.

Dr. A.: Du bist ja ein ganz tüchtiger Bursch, du könntest ein ganz tüchtiger Schüler sein. Ich glaube, du bist feig, du traust dir nichts zu, du glaubst, du kannst diesen Schmarrn, das Rechnen nicht! Du wirst das leicht zusammenbringen, ich werde dir helfen, daß du ein guter Rechner bist! Dann könnten wir es auch machen, daß du in eine höhere Schule kommst, ich möchte auch hier helfen. Wir werden das geschickt anpacken, es wird dir eine Freude machen, auf einmal wird's heißen, es geht vorwärts. Ich möchte, daß du in meinen Hort kommst, dort wird gespielt, dort könntest du deine Aufgaben machen, dort ist's lustig.

Ich war auch ein sehr schlechter Rechner, dann hat mir einer gezeigt, wie man das macht, dann war ich der beste Rechner. Was möchte die Lehrerin dazu sagen, wenn du der beste Rechner wärest?

Fritz: Sie möchte eine Freude haben!

Dr. A.: Möchtest du ihr eine Freude machen?

Fritz: Ja!

Dr. A.: Komm bald wieder und mach dir nichts draus, wenn ein Bub dir etwas Blödes sagt, die sagen ja diese Sachen aus Dummheit. Wenn man dich zu Hause kritisiert, mußt du auch nicht gleich böse sein und dich naß machen. Du mußt mir helfen! Kann ich mich auf dich verlassen?

(Verabschiedet sich von dem Kind.)

XX. Kapitel.

Neben prominenten Geschwistern.

Ich setze die Serie meiner Auseinandersetzungen fort, in denen ich zeigen will, wie ich vorgehe. Ich habe einige Krankengeschichten von schwer erziehbaren Kindern vor mir, die ich schon seit langem nicht angesehen habe. Ich will gemeinsam mit Ihnen den Stoff durcharbeiten. Ich möchte Ihnen ungefähr den Eindruck vermitteln, wie man die Dinge anschauen muß, wie man, unter Zuhilfenahme unserer Erfahrung jeden einzelnen Punkt betrachten muß, um den Zusammenhang zu finden, um alle Erscheinungen in einem einheitlichen Zusammenhang zu sehen. Sie werden finden, was wir unter „forschen", was wir unter „deuten" verstehen, eine Tatsache, die wohl von vielen berührt wird, von der ich aber behaupte, daß sie die anderen noch nicht begriffen haben. Wenn man gelegentlich Exkurse über die Individualpsychologie liest, so findet man, daß einer, wenn er „Geltungsstreben" sagt, glaubt, daß er die Individualpsychologie verstanden hat, oder „Minderwertigkeitsgefühl" oder „Streben nach Macht", wobei man nie vergißt, daß das Nietzsche gesagt hat. Alle glauben zu wissen, was Individualpsychologie ist. In der letzten Zeit macht sich eine Strömung breit, die sich die charakterologische nennt, die in wüster Art Charakterologie treibt. Ununterbrochen werden Sie die Berufung auf Nietzsche finden. Wir werden uns nicht bluffen lassen, deswegen sind wir nicht verpflichtet, ihnen psychologische Feinheit zuzutrauen. Wenn einer heute den Namen Nietzsche eitel nennt, dann ist er schon faul.

„Besagter litt sehr viel an Kinderkrankheiten."

Bevor ich erwähne, daß ein Kind, das viel an Krankheiten gelitten hat, verzärtelt worden ist, möchte ich sagen, daß die Individualpsychologie ihre Hauptaufgabe darin findet, danach zu forschen und zu deuten, wie einer sich zum anderen verhält, weil wir eine andere Ausdrucksweise eines Menschen überhaupt nicht kennen. Wir wissen nur, daß er sich beziehen muß, und wir können feststellen, wie er sich bezieht. Von diesem Leitfaden aus sind wir in der Lage, ein Maß zu finden. Wenn ich sage: Besagter hatte sehr viel an Kinderkrankheiten gelitten, so taucht das Bild einer sozialen Verknüpftheit auf. Wie bezieht sich das Kind zur Umgebung?

„Er hatte Diphtherie, erhielt Injektionen."

Wenn dieser Bericht von den Eltern geschrieben ist, dann legen sie sehr viel Wert auf Injektionen und sehen darin eine furchtbare Tatsache. Es ist keine Kleinigkeit, Diphtherie zu haben und Injektionen zu bekommen, aber aus dieser Art der Schilderung sehen wir die Beziehung der Eltern zu uns. Man will uns den Eindruck vermitteln, daß das Kind schwer gelitten hat.

„Nach dieser überstandenen Krankheit zeigten sich Nervenstörungen: Zuckungen mit den Achseln, Reiben mit den Händen an den Schenkeln und ungemein hastige Redeweise."

Man darf das als nervöse Störungen auffassen, aber die Nervenstörungen, die dem Arzt bekannt sind als Folgezustände von Diphtherie, sind das nicht. Das sind Lähmungen des Gaumens, Lähmungen irgendwelcher Körpermuskulatur, vielleicht eine Gehirnerkrankung — davon ist hier nicht die Rede. Wir werden daran denken, daß es entweder ein Tick ist oder eine willkürliche Bewegung, die einen Zweck hat, was man bei Tick auch finden kann, aber nicht so offen. Wenn wir hören, daß das Kind auffällig ist durch Reiben mit den Händen an den Schenkeln, wird unsere Auffassung bestätigt, daß es kein organisches Substrat ist. Das Verhalten dieses Kindes ist auffällig, und man könnte daran denken, daß solche Erscheinungsformen im Beginne des Jugend-Irrsinns vorkommen. Aus der Schilderung scheint hervorzugehen, daß diese Erscheinungen in so jugendlichem Alter aufgetreten sind, daß wir an Schizophrenie nicht denken können. Wir müssen an etwas anderes denken, indem wir unsere Hauptbetrachtung einführen: wie wirkt das auf den anderen? Das ist die Ausdrucksform, wenn auch keine schöne. Mit den Achseln zucken, die Schenkel reiben, das ist den Eltern aufgefallen, den anderen gewiß auch. Wir müssen daran denken, daß in der Beziehung des Kindes zu den Eltern etwas nicht geklappt hat, in dieser Weise verhält man sich gewöhnlich nicht. Wir wissen aus unserer Erfahrung, und jeder wird den Schluß mit uns mitmachen, daß ein solches Benehmen die Aufmerksamkeit auf sich lenkt. Wir werden annehmen, nachdem wir ahnungsweise ausgesprochen haben, daß dieses Kind wohl verzärtelt worden ist, daß es später in seinem Streben, diese Verzärtelung festzuhalten, diese Bewegung fixiert hat. Diese Art, sich in den Mittelpunkt zu drängen, ist nicht die tapferste, das Kind scheint seiner Sache nicht ganz sicher zu sein, sonst hätte es landläufige Mittel ergriffen, z. B. es hätte brav gelernt, es hätte sich nett benommen, es wäre gefällig und freundlich gewesen. Es hätte auf der nützlichen Seite gestrebt. Es scheint, daß ihm dieser Gedanke nicht gekommen ist, offenbar darum, weil es sich nicht darauf verlassen hätte. „Dieses Kind hat eine ungemein hastige Redeweise." Wir werden daran erinnert, daß es sich hier um den Versuch handelt, durch diese Redeweise die Aufmerksamkeit auf sich zu lenken. Es sind das jene großen Bewegungen, die sich dann einstellen, wenn ein schweres Minderwertigkeitsgefühl vorliegt. Es wäre sehr schön, wenn wir schon an dieser Stelle die Ursache festlegen könnten. Unsere Aufgabe, danach zu forschen, kann durch keinen Einwand erleichtert werden. Wir müssen Rechenschaft geben, warum dieses Kind große Bewegungen macht. Wenn das Kind in einer seelisch angenehmen Situation gewesen ist, — es hat Krankheiten mitgemacht,

Injektionen bekommen —, dann verläßt es diese angenehme Situation nicht gerne, aber das Schicksal solcher Kinder und der Lauf der Dinge bringen es mit sich, daß sie aus dieser Situation herausfallen müssen. Sie kommen sich wie entthront vor. In dem Geltungsstreben, von dem ein jeder beseelt ist, ist es natürlich, daß es nach Mitteln sucht, wieder Mittelpunkt der Aufmerksamkeit zu sein und jetzt, obwohl nicht mehr krank, doch den Weg zu finden, um der alten Verzärtelung teilhaftig zu werden. Ob dies der einzige Grund ist, warum dieses Kind sich so anstrengt, die angenehme Situation wieder aufleben zu lassen, kann ich an dieser Stelle noch nicht sagen, vielleicht hat es auch noch andere Gründe. Wir dürfen nicht scheu werden, wenn wir beobachten können, daß andere Kinder auch ohne große Krankheiten derartige Erscheinungsformen zeigen, weil nahezu jedes Kind eine Phase der Verzärtelung durchmacht. In den ersten zwei bis drei Jahren wird jedes Kind an diese Verzärtelung gewöhnt werden können, wenn die Eltern nicht die Methode haben, das Interesse auf andere Dinge, auf andere Personen zu lenken. Deshalb ist es notwendig, daß wir nach weiteren Gründen suchen, ob das Minderwertigkeitsgefühl nicht durch andere Ursachen verstärkt worden ist.

„Der des öfteren herangezogene Arzt gab den Bescheid, daß mit Eintritt der Pubertätszeit das Leiden schwinden werde."

Ich glaube, wir tun gut, wenn wir aus dieser Äußerung nur das eine entnehmen, daß dieses Kind noch nicht in der Pubertätszeit ist. Wahr ist das nicht, wie überhaupt die phantastische Auffassung auch mancher modernen Psychologen über die Bedeutung der Pubertät ganz unheimlich ist. Sie glauben, daß die Pubertätszeit eine schreckliche Phase ist, daß die Sexualität die Kinder ruiniert, daß eine grundlegende Änderung stattfindet. Es geschieht nur das eine, daß das Kind mehr Freiheit, mehr Kräfte, mehr Möglichkeiten hat, daß diese Zeit wie ein Aufruf an das Kind erklingt, sich so zu benehmen, als ob es kein Kind mehr wäre. Das wird fast immer mit Überschreitungen beantwortet. Unsere Zeit hat eine große Neigung, das Um und Auf eines Menschen in der Entwicklung seiner Sexualdrüse zu begreifen. Wir werden bald nicht mehr bezweifeln dürfen, daß der Sitz des Verstandes in den Sexualdrüsen ist. Man macht es so, wie man es braucht; tritt die Wendung zum Schlechteren ein, ist die Pubertät schuld, ist eine Wendung zum Besseren festzustellen, dann ist wieder die Pubertät schuld. Die Pubertät ist bereits mehr ein Asylum ignorantiae als ein Forschungsgebiet.

„Der Vater des Burschen litt in seinen Kinderjahren ebenfalls, jedoch lange nicht in dem Ausmaße, an Schüchternheit."

Wir hören hier zwischen den Zeilen, daß der Junge auch an Schüchternheit leidet. Ich weiß nicht, was die Charakterologen, die sich auf Nietzsche berufen, unter Schüchternheit verstehen. Wenn wir unser soziales Maß daranlegen, so bedeutet es eine Unterschätzung der eigenen Person und, was dasselbe ist, eine Überschätzung der anderen, d. h. daß der Junge sich schwach fühlt. Diese Schwäche drückt sich aus in einer großen Bewegung, in Arroganz gegenüber den Eltern. Wir sind nicht verwundert, daß dort, wo er in seinem Minderwertigkeitsgefühl auf stärkere Potenzen stößt, bei Fremden, der wahre Gehalt seiner Mentalität deutlicher hervortritt. Diese Schüchternheit bedeutet ein Wegstehen, ein Sich-nicht-anschließen-wollen. An der Bewegung können Sie feststellen, um was es sich da handelt; es ist ein Kind, das sich nichts zutraut. Wenn wir so weit sind, werden wir in keinem Punkt mehr eine Überraschung erleben. Es muß sich alles so abspielen, wie wir es erwarten können. Wir können konstruieren, wie er sich Aufgaben gegenüber verhält, wie in der Frage der Freundschaft.

„Von dieser Schüchternheit sind die anderen Kinder nicht befallen worden."

Es sind also noch andere Kinder in der Familie. Wenn wir hören, daß die anderen Kinder nicht schüchtern sind, dann können wir feststellen, daß sie kein so schweres Minderwertigkeitsgefühl haben. Dieses schwere Minderwertigkeitsgefühl könnte daher stammen, daß der Junge stark verzärtelt worden ist, sich allzu lange an eine Person angeschlossen hat, und daß das später aufgehört hat. Wenn wir von anderen Kindern hören, dann ist auch der Gedanke gestattet, daß das Kind vielleicht eine zweite Tragödie erlebt hat. Vielleicht war der Junge eine Zeitlang der Jüngste — ich wage nicht zu sagen: der Einzige. Der Jüngste ist mehr im Mittelpunkt als die anderen, und wenn dann eine Zeit gekommen ist, wo ein anderer ihm den Platz eingeengt hat, so können wir verstehen, daß er gefühlt hat, daß sich seine Situation verschlechtert hat. Wenn wir hören, daß vielleicht noch ein jüngeres Kind vorhanden ist, das vielleicht beliebter ist, dann können wir verstehen, daß es diesen Knaben drängt, in den Vordergrund zu kommen.

„Der ältere Sohn absolviert ein Hochschulstudium."

Wenn in einer Familie der eine ein Hochschulstudium absolviert und der andere nicht, so ist das immer eine Gelegenheit zu wildem

Ingrimm für den „Durchschnittsmenschen". Vielleicht nicht mit Unrecht. Er könnte ja sagen: Warum habt ihr mich nicht zu einem solchen hervorragenden Menschen gemacht! Wir werden suchen, ob nicht mit dieser Ausführung gleichzeitig gemeint ist: dieser Junge könnte das nicht. Wenn man ihn das merken läßt, so ist sehr viel Material dazu beigetragen, aus dem wir verstehen werden, daß dieser Junge sich minderwertig fühlen kann.

„Der Jüngste, ein außerordentlich begabtes Kind,"

Das ist eine Bemerkung, die unsere Auffassung wesentlich unterstützt.

„starb vor zwei Jahren plötzlich im Alter von 15 Jahren an Gehirnhautentzündung."

Wir werden über das Alter unseres Kandidaten orientiert, er ist mehr als 17 Jahre alt. Er ist so weit, daß die Frage des Hochschulstudiums ventiliert werden könnte. Wir hören, daß der Jüngste außerordentlich begabt war. Stellen Sie sich die Situation vor, aus welcher heraus er sich zur Geltung bringen muß. Der Ältere ist Hochschüler, der Jüngste begabt, er ist in der Mitte. Wir wissen noch nichts über seine Fähigkeiten, wir wissen nur, daß er sich billiger Mittel bedient. Es ist klar, daß dieser Junge sich als für das Hochschulstudium nicht geeignet erwiesen hat. Wenn das der Fall gewesen wäre, hätte er nicht mit den Achseln gezuckt, hätte nicht die Schenkel gerieben und wäre nicht schüchtern. Das soll nicht heißen, daß die Schüchternen nicht zum Studium geeignet wären, aber in diesem Zusammenhang finden wir, daß der Bericht darauf hinsteuert, zum Ausdruck zu bringen: er ist zurück, er ist mit den anderen nicht zu vergleichen. Für dieses Zurücksein sind diese Symptome lächerlich gering, wenn wir ihn vor uns haben würden, würden wir hundertmal mehr finden.

„Der in Rede stehende Bursche lernte in der Schule nicht besonders gut."

Was ich versprochen habe, kann ich halten. Wir werden nichts Neues mehr hören, nur Dinge, die zu erwarten sind. Weil wir so sicher sind, sagen wir damit auch, daß dieser Junge nicht schwachsinnig ist. Alles vollzieht sich stilgemäß, so wie wir es voraussehen, folglich muß Intelligenz, Verstand in seinem Verhalten sein.

„Er mußte zweimal repetieren."

Das wird seinen Mut nicht sehr gehoben haben. Es gibt Kinder, die, wenn man sie durchfallen läßt, mit Feuereifer vorwärts gehen und gute Schüler werden. In der Regel findet man aber, daß ein

Durchfall ein Kind auf die Dauer hinaus schädigt. Ich glaube, wir müssen uns das gut überlegen, ob wir ein Kind durchfallen lassen sollen, ob nicht andere Mittel angewandt werden können.

„Er durfte auf Ansuchen bis zum 16. Lebensjahr die Schule besuchen und hatte so alle drei Bürgerschulklassen absolviert."

Wir hören, wie sehr er gegenüber dem älteren Bruder zurück ist. Ich muß hinzufügen, wie sie alle erwartet haben: er ist ein zweites Kind. Er trachtet mit allen Mitteln, die Erstgeburt zu erringen (Jakob—Esau). Es gibt für ihn nur einen Weg, diesen befähigten, älteren Bruder auszustechen: wenn er sich mehr an die Eltern hängt, wenn er sie auf seine Seite zu ziehen trachtet mit wertlosen Mitteln. So tritt zutage, was wir auseinandergesetzt haben, was die Forschung der anderen nie zutage gefördert hat: Wenn unter zwei Geschwistern der Jüngere dem Älteren nachkommt, so daß er die Hoffnung nie verlieren kann, mit ihm gleichwertig zu sein, dann geht die Entwicklung flott vonstatten, dann wird der Zweite Eigenarten haben, an denen er zu erkennen ist. Er wird immer unter Dampf sein, sich außerordentlich stark bewegen, er wird laufen. Wenn ihm dies so weit gelingt, daß er die Hoffnung nicht verliert, dann ist die Entwicklung gesichert. Wenn ihm das nicht gelingt, wenn er die Hoffnung verliert, dann wird er schwer erziehbar. Darauf müssen wir achten. Der Zweite hat diesen Charakterzug, daß er wie im Wettlauf nach vorwärts drängt. Das habe ich nie vermißt, außer bei völligem Niederbruch. Können wir Zeichen des Wettlaufes selbst in diesem Falle finden? Er hat eine ungemein hastige Redeweise! Da sehen Sie die überhitzte Bewegung doch noch, er will mit dem Sprechen voran sein.

„Nach der Schule wurde er Zuckerbäckerlehrling."

Sie sehen wieder den Abstand. Man muß nur wissen, was das heißt, wenn man einen Bruder hat, der Hochschüler ist, und man ist selbst Zuckerbäckerlehrling. Das ist keine kleine Aufgabe, und es würde sehr viel Seelengröße dazu gehören, wenn er hört: du bist der „Durchschnitt", ruhig zu bleiben. Hätten wir nur diesen Trost für ihn, ich würde meine Arbeit stehen lassen. Er hätte recht, wenn er alles wegwirft.

„Nach der Schilderung seines Lehrherrn hatte er bei schwierigen Aufgaben"

Was?

„furchtbare Angst,"

Sie sehen die Schwere seines Minderwertigkeitsgefühles, seine

Entmutigung, den großen Abstand, den er zur sozialen Aufgabe der Arbeit hat. Das ist nur zu verstehen, wenn Sie mit dem sozialen Winkelmaß darangehen. Wenn Sie meinen, das hängt mit den Drüsen, mit innerer Sekretion zusammen, da kann man nichts machen, da muß man wieder Injektionen geben.

„begann zu zittern, so daß ihm die Arbeit abgenommen werden mußte."

Das heißt, daß er sein ganzes soziales Leben darauf aufgebaut hat, daß ein anderer für ihn die Arbeit macht. Das ist der Lebensstil des Verzärtelten, der nicht allein etwas machen will, sondern jemand anderen sucht.

„Er erwies sich aber als Rechner sehr talentiert."

Ich weiß nicht, was die Eltern meinen, aber da wir uns den Jungen vorstellen dürfen, als Schüler, der mit Fleiß in der Schule gesessen ist, so dürfen wir annehmen, daß er das Rechnen, wie es bis zur dritten Klasse der Bürgerschule gehandhabt wird, innehat.

„Er konnte mit hohen Beträgen überall hingeschickt werden und hatte nie einen Anstand bezw. Verlust."

Damit ist wohl gesagt, daß er weder gestohlen noch betrogen, noch etwas verloren hat. Er traut sich nur nicht zu, etwas allein zu machen. Er lebt wie ein Parasit. Das ist ein scharfer Ausdruck, doch ist es nicht mehr als ein Irrtum, weil in dieser Art keine soziale Beziehung hergestellt werden kann.

„Der Bursche ist ein außerordentlich gutmütiger Mensch."

Wahrscheinlich würde man da von Freudscher Seite einwenden: Wahrscheinlich ist er im Unterbewußtsein ein haßerfüllter Mensch, er hat es verdrängt, und auf diese nicht mehr ungewöhnliche Art ist er so gutmütig geworden. Wäre er von Haß erfüllt gegen seine Umgebung — etwas, was man bei Hoffnungslosigkeit verneinen könnte, — so würde es zutage liegen, daß es aus dem Unbewußten stammt (Ödipus-Komplex), daß ihm nicht zu helfen wäre; er wäre ein mit Todeswünschen, kriminellen Anlagen behaftetes Kind. Wir glauben, daß der Junge zahm gewesen ist, sicher ein gutes Kind, das sich gern angeschlossen hätte. Er hat durch seine Schüchternheit, durch diese Darstellung seiner Schwäche eine wohlwollende Handlung zu erzwingen getrachtet. Wir haben ja gehört, daß er so zittert, daß man ihm die Arbeit abnimmt. Wir glauben, daß bei ihm sowohl im Bewußten als auch im Unbewußten die Gutmütigkeit ein hervorstechender Charakterzug ist.

„Er ist ein guter Kopfrechner, lernt sehr rasch auswendig."

Er hat gut trainiert, wäre wahrscheinlich Zeit seines Lebens ein braver Schüler gewesen, aber weiter ist es bisher nicht gegangen. In dem Moment, wo er ins Leben hinaustritt, zeigt sich, daß er nicht vorbereitet ist.

„Er hat gutes musikalisches Gehör, zeigt besonderes Interesse für Literatur. Sein Vergnügen besteht im Besuchen des Museums."

Die Eltern meinen wohl fürs Lesen. Doch ist es verdächtig, weil das Lesen ihm gestattet, sich von den Aufgaben abzuwenden.

„Er kann Vorträge richtig erfassen und richtig wiedergeben."

Das ist für uns eine Bemerkung, die uns zu denken gibt. Er liest gern, er geht gern ins Museum, wir hören zwischen den Zeilen, daß er Vorlesungen besucht, die er richtig wiedergeben kann, das heißt eigentlich, daß er seinem Bruder nachstrebt, von dem er weiß, daß er auch viel liest und Vorträge besucht. Sie sehen, er läßt sich nicht unterkriegen, obwohl er Bäckerlehrling ist, strebt er nach Höherem. An dieser Stelle würden wir einsetzen und ihn auf ein höheres Niveau bringen. Wir würden verstehen, daß sein Zittern durchaus zusammenhängt mit seinem Streben, sich auf einer anderen Seite zu betätigen. Er ist mit dem Bäckergewerbe nicht einverstanden, er hat nur den einen Wunsch: ein anderer soll das für ihn machen. Er zieht geistige Beschäftigung vor. Dort im Museum zittert er nicht, dort zeigt er sich tüchtig. Es scheint, daß ihm dieser Weg verschlossen bleibt, weil ihn niemand versteht, vielleicht weil er schon zweimal repetiert hat.

„Nur beim Sprechen fürchterliches Überhasten."

Das haben wir schon berührt, da möchte er an erster Stelle sein.

„Unsteter Blick, nach abwärts gerichtet."

Das ist die Ausdrucksform der Augen, die uns die Schüchternheit verrät, die Abneigung, sich mit den Augen zu verbinden. Auch unsere Sinnesorgane — ich kann den anderen Psychologen nicht helfen — sind sozial gerichtet, sie wollen sich verbinden, ebenso wie die Sprachwerkzeuge. Auch die Sprache ist ein Versuch, sich mit jemandem anderen zu verbinden. In seiner Augensprache deklariert er das Schwächegefühl, in der Sprache seiner Sprachwerkzeuge auch, er drückt es durch Überhasten aus. Er fürchtet, wenn er nicht schnell spricht, eine Niederlage zu erleben.

„Für Sport kein Interesse."

Natürlich.

„Mußte als schulpflichtiges Kind wegen Anschwellen von Leistendrüsen vom Turnen befreit werden."

Hier spiegelt sich die Verzärtelung wieder. Daß einer wegen Anschwellung von Leistendrüsen dauernd vom Turnen befreit werden muß, das geht zu weit. Das dürfte darauf zurückzuführen sein, daß er zwischen den Zehen eine kleine Wunde gehabt hat, etwas, was schnell vergeht.

„Bei der Untersuchung im Lehrlingsheim — welche im allgemeinen durchgeführt wurde — konstatierten die Ärzte eine Nervenkrankheit, und sollte der Bursche einer solchen Behandlung unterzogen werden, die aber daran scheiterte, daß der Lehrherr ihn wegen Mangel an Personal und momentaner Mehrarbeit nicht freigab."

Er muß also doch etwas geleistet haben.

„Nun hat der Bursche die Lehrlingsprüfung mit Auszeichnung bestanden, und trotzdem sehen die Eltern mit Angst der Zukunft entgegen, weil sie überzeugt sind, daß er seinen gewerblichen Anforderungen bzw. Arbeiten nicht voll und ganz gewachsen ist."

Trotzdem er die Lehrlingsprüfung mit Auszeichnung bestanden hat. Es wird nicht viele Eltern geben, die in einem solchen Falle so besorgt sind. Dieses Kind scheint immer das Sorgenkind gewesen zu sein. Wir dürfen annehmen, daß die Haltung der Eltern beigetragen hat, dieses Kind zu entmutigen. Man hat ihm nichts zugetraut, hat bange in die Zukunft geblickt, etwas, was nicht berechtigt ist. Man hätte das Kind ermutigen können. Das souveräne Mittel ist: er muß über die Fehler aufgeklärt werden. Ich weiß nicht, ob man das Theorie nennen kann. Das darf man nicht in einen Topf mit anderen psychologischen Theorien werfen. Wir hätten nichts dagegen, wenn ein Laie an den Jungen herantreten würde und würde dasselbe sagen. Daß wir das mit unserem Netzwerk besser finden, das kann doch unmöglich zu einem Vorwurf gegen uns ausgenützt werden. Man muß annehmen, daß die Beschäftigung mit Psychologie und Philosophie die Leute für das Leben kurzsichtig gemacht hat. Das wäre sehr bedauerlich, aber die Schuld ist nicht auf unserer Seite.

Eine Nachbemerkung zeigt, wie in unserer Zeit die Sexualität maßlos überschätzt wird:

„Zu bemerken wäre noch, daß bei dem Burschen sexuelle Regungen noch nicht im mindesten aufgefallen sind."

Der Junge ist 17 oder 18 Jahre alt. Man könnte einwenden, die Eltern werden nichts davon wissen. Wenn wir recht haben, dann können wir behaupten, daß die Eltern richtig gesehen haben. Wenn dieser Junge in sozialer Beziehung — denn auch der Sexualtrieb ist eine soziale Beziehung — mutig wäre, dann wäre hier ein Widerspruch, den wir nicht erklären könnten. Die Ausgestaltung seines Trieblebens zeigt genau dieselbe Modifikation wie sein anderes Leben. Der Junge könnte einen Trieb mitbekommen haben, der alles Denkbare übersteigt, er könnte die perversesten Triebe von Geburt aus haben, von ungeheurer Kraft und Stärke oder die schwächsten, dieses Triebbündel müßte dem obersten Ziel dieses Jungen gehorchen, weiter abzustehen von der Lösung seiner Aufgaben und die anderen arbeiten zu lassen. Wir können einen Blick in die Zukunft machen, und wir können den Eltern nicht unrecht geben, daß Schwierigkeiten bestehen werden, wenn er seinen Lebensstil nicht ändert. Er wird in allen Fragen in größerem Abstand zu finden sein. Wir hören nichts von Freunden — ebenso ist es in der Berufs- und Liebesfrage. Wir können seine Bewegungen erraten und die Distanz, in der er stehen wird. Dort, wo er Unterstützung findet, dort wird er nicht auffällig werden, dort, wo er Schüler sein wird, aber dort, wo er wie ein Mann sein soll, dort wird man sehen, daß er seine Männlichkeit nicht ernst genommen hat.

Ein Wort zur Erziehung, obwohl es sich erübrigt. Bei uns versteht sich die Erziehung ganz von selbst, weil wir erforscht, weil wir Fehler gefunden haben. Der Junge muß mutig gemacht werden. Das kann nur dann geschehen, wenn die Aufmerksamkeit auf den richtigen Punkt gelenkt wird, wenn er selbst versteht, daß er durch seine Verzärtelung im Leben nicht vorwärts kommt. Wenn er einsieht, daß er allen Erlebnissen mit der Frage gegenübersteht: Was krieg' ich? Daß er Wärme und Anerkennung sucht und Hilfe des anderen. Es ist nicht so schwer, jemandem das verständlich zu machen. Wenn man mit pädagogischem Takt und künstlerischer Erfassung des Problems zu Werke geht, wird es gelingen. Man wird Abstand nehmen von der Idee, daß er weniger talentiert ist als seine Brüder. Man wird sich auf den Standpunkt stellen müssen, daß er alles leisten kann, aber nicht, ohne daß er trainiert ist. Den Weg muß man ihm freigeben. Vater und Mutter dürfen nicht sagen: du wirst nichts zustande bringen. Es wäre günstig, wenn der Junge das nicht glauben würde — er hat es aber erlebt, weil er verkehrt ins Leben hineingegangen ist, mit der unglückseligen Idee, daß ein anderer für ihn alles machen soll. Man muß ihm das genügend beschreiben und ihm klarmachen, daß er die Grenzen seines Könnens nicht erreicht hat. Man muß ihm sagen: du interessierst dich für Vorlesungen, du kannst es, weil du vorbereitet bist, weil du ein braver

Schüler warst. Daß er ein trainiertes Gehirn hat, das hat ihm Vorteil gebracht. Man kann ihn so weit ermutigen, daß er den Bruder schlägt. Das ist das Banner, unter dem wir marschieren: Wer überwindet, der gewinnt!

Pädagogischer Takt und künstlerische Erfassung des Problems, beide sind soziale Funktionen. Der pädagogische Takt bezeichnet die Stellungnahme eines Menschen zum anderen, dadurch determiniert, daß er wohlwollenderweise die Gefühlslage des anderen zu heben imstande ist. Wie man das erklärt? Das ist kurz zu sagen, daß man es in sich selbst erzeugen muß, sich mit anderen in Verbindung setzen muß. Man muß mit den Augen des anderen sehen, mit den Ohren des anderen hören und mit dem Herzen des anderen fühlen, man muß sich mit ihm identifizieren. Das ist aber ein anderer Vorgang als der, der der Freudschen Auffassung entspricht. Es ist mehr das, was in der Psychologie als Einfühlung bekannt ist. Das kann man nur in Gesellschaft lernen, wenn man die Beziehung des Ich zum Du in nützlicher Weise ausgestaltet, wenn man das Ideal hat, sich zum Mitmenschen zu entwickeln. Das Training ist nicht im luftleeren Raum geschehen, sondern in der Beziehung des Ich zum Du. Man muß alle Formeln der sozialen Beziehung auskosten, die Kameradschaft, das Interesse für die anderen. Man müßte streben, das zu werden, wozu wir unsere Zöglinge erziehen wollen, nicht mehr und nicht weniger.

Was die künstlerische Arbeit anbelangt, bewege ich mich auf einem Vulkan, weil es die Idee aller psychologischen Schmarotzer ist, weil sie so tun, als ob sie in tiefster Seele beleidigt wären. Sie tun, als ob sie sich darin von uns unterscheiden würden, weil sie die Kunst als Kunst so hoch schätzen, während wir „keine Ahnung davon haben“. Wir haben immer gesehen, wenn wir uns einem Künstler mit unserem individualpsychologischen Verständnis genähert haben, daß wir seine Würde gehoben haben. Wenn wir die Künstler betrachten, so sehen wir sie nicht als etwas Unfaßbares, Unerkennbares an, sondern wir verleihen ihnen die höchste Würde: Menschen, Mitmenschen zu sein, Führer der Menschheit! Es sind die, die uns sehen, denken, fühlen gelehrt haben, denen wir das Höchste verdanken. Wenn wir da wieder unser soziales Maß anlegen, dann werden wir dessen gewahr, daß der Künstler eine soziale Funktion im höchsten Ausmaß hat. Einmal hat man es gewußt, jetzt hat man es vergessen. Ich denke an die einleitenden Worte Lessings zur Einweihung des Hamburger Theaters, an Schiller, „Die Bühne als moralische Anstalt betrachtet“. Der Künstler soll nichts anderes anstreben, als die Menschheit zu bereichern, neue Wege zu zeigen, ein neues Verständnis, ein vertieftes Gefühl, so daß wir auch hier wieder auf festem Boden stehen, auf dem Grund der Individualpsychologie.

XXI. Kapitel.

Wie spreche ich mit den Eltern?

Es ist wichtig, mit den Eltern richtig zu sprechen. Wie man das machen soll, ist schwer in Worte zu fassen. Mit allen Beratern müßte von Zeit zu Zeit darüber gesprochen werden. Erst muß man die Eltern gewinnen, man darf sie nicht vor den Kopf stoßen. Wenn die Eltern zu uns kommen, um beraten zu werden, so tun sie das im Gefühl einer großen Unvollkommenheit. Sie erwarten in ihrem Gefühle der Verantwortlichkeit dem Tadel zu verfallen. Man muß vor allem die Eltern entlasten. Ich stelle immer fest: „Wie ich sehe, sind Sie auf dem richtigen Wege," auch wenn ich vom Gegenteil überzeugt bin. Wenn ich das Rechte will, muß ich die dazugehörige Methode wählen. Aus einer alten Biographie Benjamin Franklins ersah ich dieselbe Methode. Er hat sich jedes dogmatischen Wortes enthalten. Wenn die Detailfragen in Betracht kommen, ist darauf hinzuweisen, daß die Mütter nicht zu viel gefragt werden sollen. In den Lehrerberatungen haben wir die Hilfe der Lehrer. Die Lehrer haben die Wichtigkeit solcher Beratungsstellen eingesehen. Wir sind in einer verhältnismäßig günstigen Situation, der Lehrer und die Mutter sind den übrigen Teil des Tages mit dem Kinde beisammen, sie tragen die größere Last. Das Wichtigste ist, den Kernpunkt zu erfassen, aber nicht gleich das, was man weiß, der Mutter an den Kopf werfen. Man muß es für sich behalten und nur gelegentlich darauf hinweisen. Man muß die Eignung besitzen, in dieser Weise vorzugehen. Tief eingewurzelt ist der kritische Sinn von Pädagogen und Psychologen. Es empfiehlt sich, Flickworte einzuwerfen, wie „vielleicht" oder „ich könnte mir vorstellen, daß das wirksam wäre". Wir sind nicht in der Lage, die Eltern auch zu behandeln, wir können nur gelegentliche Hinweise geben. Man kann nicht mit ein paar Worten ein festgewurzeltes System ändern. Es ist nicht notwendig, wenn wir uns der Kinder versichern, wenn wir ihnen zeigen, daß Schwierigkeiten nicht so tragisch zu nehmen sind, daß es wichtiger ist, mutig zu sein. Es liegt in der Hand des Beraters, in einer halben Stunde ein Kind zu ermutigen, das im Zusammenbrechen war, weil wir im Vorteil sind: Wir haben es mit Kindern zu tun, die getadelt worden sind: sie kommen auf einmal in eine neue Atmosphäre, wo sie merken, daß sie nicht verloren gegeben werden. Es wäre gut, wenn wir die Möglichkeit hätten, mehr mit den Kindern beisammen zu sein, wenn wir über die genügende Anzahl von Fürsorgern verfügen könnten. Eine Statistik können wir leider nicht herausgeben, aber die Lehrer berichten Aufmunterndes.

Die Eltern muß man im ersten Anlauf gewinnen. Jeder Berater kann die Methode bis zu einem hohen Punkte entwickeln. Wir sind von vornherein zur Milde geneigt und verpflichtet. Einige haben es in der Praxis der milden Behandlung zur Meisterschaft gebracht. Das ist notwendig, wenn Sie über Fehler sprechen, z. B. über den Zorn. Wir werden aber nie vergessen, daß das nur etwas Äußerliches ist, den Kernpunkt müssen wir klarmachen, den Lebensstil müssen wir aufweisen. Das ist der größte Vorsprung, den wir vor den anderen voraus haben. Wir haben das mit Bewußtheit und Selbstverständlichkeit zu tun. Wir wollen den Kindern die Fehler nicht abschmeicheln, sondern auf den Kernpunkt hinzielen, auf seine Hoffnungslosigkeit, auf den Fehler, daß es sich selbst aufgibt. Das ist der Kernpunkt der Sache, das andere ist nur die Einleitung. Deswegen muß die Methode des Gewinnens vorangehen, aber derjenige irrt, der glaubt, daß er dadurch eine Heilung erzielen kann. Wenn Heilung eintritt, dann war es Zufall, keine Leistung. Es gibt Zufälle, wo das Kind begreift, was der Pädagoge noch nicht begriffen hat. Es genügt nicht, ein Menschenfreund zu sein, ein gütiger Berater, so gehen alle anderen vor. Sie bereiten den Kindern eine angenehme Zeit, lassen es an Lobsprüchen nicht fehlen, sie glauben, daß sie es durch den Zauber ihrer Persönlichkeit erreichen können. Über die Streitfrage, ob Milde oder Strenge, brauchen wir nicht zu sprechen. Man kann nur auf bescheidene Art den Zugang zu den Menschen finden. Es ist eine Kunst, jemand zu gewinnen, es ist eine Kunst, ihn in die Stimmung zu bringen, zuzuhören und zu begreifen, ohne das können wir das Kind nicht entlassen. Wir haben gehört, in der Beratungsstelle ist das Kind oft brav, zu Hause ist es wie der Teufel. Wenn es begriffen hat, so ist dies der erste Schritt zur Verständigung. Man kann ein Kind nicht dauernd unter günstige Verhältnisse bringen, man kann dem Kinde nicht die Fehler abschmeicheln, man muß das Kind begreifen machen, was in ihm schlecht gewachsen ist, dazu haben wir das eiserne Netzwerk der Individualpsychologie.

In 10 Minuten kann der Berater vollständig im klaren sein. Die Kunst besteht darin, wie man jemandem etwas verständlich macht. Es gibt Menschen, die sehr viel wissen, die aber nicht begreiflich machen können. Diejenigen haben es leichter, die Kontakt zu Menschen haben, weil sie das im täglichen Verkehr gelernt haben. Das ist die wichtigste Aufgabe eines individualpsychologischen Beraters.

XXII. Kapitel.

Das Werk des Kindergartens.

Ich brauche Sie wohl nicht auf die ungeheure Bedeutung, die der Erziehung des schulpflichtigen Kindes zukommt, aufmerksam zu machen. Die neuere Psychologie — die ich selbst vertrete —, die Individualpsychologie, hat scharf darauf hingewiesen, daß die Zeit, in der Sie die Kinder in die Schule bekommen, die wichtigste ist für ihr ganzes Leben. Es ist eine Tatsache, daß die Lebensform eines Kindes nach dem 4.—5. Lebensjahr schon so fest fixiert ist, daß äußere Einwirkungen gar nichts mehr an dieser Lebensform ändern. Früher hat man geglaubt, daß das Benehmen eines Kindes in verschiedenen Situationen und in verschiedenem Alter ein scheinbar verschiedenes ist. Eine unreife Frucht sieht anders aus wie eine reife Frucht. Ein Kenner wird doch sagen können, was einmal daraus werden wird. Ich möchte hervorheben, daß diese unreife Frucht mehr ist als ein *sich entfaltendes* Wesen. Es handelt sich um ein Lebendes, um ein *Strebendes*, um eine seelische Bewegung, die nach einer idealen Form strebt, die sich mit den Aufgaben des Lebens in dieser Fixierung auseinandersetzen will und auseinandersetzen muß. In diesen ersten Lebensjahren hat sich beim Kinde schon jede Bewegung mechanisiert. Sie werden nicht mehr fallweise überlegt, durchdacht, sondern sie sind in allen Fragen des Lebens die Antworten, in diesem Lebensstil gegeben. Man kann die Kinder ihrem seelischen Verhalten nach auseinanderhalten. Der gute Kenner wird schwerlich Irrtümer machen, wenn er festgestellt hat, daß ein Kind scheu oder verschlossen ist, daß, wenn es eine Aufgabe hat, sich in einer großen Entfernung aufstellen wird, zögernd ist oder entwischen will. Es sind dieses nur kleine Aufgaben, aber wir können sehr viel daraus lernen. Wir können das Kleinkind nicht losgelöst von der menschlichen Gesellschaft betrachten. In den ersten 4—5 Jahren ist der

Grund gelegt zur Individualität, zur Persönlichkeit. Wenn da etwas fehlgeht, dann kann man durch äußere Maßnahmen gar nichts ändern.

Wir haben im menschlichen Seelenleben gar nichts anderes, als Formen der Beziehung. In der Physiologie und Biologie ist es sehr interessant, nach einzelnen Teilen zu forschen, z. B. was Triebe, was Instinkte sind, aber das gehört nicht in das Bereich der Psychologie, dorthin gehören immer nur Beziehungen. Wenn z. B. das Kind nicht gefragt ist, werden wir kaum eine formgebende Antwort erhalten. Wir werden nur dann sehen, wie es antwortet, wenn wir es fragen, wenn wir es vor eine Aufgabe stellen. Wenn sie sich in einer angenehmen Situation befinden, dann werden sie nicht verraten, welcher Teufel in ihnen steckt. Wenn sie konfrontiert sind, wird es erst zutage kommen. In diesem Verhalten wird sich der Seelenzustand eines Kindes offenbaren. Wir verstehen unter Seele, Psyche, einen sozialen Zusammenhang und seine soziale Bewegung. Wir werden auch darüber sprechen, woher diese soziale Beziehung stammt und warum sie so verschieden ist.

Für alles, was wir im Leben eines Kindes beobachten können, ist schon irgendeine Möglichkeit bei der Geburt gegeben. Wir sind nicht in der Lage, die Fähigkeiten eines Kindes für die Zukunft zu prüfen. Wir können im vorhinein nicht sagen, wie weit wir solche Fähigkeiten entwickeln können. Man kann aus einer kleinen Kraft durch eine richtige Methode etwas ganz Ungeheures entfalten. Z. B. Helen Keller ist ohne sehen und hören zu können doch ein hervorragender Mensch geworden. Wir haben oft gesehen, das aus geringer Fähigkeit eines Kindes etwas ganz Großes geworden ist, weil man dazu eine richtige Methode gefunden hat. Es kommt bei der Entwicklung der Fähigkeiten viel mehr auf das Training, als auf die mitgebrachten Kräfte an. Wir können das etwa vergleichen: Jemand hat sehr viel Geld und kann doch nichts damit anfangen, kommt nicht aus, verschwendet alles, und ein anderer, der nur wenig Geld hat und ganz gut damit auskommt.

Sie Kindergärtnerinnen sind dazu berufen, den Weg zu ebnen, die Straße zu öffnen, daß dieser Lebensstil in den ersten 4—5 Jahren ein solcher wird, daß das Kind später alle Aufgaben lösen kann. Es muß ein Ideal vorschweben, — dieses Ideal ist nicht dazu da, um es zu erreichen, sondern den Weg zu zeigen. Die Erziehung zum Mitmenschen ist nicht bloß eine leere Idee. Man muß dem Kinde zu verstehen geben, daß es im Leben des Kindes unter Erwachsenen gar keinen Fehler gibt, wie den Fehler gegen die Mitmenschlichkeit. Wie wird die erste Beziehung geformt? In der Mutter erlebt das Kind den ersten Mitmenschen. In der Mutter beginnt das Kind interessiert zu werden für die anderen. Dieses erste Erlebnis ist sehr bedeutsam für das Kind. Es ist sehr wichtig, in welcher Form das Kind seine Mutter erlebt.

Sie stehen an der Stelle der Mutter. Sie haben die Funktion der Mutter auszuüben. Sie haben die Fehler der Mutter zu korrigieren. Sie haben auf die Kinder einzuwirken, um die Möglichkeit zu geben, die Beziehung zu den anderen zu finden. Diese Beziehungen des Ich zum Du spielt in allen bedeutsamen Fähigkeiten die Hauptrolle. Die Sprache ist z. B. eine Beziehung vom Ich zum Du. Die Stimme ist ein Band von einem Menschen zum anderen. Wenn dieses Band nicht gründlich ausgestaltet wird, dann kann sich die Sprache auch nicht richtig entwickeln. Alle Kinder, die nicht durch einen organischen Schaden in ihrer Sprachentwicklung gehemmt sind, sind meistens solche, die zur Beziehung vom Ich zum Du nicht genügend vorbereitet sind. Aus der Geringfügigkeit der Sprache oder des Sprachschatzes eines Menschen können Sie Schlüsse ziehen. Die Sprache kann nur geübt und ein Sprachschatz kann nur gewonnen werden in einer sozialen Umgebung, wo das Kind Verbindungen hat und die Verbindungen auch aufnimmt.

Der Verstand ist keine private Angelegenheit. Verstehen heißt, so zu denken, zu urteilen, zu schließen usw., wie ich voraussetze, daß ein jeder vernünftige Mensch genau so denkt, genau solche Schlüsse zieht. Die Vernunft hat Allgemeingültigkeit. Ich kann sie nicht nach persönlichen Gesichtspunkten einrichten. Sie werden bei schwer erziehbaren Kindern sehen, daß sie private Ideen haben und solche, die wir nicht vernünftig nennen. Es stimmt mit dem Denken der Allgemeinheit (dem Common sense) nicht überein. Das gilt auch für schön und häßlich. Was wir schön nennen, hat auch Allgemeingültigkeit.

Die erste Funktion der Mutter ist, im Kinde das Gemeinschaftsgefühl zu entwickeln, indem sie dem Kinde den Eindruck eines Mitmenschen verleiht. Sie werden viele Kinder sehen, die diesen Eindruck nicht bekommen haben und die nicht wissen, daß es Mitmenschen gibt. Sie werden solche Kinder meistens unter Waisen, illegitimen Kindern finden. Es gibt keine Regeln, und Sie können vielleicht auch bei Waisen oder illegitimen Kindern sehen, daß sie Gemeinschaftsgefühl haben. Diese Kinder wachsen so auf, daß sie die Mitmenschlichkeit nicht erleben. Dieser Mangel an Gemeinschaftsgefühl zeigt sich auch bei nichtgewünschten Kindern, bei Krüppeln und auch bei den häßlichen Kindern. Man muß sich vorstellen, wie es wirkt, niemals ein gutes Wort zu hören, herumgestoßen zu werden. Solche Kinder wachsen so auf wie in Feindesland. Sie haben die Aufgabe, ihnen den Eindruck eines richtigen Mitmenschen zu geben. Ihre Mission ist sehr schön. Wenn Sie diesen Standpunkt einnehmen, werden Ihnen nicht viele Fehler unterlaufen. Die Mutter hat in den allerersten Jahren des Kindes noch eine wichtige Funktion, d. i. das erwachte Interesse des Kindes auf andere weiterzuleiten, nicht in ihrer Person zu verhaften und festzuhalten. Verzärtelte Kinder haben z. B. nur für die Mutter oder für eine sie verzärtelnde Person Interesse, aber nicht für andere. Sie wollen alle anderen ausschließen. Wenn Sie diese Bewegung sehen, können Sie feststellen, daß es ein verzärteltes Kind ist, das alles leicht haben will und immer will, daß jemand etwas für es macht.

Ihre Aufgabe ist, das erwachende Gemeinschaftsgefühl weiterzuleiten und die Mutter aufmerksam zu machen, daß sie dieses Interesse auch auf den Vater leiten muß, um in Einklang mit ihm den Lebensstil des Kindes zu fixieren. Ferner: Vorbereiten auf die Ankunft von jüngeren Geschwistern, ein Punkt, an dem auch sehr viel gefehlt wird und der den Lebensstil des Kindes sehr beeinflußt.

Der Kindergarten ist die verlängerte Hand der Familie. Er muß leisten und korrigieren, was in der Familie mangels besseren Verstandes und zufolge alter Tradition nicht geleistet wurde. Sie bekommen die Kinder nicht als ein unbeschriebenes Blatt. Sie haben in diesem Alter schon eine Individualität, alle Erfahrungen ändern daran nichts. Sie können das Kind durch Ihre geistige Überlegenheit von irgendeinem Vorhaben zurückhalten, durch ein Verstecken, Heimlichkeiten usw. wird aber der alte Lebensstil wieder erscheinen. Wenn Sie die Fehler eines Kindes korrigieren, beseitigen wollen, müssen Sie die zwei Funktionen der Mutter ausüben. Das Kind wird seine eigenen Fehler gewahr und kann seine Fehler korrigieren. Es gibt Kinder, die, wenn man sie auf ihre Fehler aufmerksam macht, alles kraft ihres Lebensstiles entwerten, ihre Schlüsse ziehen und nicht Schlüsse des Common sense, der Vernunft. Wenn Sie ein verzärteltes Kind haben, wird es sich bestreben, im Mittelpunkt zu stehen oder eventuell weglaufen. Wenn so ein Kind Schwierigkeiten hat, kann es sie nicht überwinden, wenn Sie ihm etwas entziehen, wird das Kind immer den Schluß ziehen, ich bin nicht auf dem richtigen Platz, bei der Mutter ist es viel besser. Solche Kinder werden immer verraten, daß sie sich nicht heimisch fühlen. Wenn Sie die Verbindung wie eine Mutter hergestellt haben und diese zwei Funktionen ausüben oder fortsetzen, dann werden Sie merkwürdige Leistungen beobachten. Es wird auch die Schwierigkeiten ohne Erschütterungen entgegennehmen, es wird die Schwierigkeiten in nützlicher Weise zu überwinden trachten. Sie werden sehen, daß das Kind mutig ist. Mut ist eine soziale Funktion. Mutig kann nur sein, der sich als einen Teil des Ganzen betrachtet. Optimismus, Aktivität, Mut, Mitmenschlichkeit ist davon abhängig, wie man einem Kinde rechtzeitig eine Erziehung beibringt im Rahmen der Gemeinschaft. Die Entwicklung des Individuums kann nur wirklich gewährleistet werden, wenn sein Gemeinschaftsgefühl groß genug ist. Wenn ich interessiert bin an dem Wohlergehen des anderen, dann ist meine Individualität gesichert, dann kann ich den anderen auch nützlich sein. Wenn ich nur an mich denke, dann bin ich für die Aufgaben durchaus ungeeignet. Ich will Ihre Aufmerksamkeit auf etwas Naheliegendes lenken, das noch nicht genügend erfaßt ist. Für jede Frage ist ein entwickeltes Gemeinschaftsgefühl notwendig. Wie ein Kind die Ankunft eines jüngeren Geschwisters entgegennimmt, schon dazu gehört ein Gemeinschaftsgefühl. Die Aufgaben des Kindergartens erfüllen zu können, ist auch eine soziale Aufgabe. Schule, Kameradschaft, Liebe, Ehe, politische Haltung, künstlerische Leistungen sind alles soziale Aufgaben. Wir verstehen unter Kunst, unter Wissenschaft usw. solche Leistungen, die für die Allgemeinheit nützlich sind. Wenn jemand kein Gemeinschaftsgefühl hat, dann fehlt ihm der Weg, den er einzuschlagen hat. Wir müssen daher das Gemeinschaftsgefühl der Kinder entwickeln. Woher kommt es, daß so viele Kinder, so viele Erwachsene einen Mangel an Gemeinschaftsgefühl aufweisen? Die Individualpsychologie hat jene Schwierigkeiten aufgedeckt, durch welche das Gemeinschaftsgefühl sich nicht richtig entwickeln kann.

Wir konnten feststellen, daß die verhaßten und verzärtelten Kinder sehr überbürdet, belastet sind. Bei den Verhaßten verstehen wir, aber wie findet sich die Überbürdung bei den Verzärtelten? Unser ganzes Gesellschaftsleben trachtet, diese Kinder — die in den ersten Jahren ihres Lebens so stark verzärtelt werden — an der Verzärtelung zu hindern. Die Mutter beginnt auch nachzulassen und findet die Ansprüche des Kindes später sehr übertrieben. Es erlebt immer Anfechtungen, trachtet aber, diese früher angenehme Stellung zu behalten. Es wächst dann auch in einer feindlichen Atmosphäre auf. Der nächstliegende und erste Impuls ist, daß so ein Kind mehr an sich selbst interessiert ist wie an anderen. Sie können z. B. im Kindergarten bemerken, daß es sich manchmal zu einer Panikstimmung entwickeln kann. Sie erbrechen, essen nichts, zeigen deutliche Anzeichen einer starken inneren Spannung, die beinahe an Krankheit grenzt. Sie fühlen, daß ihre Stellung bedroht ist. Diese Kinder sind Egoisten. Das ist kein gesunder Zustand; wenn sie die sozialen Aufgaben lösen sollen, werden sie das nicht haben, was dazu gehört, das Training, wie man Freunde gewinnt, wie man sich an den Lehrer anschließt usw. Sie können sich auch nicht konzentrieren, weil sie sich immer fürchten. Wenn Sie ein solches Kind strafen würden, dann würde es sich noch mehr bedroht und bedrückt fühlen. Wenn sie sich arrogant benehmen, ist es ein Zeichen, daß sie sich klein, daß sie sich schwach fühlen. Es ist so, wie wenn sie sich auf die Zehenspitzen stellen würden, damit sie größer erscheinen sollen wie sie sind.

Es gibt noch einen dritten Typus von Kindern, die meistens auch nicht viel Interesse für andere entwickeln können. Das sind die Kinder, die schwach zur Welt kommen oder mit schwachen, minderwertigen Organen ausgestattet sind. Sie empfinden ihre Schwäche, das Leiden als eine große Bürde und sind dadurch so belastet wie die anderen Typen. Sie suchen sich eine leichtere Situation zu verschaffen. Sie haben infolge ihres schwachen Organismus nur wenig oder gar keinen Mut, trauen sich nicht viel zu. Sie zeigen ein großes Interesse für die Mängel, die ihnen körperlich anhaften. Ein Teil von ihnen trachtet diese Schwächen zu überwinden, der andere Teil versinkt in Hoffnungslosigkeit. Z. B. Kinder mit Augenschwäche sind meistens besser trainiert für die sehbaren Dinge der Welt, wie die, die gute Augen haben. Sie sind interessiert, auf irgendeine Weise besser wahrnehmen zu können, sie achten mehr auf Farben, Schatten, Perspektive, und aus dieser Augenschwäche wächst eine große Stärke. Das gilt auch für andere Organminderwertigkeiten, für die Ohren, schwachen Atem-, Ernährungsapparat usw.

Sie bekommen Kinder in verschiedenem Grad von Mut im Kindergarten. Es gibt Fälle, wo jeder Gedanke, jedes Gefühl zum Wegweiser werden muß, um zu verstehen, was in der Seele eines Kindes vorgeht. Außerordentlich wichtig ist die Feststellung, ob ein Kind schwachsinnig ist oder nicht. Bei den Fällen von Idiotie, Imbezillität usw. ist eine Entwicklung zur Norm ausgeschlossen. Diese Kinder müssen ganz anders erzogen werden. Sie können niemals den Grad wie die Normalen erreichen. Ob ein Kind schwachsinnig ist, das ist sehr schwer zu entscheiden. Lehrer, Psychologe und Arzt müssen zusammenwirken, um eine Entscheidung zu treffen. Es gibt solche Mängel, die auf Schwachsinn verdächtig sind. Die leichteren Fälle bedürfen auch einer großen Erfahrung des Arztes. Es gibt eine große Anzahl von körperlichen Anomalien, ohne daß die Intelligenz darunter gelitten hätte. Es genügt nicht, daß ein Kind einen Wasserkopf oder einen viel zu kleinen Kopf hat, um seine Schwachsinnigkeit festzustellen. Wir müssen feststellen, ob ein Kind nicht unter Erziehungsfehlern gelitten hat. Man soll vielleicht mit der Testprüfung vorgehen. Die schwachsinnigen Kinder haben keinen richtigen Lebensstil. Sie können bei einem Schwachsinnigen nur dann voraussagen, wie es sich benehmen wird, wenn Sie es darauf gedrillt haben. Es kann nicht nach einem einheitlichen Stil streben, es fehlt ihm die Einheit des menschlichen Seelenlebens, die wir bei den anderen Kindern dadurch feststellen können, daß wir seine Lebensform kennen. Sie müssen feststellen, ob ein Kind schwachsinnig ist oder nicht, weil Sie dort ganz verschieden vorgehen müssen. Man muß das Seelenleben des Kindes gründlich erforschen. Man muß es verstehen. Dann ergeben sich die Erziehungsmaximen rein von selbst.

Sie bekommen auch Kinder, die linkshändig sind, ohne daß jemand etwas davon weiß. Diese Kinder sind ungeschickt, haben im Schreiben oder Lesen Schwierigkeiten. Prüfen Sie sie, ob sie nicht Linkshänder sind. Die Aussage der Eltern ist nicht wichtig. So ein Kind kann leicht entmutigt werden, es erlebt die Schwäche seiner schlechten Hand und fühlt sich so wie ein verhaßtes Kind. Ein Kind wird auch dann entmutigt, wenn es vielfach ausgelacht worden ist, wenn man es nur immer neckt und zum Narren hält. Sie verlieren den Mut, werden scheu. Auch dessen muß man gewahr werden, daß eine strenge Erziehung auch einen schweren Schaden verursacht. Es ist unmöglich, daß so ein hilfloses, schwaches Wesen sich an jemanden anzuschließen traut, wenn es seinen Mut verloren hat. Sie bekommen auch solche Kinder, für die immer die Mutter gesprochen hat. Es stellt sich heraus, daß die Mutter ihm jede Anstrengung erspart hat und das Kind ganz unselbständig geworden ist. Es hat vielleicht Sprachfehler, kann sich nicht konzentrieren, da sein Gedächtnis nicht richtig entwickelt ist. Es gibt wieder solche Kinder, die immer unterbrochen werden, wenn sie einen Satz anfangen, wenn eine Mutter ununterbrochen spricht und das Kind nicht zu Worte kommen läßt. Diese Kinder werden die Inschriften immer an sich tragen. Sie müssen alle diese Ausdrucksformen verstehen und den Grad des Mutes, des Optimismus der Kinder feststellen können.

Eine besonders große Rolle spielt die Rivalität der Geschwister. Es ist sehr wichtig, die Position eines Kindes in der Kinderreihe zu kennen. Man darf nicht die Tatsache übersehen, ob ein Kind das erste, zweite, das jüngste Kind, ein einziges Kind ist, einziges Mädchen unter Jungen, einziger Junge usw.

Wir müssen die Geschwisterreihe mit einem Bäumchen in einer Baumgruppe vergleichen. Hinaus zur Sonne wollen alle.

Die Situation des ältesten Kindes ist ganz verschieden von der eines zweiten Kindes. Es ist eine Zeitlang allein. Auf einmal wird sein Bewegungsraum eingeengt von einem zweiten Kind. Es erlebt eine Tragödie. Diese Kinder benehmen sich später so, als ob sie sich fürchten möchten, daß ein anderer ihnen über das Haupt wächst. Sie werden immer darauf achten, ob ein anderer ihnen nicht vorgezogen wird. Sie werden sich immer in den Vordergrund drängen. Ein zweites Kind ist nie allein gewesen, nie der Mittelpunkt gewesen. Es hat eine günstigere Situation, es hat einen „Pathmaker". Das macht sehr viel aus, es hat in vieler Hinsicht eine erleichterte Situation. Es benimmt sich so, als wenn es den Vordermann überrennen wollte. Sie benehmen sich wie im Wettkampf, wenn nicht irgendwelche Umstände es verhindern. Ein jüngstes Kind wächst wieder in einer anderen Situation auf wie die anderen. Es hat keine Nachfolger. Es hat viele, die vor ihm laufen. Es ist überhaupt viel günstiger gestellt. Es zeigt ein offenes Streben. Es will zeigen, daß es an der Spitze stehen muß (z. B. Joseph in der Bibel. Joseph wuchs auf als der Jüngste). Dieses eifrige Streben lohnt sich. Ein solches Kind ist in Überwindung von Schwierigkeiten mit ganz ungeheuren Kräften ausgestattet.

Wer überwindet, der gewinnt! Nur müssen wir trachten, den Kindern das Material mitzugeben, daß sie überwinden können. Wir müssen ihnen Mut geben, das ist der wichtigste Gesichtspunkt in der Erziehung. Ein Kind, das die Hoffnung verliert, ist das Gefährlichste. Es gibt viele schwierige Situationen im Kinderleben, aber nie darf es die Hoffnung verlieren.

Zum Schluß: Man soll niemals mit Kindern kämpfen, aus dem einfachen Grunde, weil sie die Stärkeren sind. Sie übernehmen keine

Verantwortlichkeit. Wenn einer die Verantwortung übernimmt, so ist er niemals der Stärkere.

Unser eigentliches Werk wird die Praxis werden. Es gibt keine Erziehung, die im luftleeren Raum aufgebaut ist. Sie haben mit der Schwierigkeit zu kämpfen, daß es verschiedene Ergebnisse der Forschung gibt. Wir sind tolerant, wir lassen vergleichen. Sie sollen auch von den anderen Anschauungen und Behauptungen Kenntnis nehmen. Vergleichen Sie sehr sorgfältig und glauben Sie niemandem aufs Wort, — mir auch nicht!!

GPSR Compliance

The European Union's (EU) General Product Safety Regulation (GPSR) is a set of rules that requires consumer products to be safe and our obligations to ensure this.

If you have any concerns about our products, you can contact us on ProductSafety@springernature.com

In case Publisher is established outside the EU, the EU authorized representative is:

Springer Nature Customer Service Center GmbH
Europaplatz 3
69115 Heidelberg, Germany

Batch number: 10844827

Printed by Printforce, the Netherlands